백골부대 위너십

백골부대 위너십

초판 1쇄 인쇄 2019년 2월 20일
초판 1쇄 발행 2019년 2월 27일

저 자 **황준배**
펴낸이 **천봉재**
펴낸곳 **일송북**

주소 **서울시 성북구 성북로 4길 27-19 (2층)**
전화 **02-2299-1290~1**
팩스 **02-2299-1292**
이메일 **minato3@hanmail.net**
홈페이지 **www.ilsongbook.com**
등록 **1998. 8. 13 (제 303-3030000251002006000049호)**

ISBN 978-89-5732-265-9 00300
값 18,500원

이 도서의 국립중앙도서관 출판시도서목록(CIP)은 서지정보유통지원시스템 홈페이지(http://seoji.nl.go.kr)와 국가자료공동목록시스템(http://www.nl.go.kr/kolisnet)에서 이용하실 수 있습니다.(CIP제어번호 : CIP2017033721)

백골부대 위너십

리더십, 그 위의 '위너십'
천하무적 백골부대의 승리 DNA,
승리 바이러스를 전파한다

| 황준배 지음 |

스펙(specification, spec), 스토리(story), 소울(soul).

이 3대 요소를 겸비한 주인공, 바로 이 책의 '백골부대'이다. 이것은 레전드의 자격이다. 10월 1일 '국군의 날'은 백골부대가 최초로 38선을 돌파한 날이 그 기원이 된다. 백전백승의 전설적인 부대이다.

이 책의 '위너(winner)'라는 단어는 챔피언, 우승자, 승리자 등을 의미한다. 위너십은 정의로운 승리, 승리자 의식이다.

최근에 이르러 한국은 천안함, 연평도 포격전, DMZ 지뢰폭발 등 북한의 도발을 많이 겪었다. 사회적으로는 세월호, 메르스 사태, 최근에는 북핵 문제 대형 사건들, 이러한 사건이 지속되면 국민들은 패배주의와 무력감으로 자존감이 떨어지고 수치심이 내재한다는 심리학 전문가들의 분석이 있다. 이제 승리의식의 패러다임 시프트가 필요하다.

백골부대는 625전쟁 이후 최초로 북한 GP에 포탄을 퍼붓고 초토화해 북한군을 압도한 용맹스런 부대이다. 이보다 더 막강한 부대가 있었는가.

전군 유일무이, 백골부대 18연대 '4계급 특진 신화'

한국군은 모두가 훌륭하다. 그 선두에 백골부대가 있다. 영화 '포화 속으로'는 백골부대 학도병들의 숭고한 조국애의 스토리이다. 영화 〈고지전〉의 배경이 된 포항철수작전은 실제 백골부대의 내용이다. 그런데 픽션이 가미된 영화의 내용과는 다르게 완벽하게 성공한 철수작전이었다.

영화 〈DMZ 비무장지대〉의 줄거리의 모티브는 백골부대이다. 〈미미와 철수의 청춘스케치〉(1987)도 마찬가지다. 백골부대 출신으로, 영화계의 흥행 메이커였던 이규형 감독의 실제 DMZ 수색대 근무 경험을 토대로 한 자전적 체험이 녹아든 작품이다.

영화 〈1999년, 면회〉에도 백골부대가 주요 스토리와 그 배경으로 등장한다.

1950년, 625전쟁이 발발하자 백골부대 18연대는 한강방어 전투에서 필사적으로 적을 저지했고, 서울 여의도와 삼각지, 안양천 일대의 한강방어선에서 적을 7일간 지연시켜서 연합군의 참전을 가져와 결정적 국면 전환으로 현재 대한민국을 있게 한 부대이다. 또한 낙동강 방어선을 사수해서 국가를 절체절명의 위기로부터 지켜냈다. 625 때 맥아더 장군은 "낙동강 전선이 무너졌다면 인천상륙작전도 없었다."고 했다. 백골부대는 유일하게 625전쟁 중 가장 중요한 '3대 전선'을 수호하고 승리했다. '한강 방어선', '낙동강 방어선', '한·만 국경선'이다.

일부 군사전문가들은 단순히 전투에서 적을 많이 사살한 숫자로 전투력을 평가하는 우를 범한 경우도 있다. 가장 중요한 전투력 기준은 전쟁에서의 '전선'이 핵심이다. 625전쟁 때 대부분의 한국군은 미군과 연합군의 포병이나 화력, 미군 전투기의 폭격에 절대적으로 의존했다. 용문산 전투, 파로호 전투도 결정적으로 연합군의 가공할 폭탄 투하에 의한 전과였다. 적 사살의 숫자는 그 결과였다. 이제는 과거의 전사를 미화하는 데 그치지 않고 정확한 전승 기록과 전과를 분석하고 보완, 대비하는 방향으로 나가는 것이 지혜로운 일이다.

백골부대는 한국군의 살아 있는 전설이다. 한신, 채명신, 박정인 장군 등, 한국군에서 가장 많이 이름난 지휘관을 배출한 부대이고 탁월한 전투력을 보여준 명품부대이다. 그래서 리더십의 탁월한 전통과 신화들이 존재한다. '숲 속에 있으면 숲을 제대로 볼 수가 없다. 숲 밖에 있어야 숲 전체를 제대로 볼 수가 있다.' 이 말의 의미는 저자가 백골부대에서 근무할 때 어렴풋이 알았던 사실들을 이제 더욱 객관적으로 새롭게 보게 되었고, 그 결과 백골부대야 말로 국가를 지킨 가장 충성스러운 국민의 군대였음을 새삼 깨달은 데에서 확인된다. 이 책에서는 백골부대의 '현리 전투' 참전에 대해 '작전상 철수'로, '무패의 부대'라는 중요한 기록을 담고 있다. 국군의 전사를 새롭게 재조명해 보는 가치도 있다.

리더가 아니어야 할 리더, 나쁜 리더, 좋은 리더, 탁월한 리더, 위대한 리더… 이 차이를 내는 것, 그것이 바로 '위너십'이다.

"리더십은 '비전'을 '현실'로 전환하는 능력이다." 〈워렌 베니스〉

피터 드러커 박사는 군대의 '전투 리더십'이 최고의 리더십 역량이라 한다. 정치, 경영, 모든 공동체에 적용되는 리더십 원리이다. 국가적 위기는 물론이고 사회적 위기나, 기업의 위기상황에서도 군사 작전처럼 전광석화 같은 치밀하고도 담대한 리더십은 탁월한 결과를 얻게 한다. 이러한 차원에서 군대는 리더십 아카데미이다. 그래서 프로페셔널 리더와 진정한 승리자(winner)들이 되기 원한다면 백골부대 전투 리더십과 '위너십'을 배워서 적용하고 실천하기를 조언한다.

이 책은 과거의 역사가 아니다. 바로 현재와 미래이다. 최근 유명 인기 탤런트이며 배우인 주원, 지창욱이 백골부대 훈련소에 자원입대해 큰 뉴스가 되었다. 그만큼 청년세대들에게도 백골부대의 용맹과 패기, 명성이 잘 알려져 있다. "끌리면 오라!"는 메시지가 있는 부대임이 분명하다. 최근에는 정세균 국회의장과 국회 국방위원들이 부대를 격려 방문할 정도로 백골부대의 명성은 드높다. 언론에 10년째 DMZ 지키는 백골부대 수색대, "형제 스나이퍼"가 보도되어 화제가 되었다. 이 형제는 '명품 백골인'으로 선발되었다. 기준은 기본적으로 특급전사여야만 한다. 백골부대의 명예와 전통을 계승하기 위해 전투준비뿐만 아니라 병영생활, 휴가·외출·외박 등 사회생활에서 모범적인 모습을 실천하자는 캠페인이다. '적과 싸워 이길 수 있는 백골인', '군 기강이 확립된 백골인', '문화시민으로 도덕성을 겸비한 백골인', '감사를 나누는 백골인' 등 백골부대원으로써 갖춰야 할 덕목들을 제시하여 전 장병의 정예화를 추구하고 부대의 자긍심을 고취시키기 위한 취지인 것이다.

조국의 위기에는 백골부대가 그 선두에 섰고 국민과 함께했다. 동북아의 북핵 위기 시에도 남영신 3사단, 백골부대장이 군사안보지원사령관으로 임명되었다. 그만큼 백골부대의 국가관이 확고하고 전투력이 극강임을 단적으로 보여주는 예이다. 현 김현종 사단장은 육군본부 정책실장을 거친 군사정책 수립의 전략가이다. 육사출신으로 미국 유학파이며, 문무를 겸비한 장군으로 알려져 있다. 그 전에 22연대 3대대장을 거친 백골맨이다. 요즘 TV에 출연해서 탁월한 군사지식과 명쾌한 정세분석과 군사전술, 전략의 논리로 이름을 떨치고 있는 신원식 장군도 백골부대 사단장 출신이다. "북괴군의 가슴팍에 총칼을 박자." 이 결기와 패기의 구호를 만든 장군이다.

3사단장 출신인 김운용 장군(지작사령관)은 합참에서 "아덴만 여명작전"을 주도했다. 소말리아에서 해적들에게 납치된 한국인을 청해부대를 투입, 구출한 바 있다. 언론에 의하면, 한민구 합참의장에게 인질구출을 위한 군사작전 강행을 4차례나 보고했다고 한다. 한의장은 "문제가 되면 니가 책임질거야"라고 했지만, 소신을 굽히지 않고 작전을 수행했다고 한다. '한국판 엔테베 작전'으로 불리게 된 이 작전, 당시 해군특수전여단의 전술을 육·해·공군 특수부대 모두가 배우게 되었다. 김장군은 최근 JSA 북한군 귀순사건에서도 위기관리 능력을 전격적으로 발휘했다. "상황을 보고받은 김 사령관은 피투성이 북한군을 실은 유엔군 사령부 소속 미군 헬기를 아주대병원으로 향할 것을 지시했다." 〈동아일보〉 2017.11.16. '아덴만 여명작전'의 경험 때문이었다.

MBC 〈진짜 사나이〉의 백골부대에 대한 함축된 카피이다.

"육군 최강의 전설적인 메이커 부대"

'대한민국 백골전우회'는 전군 최초로 자생적인 전국 단위 전우회이다. 가족 단위 모임은 물론, 가족과 부대 방문을 할 정도로 백골부대 출신이라는 상징성으로 자부심이 강하고, 그 명성이 드높다. '아들 사랑, 백골 사랑' 부모들의 카페, 후원회는 군 서포터즈로 전군에서 최대 회원과 알찬 활동을 자랑한다.

이 책은 군대에 있는 모든 군인에게 위로와 도전을 주는 내용이다. 기존의 리더십 이론에 탁월한 지휘관 분들에게도 새로운 리더십의 관점을 제시해 줄 내용들이다. 그리고 여자 친구들이 군대에 있는 남자 친구를 격려해 주고 '꼭 선물해 주고 싶은 책'이었으면 한다.

정치, 경영, 사회 각 분야의 프로페셔널 리더에게는 위너십을 깨우는 책이 되길 기대한다. 남자들의 대화 중에 가장 많은 비중을 차지하는 것이 바로 군대 이야기이다. 이 생활이 결코 헛되지 않은 소중한 인생의 기간이었음을 정립해 주고, 새로운 도전의 터닝 포인트가 되길 바란다. 이 책에는 한국군 역사의 70% 이상의 자료가 담겨 있다. 모든 리더십, 그 이상의 위너십 원리가 담겨 있다. 그래서 실제 현장에 적용이 가능한 내용으로 구성되어 있다.

이제 전투 리더십과 위너십을 통해서 자기계발, 사회적 성취는 물론이고 더 나아가서 글로벌 시대, FTA 경제 협력 시대에 한국을 벗어나 세계 시장을 개척해 나가면서 국가경쟁력의 새로운 패러다임과 원동력을 조성하여 창조적인 역할을 하길 기대한다.

이 책은 최종적인 가치 지향점을 평화적 한민족공동체의 실현에 두고 있다. 그리고 세계와 동북아의 평화를 지향하며, 이를 통해 '작지만 강한 대한민국으로서' 국격을 높이는 한편 경제 대국, 문화 강국으로서 자리매김하는 데에 보탬이 되었으면 한다.

2019년 2월
저자 황준배

내 의식과 눈빛,
조준한 총구는 오직 적을 향해야 한다.

총구가 흔들리는 것은
정신이 흔들리는 것이다.

백골혼의 선배들이 그랬던 것처럼
죽음의 사선에서도 흔들리지 않은

백골 용사들의 기백을 물려받은 우리가
그 무엇에도 흔들려서는 안 된다.

〈육군 아미누리〉

'DMZ 작전', 저자

탁월함은 차별화를 압도한다.

전군 유일의 'V자(Win)포사격 시범부대' 백골부대

군사용어

NLL(northern limit line, 북방한계선)
MDL(military demarcation line, 군사분계선)
DMZ(Demilitarized Zone, 비무장지대)
GP(Guard Post, 감시초소)
SLL(southern limit line, 남방한계선)
GOP(General Out Post, 일반 전초)
FEBA(Forward Edge of Battle Area, 최전방 전투부대)
CCL(Civilian Control Line, 민간인 출입 통제선)

명칭
브랜드 이미지 파워와
위너십의 법칙

Winner-ship

　'위너(winner)'는 챔피언, 우승자, 승리자 등을 의미한다. 위너십은 개인으로부터 출발한다. 먼저 자기 존재의식의 자각이며 변화이고 자기혁명이다. 불안이나 두려움, 희망과 비전의 부재, 의기소침함이나 나약함, 열등감이나 패배주의에서 벗어나는 진정한 삶의 승리 의식이다.

　'위너십'이란 '승리자 의식과 지향'을 말한다. 위너십(Winnership)은 winner와 ship의 결합어이다. 'winner'는 승리자를 뜻하며 'ship'은 명사(드물게 형용사)에 덧붙여 다음과 같은 다양한 의미와 뜻을 나타낸다. 상태·성질, 자격·지위·직위, 능력·기능, 관계의 뜻이다.

　정리하자면 위너십이란? 절대 가치 의식으로 명분과 대의를 겸비한 승리자의 자세와 태도. 실력과 자질과 멘탈을 겸비한 사람의 궁극적 지향, '승리자의 배를 탄 사람', 인격과 도덕성을 겸비한 성공하는 사람들의 마인드를 말한다.

　세상에 리더나 리더십은 많지만 승리하는 리더나 리더십은 드물다.

리더십은 조직이나 집단의 현상 유지나 발전에 기여한다. 나아가 결정적인 승부나 승리하는 리더는 '위너십'의 소유자 이다. 결국에는 리더십은 성품과 핵심 가치, 결과와 승리로 검증되는 것이다.

나무가 나무를 안으면 숲이 된다. 오늘날 현실은 정글이나 초원이다. 한 명 한 명 위너가 모여서 공동체의 위너십이 형성된다. 선수 한 명 한 명이 팀의 포지션에서 역량이나 승리 의식을 극대화할 때 그 팀은 천하무적이 된 것과 같은 이치이다. '매치 위너(Match-Winner)'는 중요한 순간에 한방으로 경기의 흐름을 바꾸어 팀에 승리를 안겨주는 선수를 말한다.

진정한 위너는 자신을 있게 한 순간과 사람을 기억한다. 승리 의식은 의지(Will)와 일하는(Working) 행동(Doing)으로 이어진다.

페이스북에서 저자가 했던 유머가 있다. '이 세상에는 두 부류의 인간만이 존재한다. 나를 아는 인간과 나를 모르는 인간이 존재할 뿐이다' 남의 인정과 평가도 중요하지만 자기 평가는 더욱 중요하며 우선돼야 한다. 이러한 자기 존재 의식도 가끔은 필요하다. 스스로에게 외쳐 보라.

우리들의 마음과 생각의 기, 승, 전, 결은 의식적이든 무의식적이든지 중요한 순간에 행동을 결정하고 그 결과를 가져오게 된다. 심리학자 '아치발트 하트'는 〈마음의 습관〉에서 사람에게는 행동의 습관이 있듯이 마음에도 습관이 있다고 했다. 그는 말한다. "당신 속에 있는 생각이 바로 당신 자신이다. 생각의 힘은 위대하다."

그는 흥미로운 수치를 제시한다. 인간이 한번 생각하는 데에 드는 물리적인 에너지가 1와트(Watt)의 백만분의 1이나, 혹은 1,000분의 1이나 2정도가 소모된다고 한다. 600억 개 정도의 생각을 동시에 해야 백열 전구 하나를 겨우 점등할 에너지가 소모된다는 것이다. 결과적으로 생각의 에너지 소모량은 낮다. 많지 않다는 것이다. 그런데 이 작은 에너지 소모의 실체인 '생각'은 엄청난 결과를 가져온다.

〈만들어진 생각, 만들어진 행동〉이라는 책을 보면, 우리는 일반적으로 색깔이나 공간, 온도, 남의 시선, 편견, 문화, 명칭 등은 우리 삶을 흔들기엔 힘이 부족한 조건으로 인식된다. 하지만 삶에 깊숙이 관여해 온 근원적인 힘이며 생각과 행동에 큰 영향을 미친다. 우리의 생각과 행동은, 의식과 영혼이 만든 게 아니라, 만들어진 것이다. 이성과 논리에 의거하여 유연한 창의성과 융통성으로 뒷받침되는 게 아니라, 기계적 프로세스에 의해 그저 '뽑어져 나올 뿐'이라고 한다. 그리고 아무도 모르게 우리를 조정해 온 익숙한 조건을 알고, 역으로 현명하게 사용하는 방법을 제시한다.

교육과 훈련이 중요한 이유이다. 깊은 사색과 경험에서 형성된 생각은 행동과 동반할 때 큰 힘을 발휘한다. 몸이 의식과 동일선상에 있게 되면 무한한 잠재력을 발휘하게 된다. 그래서 운동선수나 군인들이 반복 학습과 훈련을 하는 것이다. 유사시에 자기의 의식과 행동이 일치할 때 최대의 효과를 내기 때문이다.

백골부대는 '부대정신이 전군에서 최고'라고 〈육사 화랑대연구소 2012. 4.30〉에서 발표한바 있다. 국가적으론 한반도의 비핵화와 주변 국가들의 지원과 협력으로 평화적 통일을 이루는 것이 일차적 목표이다. 그러나 한민족의 지향과 방향이나 그 목적을 위해서는 군사적 전투력에서도 북한을 압도해야 한다.

지구에서 유일하게 초강대국 미국을 물리친 나라가 있다. 탁월한 위너십의 소유자였던 호치민과 베트남 민족은 프랑스의 재 침탈을 극복하고 승리 했고, 미국까지도 피 침략전쟁에서 승리를 거뒀다. 첨단무기와 핵무기 보유국가인 미국에게 건국 이래 대외전쟁에서 최초의 패배라는 수모를 안겨주었다. 이러한 측면에서 백골부대의 최강 부대정신은 유사시에 국가와 국민을 지켜내고 승리할 '위너십'의 결정체라 할 수 있다.

사람은 생각을 바꾸면 행동이 바뀌고, 행동이 바뀌면 운명이 바뀐다. 이 말은 행동주의 심리학의 기본적인 패턴이다.

사람은 누구나 소중한 존재이다. 상품은 시장에서 가격을 평가받는다. 그러나 작품의 가격은 자기가 결정한다. 자기 자존감, 존재감에 대한 인식은 자기 가치를 스스로 결정하며 의식과 태도에 영향을 미친다. 오늘날 진정한 위너는 누구인가. 전투 지휘관이나 훌륭한 운동 스타만 위너들이 아니다. 오늘날 도시인들의 삶이 만만치 않다. 가정이 해체되는 시대이다. 가정을 잘 지키는 것도 이 시대의 '위너'이다. 아빠들 엄마들이 위너 전사들이다.

청소년이나 청년들이 술과 도박이나 마약, 타락이나 방탕의 유혹에 안 빠지고 자신을 지키는 것도 '위너'이다.

전투 리더십과 위너십

　스스로 아무것도 결단하지 않거나 행동하지 않으면 그 어떤 환경과 결과도 변하지 않는다.

　이 책에서는 백전백승의 절대불패 백골부대의 막강한 리더십을 분석하고, 이 현대의 각종 위기의 시대에 승리자 DNA, '위너십'(winnership)을 공유하고 확산하고자 한다.

　여기에서 '승리'란 편법이나 반칙과 특권, 결과 만능주의가 아니다. 강점과 역량의 극대화, 견고한 멘탈과 건강한 가치관이나 세계관을 바탕으로 한 올바르고 정의로운 승리, 선한 경쟁력과 '절대 가치(absolute value)의 승리를 말한다. 전쟁이나 전투에서도 대의명분과 가치는 중요하다. 전투에서도 정의는 승리의 의지이자 핵심적인 요인이 된다. 임원빈 교수의 연구 자료에 의하면, 이순신에게 임진왜란은 정의(正義)의 전쟁인 것으로 알려졌다. 수천 년 동안 조선의 은혜를 입어온 일본이 아무런 이유 없이 조선을 침략하여 백성을 도륙하는 만행을 지켜본 이순신은 하늘에 맹세한다. 그것은 단 한 척의 배도 일본으로 돌아가지 못할 정도로 철저히 응징하여 정의가 반드시 승리한다는 것을 똑똑히 보여주겠다는 것이다.

"왜적이 …군사를 이끌고 건너와 죄 없는 우리 백성을 죽이고, 또 서울로 쳐들어가 흉악한 짓을 저지른 것이 이루 말할 수 없으므로 온 나라의 신하와 백성의 통분함이 뼛속에 맺혀 이들 왜적과는 같은 하늘 아래서 살지 않기로 맹세하고 있습니다. …남아 있는 왜적들을 한 척의 배도 돌아가지 못하게 함으로써 나라의 원수를 갚고자 합니다." 이 글은 갑오년(1594년) 3월, 경상도 웅천에서 일본군과 강화협상을 하고 있던 명나라 관리인 담종인(譚宗仁)의 패문(牌文·공문서)을 받고, 이순신이 답장으로 보낸 '답담도사금토패문(答譚都同禁討牌文)'에 있는 내용이다.

전투 리더십은 광범위하게 전개된다. 크게 보면 세계대전 같은 큰 전쟁에는 지구상의 모든 인적, 물적 자원이 동원된다. 극단적인 사례를 들자면 일본의 히로시마 원폭처럼 한 국가를 패전으로 굴복시키기도 한다. 항공기, 전함, 전차, 공중에서, 바다에서, 땅에서 입체적이고도 전면적인 작전이 펼쳐진다. 시간과 공간을 압도하는 것이 승리이다. 물론 전쟁을 피하거나 안하는 것이 최상의 방책이다. 엄밀하게 보면 정당한 전쟁은 없다. 다만 명분과 변명이 있을 뿐이다. 그만큼 전쟁은 위험하고 금해야 할 영역이기 때문이다. 외교나 국제사회의 감시나 견제, 조정을 통해서 얼마든지 미리 방지할 수 있다. 착한 군대가 약한 상대를 먼저 공격하는 것은 극히 드물다. 그러나 불의한 상대를 치기 위한 선제공격은 있다.

결론적으로 공격이든지 방어든지 전쟁은 최후의 수단이어야 한다. 국가 간의 불가피한 정당한 전쟁, 거룩한 전쟁은 국제사회에서도 그 정당성을 인정받는다. 전투에서는 입체적 시스템이 작동된다. 전투기의 공중폭격, 레이더, 특수부대, 선전과 선동의 심리전, 전투 장비나 모든 자원이 등장한다. 그래서 국가 정치 시스템이나 기업 경영에서도 위기 시에는 전투 리더십이 가장 탁월한 리더십이라고 할 수 있는 것이다. 전투나 전쟁에서는 전술과 전략, 시간과 속도가 그 결과를 좌우한다. 실패는 곧 죽음과 패망이다. 그래서 리스크의 최소화도 요구된다.

〈전쟁론〉의 클라우제비츠는 전쟁을 '의지의 충돌'로 규정했다. 전쟁은 '정치적 목적'과 투입된 '수단의 특성'에 따라 승패가 결정된다. MBC '진짜 사나이' 프로에서 보여준, 백골부대의 전투적이고 과격한 구호, 부대의 상징이나 이미지가 보는 사람으로 하여금 두려움, 공포와 전율을 느끼게 한다. 참으로 인상적인 백골부대의 이미지이다. 네티즌들이 뽑은 가장 용맹스러운 부대이다. 강함을 드러낸다. 그래서 백골부대의 스토리는 국민에게 용기와 지혜, 꿈과 희망을 제공해 줄 것이다.

마음의 습관을 보면 우리가 어떤 사람인지 알 수 있다. '제임스 알렌'은 그의 저서 〈위대한 생각의 힘〉에서 성취의 모든 시작은 생각이라고 한다. 생각의 근본과 시작과 진행, 그리고 결말에 대해 여러 가지 원리를 제시한다. "명확한 인생의 목표를 세우고 올바르게 생각하라! 자신의 생각이 자기 운명을 결정한다.", "성취하는 모든 것과 성취하지 못하는 모든 것은 그 사람이 품어 온 생각의 직접적인 결과다."

위너십 리더는 조직이 승리하는 길을 탐색한다. 그리고 그 길을 간다. 승리하는 리더들에게는 패배를 받아들이지 못하는 고유의 특징과 공통점이 있다. '승리하는 것' 외에는 다른 대안을 그들은 수용할 수 없다. 그러므로 그들은 승리하기 위해 무엇을, 어떻게 해야 할 것인지를 깨달아서 알고 있고 그 유일한 목적, 승리를 위해 온갖 힘을 다 쏟는다. 승리의 목적을 실행하는 리더들은 조직 목표와 성공을 향해 끊임없이 싸운다. 그러므로 결코 포기하지 않는다.

개인이나 공동체가 승리 의지, 성공 의지는 강하지만 핵심 역량의 구축에는 소홀하다. 잘못하면 구체적 목표나 성과가 없는 현실을 벗어난 자아도취적인 '정신 승리'에 도취될 수도 있다. 가장 큰 조직이 국가이다. 확고한 국가관과 막강한 군대가 평화를 지킬 수 있다. 이제 우리나라는 역사적으로 최강의 부흥기이다. 이에 걸맞은 군대의 위상이나 강한 전투력도 함께 겸비될 때 국가의 영토도, 국민의 생명도, 경제도 지킬 수 있고, 발전할 수 있다. 강한 군대는 국가의 이미지 파워이다. 경쟁력이다.

"백골부대의 18연대는 모체가 되는 연대이다. 전투력은 가히 전설적인 연대였고 진백골 연대라 칭하며, 백골부대의 혼이 되었다. 6·25전쟁 중 낙동강방어선 전투와 원산 점령, 그리고 함흥 점령 작전에서 부대 전 병사가 4계급을 특진하는 신화를 세운 18연대 백골부대를 지휘한 임충식 장군. 임 장군은 전후에도 17대 국방부장관을 역임하며, 국군 현대화를 주도했다." 〈국방일보, 2013.1.29.〉

한국은 종전이 아닌 정전(휴전)상태이다. 그래서 엄밀히 말하자면 준전시 상황이다. 그러한 면에서 현재의 백골부대의 적에 대한 무자비한 구호나 전투력은 정당하다. 그것은 통일 역군으로서의 자격이다. 그리고 평화적 통일이 되면 북한이 백골부대를 싫어할 것 같지만, 역설적으로 더 좋아하고 스타가 될 것이라 예측한다. 그 이유는 가장 강한 적이 든든한 아군이 되기 때문이다.

국가의 3대 구성 요소를 '주권, 국민, 영토'라고 한다. 그런데 군이라는 조직화되고 무장한 무력이 전제되지 않으면 이 세 가지는 유지, 발전하기가 어렵다. 왜냐하면 국가공동체가 자력으로 지킬 힘이 없으면 주권은 소멸되고, 국민은 사멸되고, 영토는 침탈되고 말기 때문이다. 그래서 국민의 생명과 영토, 주권을 사수하고 유지, 발전시키는 자주적, 주권적 의지의 구체적 실현을 위한 도구, 조직화된 집단이 군대이다. 결과적으로 군대는 국가의 운명과 일치한 가장 중요한 존재이다.

한국은 분단국가이다. 한반도라고 표현하지만 고립된 '섬'이나 다를 바가 없다. 아니 섬보다 더 열악한 정치, 군사적 환경이다. 섬은 열려 있다. 그런데 한국은 막혀 있고 단절되어 있는 현실이다. 삼면이 바다이고, 국토의 허리는 철조망으로 나뉘고, 대륙과 세계와의 도로, 통신, 자원이동, 교통이 제한된 국가이다. 일본은 말이 자유 진영이지, 말 그대로 가깝고도 먼 나라이다. 이러한 한국의 현실에서 전투 리더십과 승리의식은 중요한 의미가 있다.

전투 리더십과 피터 드러커 박사

월리엄 A. 코헨(William A. Cohen)은 〈최강의 리더십〉에서 전투 리더십을 분석하고 대안을 제시하고 있다. 전쟁이라는 최악의 상황에서 형성된 리더십 원칙들은 일반적인 리더십 수행에도 적용될 수 있다는 취지의 연구이다.

그는 모든 리더십 상황에서의 보편적인 원칙을 찾는 것을 목표로, 전투 리더로 활동하던 200여 명에게 설문지를 보내고 100여 명과 대화를 나누는 것을 토대로 연구를 시작했다. 결과는 예상에서 벗어났다. 이유는 각 응답자들이 서너 개씩만 리더십 원칙을 제시해도 백과사전 분량의 리스트가 나올 것이라고 예상했기 때문인데, 응답의 분석 결과 리더십 원칙은 크게 여덟 가지로 압축될 수 있었다는 점이다.

'리더십 8대 법칙'이 법칙은 전투 리더십을 말한다. 이끄는 사람. 따르는 사람, 모두가 승리하는 법칙이다.

1. 절대적으로 정직하게 행동하라

연구 결과 이 8가지 법칙에는 순서가 없었다. 그런데 정직만은 예외였다. 모든 응답자들이 정직을 중요하게 여기고 있었다. 즉 리더와 추종자 간에 기본적인 신뢰가 없으면, 그 리더는 영원히 의심받을 것이며 설령 다른 리더십의 법칙들을 잘 실천한다 해도 어려움이 따르리라는 것을 보여주었다. 정직하지 않으면 결코 신뢰를 얻을 수 없다.

2. 자기의 할 일을 정확히 파악하라

자신의 일에 정통하라. 사람들은 결과만을 본다. 시작과 과정이 결과를 결정한다. 스티븐 스필버그는 이미 10대 초반에 자신의 첫 번째 영화를 지방 극장에 팔았다. 그 후로도 혼자서 공부하기를 멈추지 않은 그는 20대가 되었을 때 이미 자기 분야를 꿰뚫고 있었다. 사람들은 리더가 '과연 주어진 일에 대해 얼마나 정확히 파악하고 있느냐'라는 사실에 지대한 관심을 갖고 있다는 점이다.

3. 희망 목표를 분명히 밝혀라

목표가 무엇인지도 모른다면 결코 목표를 달성할 수 없다. 만약 우리가 가야 할 곳이 어디이며 그곳에 이르기 위해 무엇을 해야 하는지를 모든 구성원이 알고 있다면, 그들은 적대관계가 아니라 파트너가 될 수 있다.

4. 누구보다 열심히 일하는 모습을 보여라

비범한 열정을 보여라. 지도자가 먼저 솔선수범하여 헌신하는 모습을 보이지 않는다면 아무도 그렇게 하지 않는다. '용기가 없으면 영광도 없다'는 격언처럼 때로는 헌신을 위해 기꺼이 위험을 감수해야 한다.

5. 긍정적인 결과를 기대하라

목표가 높을수록 달성 가능성 역시 높아진다는 연구 결과가 있다. 최악의 경우에 대답하는 것이 합리적이긴 하지만, 늘 최선을 기대하라. '하퍼 콜린스'라는 대형출판사가 위기의 상황에 처했을 때, 제인 프리드먼이 CEO로 취임하게 되었다. 직원회의에 참석한 많은 사람은 이제 곧 해고통지서를 받을 것이라고 예상했다. 프리드먼은 자신의 기대를 피력했다. "나는 우리의 미래에 대한 확신이 있다." 이후에 하퍼 콜린스는 재기했다. 높은 목표를 갖고 긍정적인 결과를 기대하는 리더는 공동체를 살려냈다. 유명한 심리학자인 웨인 다이어, "사실이 중요한 게 아니라 당신이 그 사실을 통해 무엇을 하며 그것을 어떻게 해석하느냐가 중요한 것이다."

6. 부하들을 잘 챙겨라

자기 사람들을 챙겨라. 군대에서는 전통적으로 "만약 당신이 부하들을 잘 돌본다면, 부하들이 당신을 잘 돌볼 것입니다."는 말이 있다. 이 말은 곧 충성심은 양방향으로 움직인다는 뜻이다. 스타벅스를 세계적인 기업으로 키워낸 하워드 슐츠의 말에 주목할 필요가 있다. "우리 회사의 최우선 순위는 직원입니다. 왜냐하면 직원들이야말로 회사의 열정을 고객에게 전달할 책임을 지는 사람들이니까요. 그 다음은 고객 만족입니다." 슐츠의 말대로 스타벅스는 매우 좋은 직원 복지 프로그램을 가지고 있다. "아무도 이런 혜택을 받지 못할 이유가 없다."는 것이 슐츠의 생각이었다.

7. 나보다 임무를 우선에 두어라

자아보다 의무를 앞세워라. 리더에게는 자신의 임무 달성과 함께 부하를 돌보아야하는 의무가 있다. 보통은 임무달성이 우선이지만 때로는 부하를 돌보는 것을 우선으로 해야 할 경우도 있다. 하지만 어느 경우라 할지라도, 리더에게는 임무가 언제나 자신의 이익보다 우선한다.

8. 선두에 서라

리더란 뒤에서 밀어 주는 사람이 아니라 앞에서 끌어 주는 사람이다. 패튼은 리더십을 스파게티 국수에 비유했다. 국수를 쉽게 당길 수는 있으나 밀어낼 수는 없는 까닭이다. 이스라엘 군대에서는 이렇게 가르친다. "장교라면 마땅히 그 값을 해야 한다. 부하들의 맨 앞에 서라." 앞장선다는 것은 기꺼이 책임을 지겠다는 의미이기도 하다. 리더가 되고 싶다면 책임을 져야하는 것이다.

'윌리엄 A. 코헨'은 피터 드러커의 제자이다. 피터 드러커(1909~2005)는 톰 피터스, 앨빈 토플러와 함께 세계 3대 경영학자이며 "현대 경영학의 아버지"로 불린다. "리더십은 학습돼야 하고 학습될 수 있다."고 언급한다. 그는 '군대 리더십'을 가장 탁월하게 평가했다.

CEO들은 왜,
전투 리더십을 연구하는가?

오늘날 다양한 리더십 연구와 서적이 넘쳐 나고 있다. 리더십에 대한 영화나 소설도 많이 알려져 있다. 한때의 트렌드라 할 수도 있지만 그렇지만은 않다. 지금도 인문학 열풍이니 고전에서 리더십을 배우자는 시도가 지속되고 있기 때문이다.

"경제 전쟁도 명량처럼", 명량 영화와 함께 이순신 리더십 열풍이 한차례 불었다. 경기침체·중·일기업 약진 속 위기 극복 표상으로 떠오른 것이다. 특히 40대 2~3세 오너들이 이순신에 매료(魅了)될 요인이 많다는 것이다.

언론(이혜운 기자의 보도)에 의하면 이러한 이유 때문이다. 이순신은 강력한 카리스마로 47세인 1592년, 한산도 해전에서 대승을 거뒀다. 그래서 그런지 40대 기업인 가운데 '이순신 팬'이 많다. '이순신 마니아'

를 자처하는 정의선(44) 현대자동차그룹 부회장이 대표적이다. 가장 존경하는 인물로 이순신을 꼽는 그는 휴가 기간이면 관련 서적을 쌓아 놓고 탐독하는 것으로 알려졌다.

조현준(46) 효성 사장도 '이순신 팬'이다. 그는 최근 임원들에게 영화 '명량' 입장권과 '흔들리는 마흔, 이순신을 만나다'라는 책을 직접 사서 나눠 줬다. 김승연 한화그룹 회장도 이순신 장군을 가장 존경하는 것으로 전해졌다. 김 회장은 IMF 위기 당시 전 계열사 사무실에 이순신 장군이 말한 '필사즉생 필생즉사(必死則生 必生則死)'라는 글귀를 액자에 걸어놓고 "지금 위기를 이겨 내기 위한 우리의 각오"라고 강조했다. 그는 당시 46세였다.

CEO들은 이순신 장군의 위기 극복과 영감과 용기에 주목하게 된다. 김석 삼성증권 사장은 전국 지점장들과 '명량'을 단체 관람하며 "절체절명 위기를 승리의 기회로 반전(反轉)시킨 충무공의 리더십을 배워 위기 극복의 선봉장이 되자."고 말했다. 효성그룹은 사내 방송으로 '효성, 이순신을 만나다'를 방영하고, 이달 '전 사원 책 읽기 캠페인'에서 이순신 관련 서적을 선정키로 했다.

무선통신 시장에서 SKT와 KT를 추격 중인 LG유플러스의 이상철 부회장은 임원들과 '명량' 단체 관람에 앞서 "열세 상황에서 상대를 이길 수 있는 방법은 기대를 뛰어넘는 도전과 창의를 기반으로 하는 선견(先見), 선결(先決), 선행(先行) 등 3선(先)"이라고 했다. 그는 신년사에서도 "LTE 경쟁에서 LG유플러스의 상황은 전함 13척으로 333척의 왜군을 무찔러야 하는 명량대첩과 같다."고 말했다. 이는 이순신 장군이 23번 벌인 전투에서 일본보다 병력은 약했지만, '학익진(鶴翼陣·학이

날개를 펴듯 둘러싸서 공격하는 진법)' 같은 독창적 전술과 거북선 등 신무기로 승리한 데에서 영감(靈感)과 용기를 얻자는 취지에서다.

김경준 딜로이트컨설팅 대표는 "지금 우리 재계 리더들이 가장 고민하는 과제는 위기 상황에서 리더가 중심을 잡고 에너지를 결집·분출하며 조직을 강력하게 견인하는 것"이라며 "이순신은 적은 자원과 창조적 전략으로 위기를 돌파했다는 점에서 각광받고 있다."고 말했다.

지용희 세종대 석좌교수는 최근 삼성그룹 수요 사장단 회의에서 '경제 전쟁과 이순신 리더십' 강연을 통해 "이순신은 손자병법의 원리이기도 한 '선승구전(先勝求戰·미리 이겨 놓은 후 싸웠다)'의 자세로 싸웠다"며 "한국이 경제 전쟁 무대에서 이기려면 이순신처럼 진정성과 전략을 겸비한 리더가 많아야 한다."고 했다. 이순신 장군이나 전장의 리더십에 대한 기업 CEO들의 관심은 기업이 존재하는 한 지속되리라고 본다.

전투 리더십은 CEO들의 프로젝트와 조직 관리, 그리고 중요한 업무의 긴장과 결단과도 유사한 면이 있다.

'베테랑(veteran)'이라는 말은? 어떤 분야에서 오랫동안 종사하여 기술이 뛰어나거나 노련한 사람. '숙련가', '전문가'의 의미로 쓰이고 있는 용어이다. 베테랑은 원래 노병이나 원로를 뜻하는 말로 연륜과 노하우를 가진 사람이나, 비유적으로 숙련된 사람을 일컫는 표현이다.

로마군은 한 때 최강의 군사력을 보유했다. 그 구성이 흥미롭다. 로마군 보병의 대열은 크게 3열로 구성된다. 제1열은 신참으로 구성된 전투 집단으로 '하스탈리'라고 한다. 이 대열이 무너지면 2열이 전투를 벌이는데, 여기엔 전투 경력이 5년 이상인 중참들로 구성되며 '프린키페스'라고 한다. 보통의 로마군은 제2열까지 가는 전투가 거의 없을 정도로 막강했는데, 그래도 적이 너무 강해서 2열마저 무너지면, 제3열이 적을 상대한다. 여기에서 3열을 구성하는 핵심이 베테랑(베테라누스)이다. 베테라누스는 군 경력 최소 10년이 넘는 산전수전 다 겪은 최강병이다. 베테라누스가 총력을 다해 전투를 벌이면, 앞서 무너진 1열과 2열은 이 3열의 좌우측에 다시 전열을 정비하여 전투에 동참했다.

베테랑의 어원이 되는 고대 로마제국 시대의 군사 체제는 17~25세까지의 '유니오레스', 25~35세까지의 '시니오레스', 35세~45세까지의 병사를 '베테라누스'로 편성했다. 여기에 '베테라누스'가 '베테랑'의 어원이다. 베테랑의 노하우나 지혜는 어려운 일처리나 상황 타개, 위기에서 빛을 발하기에 중요한 자원이다.

"백골은 이겨 놓고 싸운다." 백골부대 정신을 한마디로 정리한 구호이다. 군대는 물론이고 사회생활에서도 중요한 법칙이다. 신속한 의지와 결단, 핵심 가치, 크리에이티브, 창조적 역량, 탁월함, 차별화, 네트워크와 커뮤니케이션, 조직관리와 리더십, 프로페셔널을 의미한다.

위너십은 정의로운 승리 의식

위너십은 프로페셔널(Professional) 'MVP의식'으로부터 출발한다. Mission(미션), Victory(승리), Project(일)이다. 최고의 수준의 임무 수행, 승리, 일의 성과와 결과이다. 꿈과 목표, 그리고 자신의 신념을 실현하는 유일한 방법은 '행동'이다.

삶에 대해서 문학적인 표현이 많다. 가장 리얼리티(reality)하고 현실적 표현이라면 '세상은 전쟁터와 같고 삶은 전투와 같다'는 말일 것이다. 전투는 운명을 결정한다. 자본주의 세계는 약육강식의 원리와 정글의 세계이다. 살아남는 자가 강한자이다. 유머로 말하자면, 사실 현대인들의 사회생활이라는 것이 전투이고, 식사가 전투 식량 아닌가.

서구의 자본주의는 프로테스탄티즘(청교도 정신)과 함께 발전했다.

감동을 통한 자발적 섬김과 나눔, 기회와 결과의 조화를 통한 경제 발전을 언급한 막스 베버의 책 〈프로테스탄티즘 윤리와 자본주의 정신〉에서 언급한 자본주의이다. 그런데 한국에는 세계 질서의 변동 가운데 중요한 가치나 제어가 안 된 상태의 자본주의가 일방적으로 유입되다 보니 사회적 양극화나 부의 편중, 독점이나 불법을 행하는 '천민자본주의' 형태의 모습을 드러내게 된다. 막스 베버(Max Weber)의 〈소명으로서의 정치〉는 정치란 무엇이고, 정치가란 어떤 존재인지에 대해 언급하고 있다. 우선 베버 사상의 출발점은 칼빈주의다. '칼빈의 직업 소명설'을 근거로 한다. 모든 사람은 하나님으로부터 선택적 구원이 있다는 '예정설'과 사람은 직업을 통해서 이 땅에서 자신의 소명을 감당해야 한다는 '소명설'이다. 직업과 재정의 올바른 사용은 구원을 증명하는 행위로 규정하고 있다. 그의 모든 사상은 성경에 뿌리를 둔 이론이다. 막스 베버는 칼 마르크스, 에밀 뒤르깽과 함께 3대 사회학자로 꼽히고 있다. 오늘날에는 유럽과 서구 사회를 대표하는 최고 학자이다.

우리들은 이미 무의식중에 내 마음과도 순간순간 싸운다. 자신과의 전투이다. 하루하루 생존 경쟁, 사회 경쟁 구도와 전투와 전쟁을 치르고 있다. '입시 전쟁', '올스타전', '여론전', '범죄와의 전쟁', '선거전', '홍보 전쟁', 야구 경기에서 '대포 군단', '총력전', '반격전', 축구에서 '독일의 전차 군단' 등 자연스러운 표현이 넘쳐 난다. 탁월한 리더십을 가리켜서 '마치 군사 작전을 방불케 했다'라고 말한다. 기업에도 국제경쟁력이 요구된다. 삼성과 애플의 경우를 보라. 제품의 아이디어나 기획, 홍보전, 심지어 법적 소송 전까지 치열한 전투를 치르는 중이다. 일본의 세계적 가전 기업들이 무너지고 일본 경제 전망을 어둡게 한다. 워크맨의 신화로 알려졌던 '소니'사는 MP3나 모바일에 밀려서 끝없이 추락하고 있다.

삶과 일을 전투에 비하면 너무 삭막하고 피로도가 느껴지는가? 물론 대다수가 행복한 삶이 일상이고 중심이라 생각한다. 다양한 리더십과 일에 대한 태도가 중요하다. 그런데 개인적 삶을 초월한 군대, 기업이나 국가 경영에 예기치 못한 위기, 중요한 승부, 결정적인 비장의 카드가 바로 전투 리더십이라는 것이다. 수세에서 공세로, 약점을 극복하고 장점으로 승부하고, 전술 전략으로 이기고, 광고나 홍보를 통해서 경쟁 상대를 압도하고, 그리고 모든 일이나 프로젝트와 승부에서 핵심적 업무수행과 가치와 결과를 결정짓는 핵심 역량이라는 것이다. 위너십은 올바르고 정의로운 승리 의식이다. 스포츠 선수가 승리 이후에도 부정한 방법이나 약물, 도핑 테스트에 적발되면 메달 박탈은 물론이고 선수 생명도 위태롭게 된다.

"합리적인 권위는 능력에 기초를 두고 있으며 그것에 의존하는 사람이 성장하는 데 도움을 주지만, 비합리적인 권위는 힘에 기초를 두고 있으며 그것에 종속된 사람을 착취하는 데에 봉사한다."〈에리히 프롬〉

리더도 따르는 사람을 잘 만나야 하고 따르는 사람들도 리더를 잘 만나야 자신의 역량을 마음껏 발휘하고 잠재력을 펼칠 수 있다. '2002 한·일 월드컵' 때, 한국을 4강에 올려놓은 명장 히딩크 감독의 인터뷰는 늘 기억에 남는다. 생각할수록 승리의식에 대한 명언이다. "I'm still hungry. 나는 아직도 배고프다."

승부를 결정짓는 것은 '수비'가 아니라 '공격'이다. 2012년, 런던올림픽 남자 유도 81kg급에서 금메달을 딴 김재범은 아시아선수권,·아시안 게임, 세계선수권대회에 이어 올림픽마저 제패하면서 유도 '그랜드슬램'의 위업을 달성했다. 금메달을 딴 김재범 선수가 경기를 마치고 나와 한 말이다. "베이징 대회 때에는 죽기 살기로 싸웠지만, 이번 대회 만큼은 죽을 각오하고 싸웠다." 베이징 올림픽에서는 안타깝게 은메달에 머문 것을 두고 한 말이다. 그는 '기도하는 선수, 독실한 크리스천'으로도 유명하다. '코리안 특급' 박찬호 선수는 기업인들의 포럼에서 자신감을 불어 넣었다. 박찬호는 "잘해야겠다보다는 '내가 꼭 이걸 해야겠다'고 마음먹으면 자신감이 생긴다."며 기업인들에게 '메이저리거로서 17년 생존의 비법'을 전했다.

탁월한 실력의 선수들은 한결같이 좋은 마인드와 멘탈의 소유자이다. 피겨 여왕 김연아 선수의 멘탈이다. 한 인터뷰에서 이렇게 말한다. "워낙 단순한 성격이고 많은 생각을 한 번에 하지 않는 스타일이라서 금방 잊고 잘 되돌렸던 것 같아요." 모두 열심히 사는데 자기 자신이라고 특별할 게 없다며 겸손해하는 김연아. 그는 덧붙여 "현재에 충실한 게 중요한 것 같아요. 선수 생활을 할 때에도 너무 먼 곳까지 생각하지 않았어요. 지금 내가 하는 것만 생각했죠. '이걸 잘하자. 이걸 하고 나면 그다음, 그다음', 그렇게 눈앞에 보이는 지점에 집중했어요. 저도 흔들릴 때가 많거든요. 그런데 너무 앞선 것, 먼 것을 생각하면 머릿속이 복잡해지고 지금 것도 망치게 돼요. 순간에 충실한 게 큰 도움이 되었죠."

조훈현(프로바둑 기사) 9단의 〈한국경제신문 2015.8.2.〉과 인터뷰에서 밝힌 승부에서 사고나 자세에 대한 언급이다. "경험상 대국에서의 승패는 실력 차이보다는 기백과 자신감의 차이, 압박을 이겨낼 수 있는 담력과 집중력의 차이가 더 큰 법"이라고 강조했다. "승부의 순간엔 의식적으로 어깨를 펴고 고개를 치켜든 채로 당당하게 걸으려고 하는데, 표정과 자세만 바꾸어도 순식간에 놀라울 정도로 기운이 달라지는 경험을 했습니다."

위너십은 정정당당함이 토대이다. 결론적으로 위너십에는 룰과 링 안에서 싸우는 운동선수들처럼 어떤 분야나 영역, 사안에서 모든 사람이 인정하고, 수긍할 정의롭고 올바른 가치를 견지해야 한다는 도덕과 윤리적 기준이 있다. 그래서 진정한 프로는 아름답다.

현재 한반도는 동북아의 전환기와 세계사적 이행의 시기이다. 그런데 우리가 경계해야 할, '힘의 정치(power politics)'를 추구하는 국제 정세이다. 지금 세계는 미국의 일국 중심에서 중국의 대두로 양 강구도로 변화되고 있고, 동북아의 팽창주의, 일본의 군사적 재무장과 군국주의 부활, 중국의 군사 대국화, 러시아의 새로운 헤게모니 시도와 의도, 남한과 북한의 대치의 시대이다. 남남간의 갈등을 극복하고 국민통합이 필요한 시대이다.

국가와 사회는 민주적이고, 다양성을 존중해야 한다. 남한과 북한의 무력적 대치상황에서, 군대에는 획일적이고, 상명하복의 충성심이 절대적으로 요구된다. 그런데 중요한 원칙이 있다. 이러한 군사문화의 사회적 유입은 경계해야 한다. 잘 선별하고 창조적으로 수용해야 한다. 그래서 모든 면에서 군대식의 '제로섬 게임, 전부 아니면 전무이다'라는 흑백논리, 아군이 아니면 적이라는 이분법적 사고는 지양해야 한다. 획일적 사고나 지시와 명령 체계는 다양성과 합리와 상식, 설득과 커뮤니케이션으로 발전해야 하는 과제도 있다. 우리는 분단국가이다. 민족 분단은 심지어 우리의 정신 건강과 정서에도 영향을 준다. 그리고 통합된 자아보다는 분열된 자아, 통합된 의식보다는 분열된 의식을 갖게 하는 정신 질환의 요소도 내포하게 만든다고 생각한다. 남북 간의 증오심과 적개심은 또 어떤가. 그래서 분단을 구조적인 죄악이라고도 본다. 통일은 민족적 고통, 모순과, 악과 부조리의 치유이다.

통일 정책은 거대한 프로젝트이며, 힐링(Healing) 프로그램이다.

군대 가기 전에 "예비 군대 캠프"와 같은 사전 교육 프로그램도 필요하다. 대학이나 사회 기관에서 프로그램을 실시하면 좋은 효과가 있을 것이다. 군 생활 적응을 위한 교육과 준비가 중요하다. 그리고 군 복무를 마치고도, 제대 전에 사회 적응 프로그램을 도입해야 한다. 그리고 전문적 심리 상담이 필요하다. 군대의 특성상 심리적 트라우마나 마음의 상처도 치유되어야 한다. 그리고 사회 적응과 문화 충격을 최소화하고 민주 시민으로서 갖추어야 할 소양과 인격을 겸비하도록 해야 한다.

건강한 민주 시민으로서 개성과 공존, 51:49와 같은 절묘한 차이를 수용해야 하고, 조화와 타협의 '숫자의 미학', 다양성과 조화로움의 '모자이크 민주주의' 교육과 훈련이 필요하다. 군대의 장점도 많다. 헌신성, 공동체와 리더를 잘 따르는 팔로워십, 리더를 돕는 헬퍼십, 리더십 모두를 습득하고 연마하는 영역이 군대이기도 하다. 리더십 연구에서도 다양성의 최적화가 될 것이다. 단점을 보완하고 장점을 극대화하고, 강점으로 일한다면 반드시 원하는 목표를 성공적으로 이루어

낼 것이다.

이제는 '군대 가서 2년간 썩는다.'는 전근대적인 말이 사라졌으면 한다. 군대가 '유학 코스'와 같은 자기충전과 자기계발의 획기적인 코스가 되었으면 하는 바람이다. 충분히 가능하다. 전투력이라는 원칙을 사수하고, 이와 겸해서 좋은 리더십, 교양, 생태학습장, 625전쟁 전사나 전술, 전략과 경영학이나 리더십의 접목 과목, 전문적 지식을 습득할 기회를 제공해 주는 것이다.

군대 리더십은 반드시 학점은행제, 학점으로 인정받아야 하며 여러 과목의 커리큘럼도 가능할 것이다. 리더십 수료증을 부여해서 사회의 자격증으로도 인정받게 해야 한다. 군 출신 우대가 아니라 능력과 차별화이다. 이 책이 이러한 계기가 되었으면 한다. 군대, 이보다 더 좋은 교육과 학습장은 대학교에도 없기 때문이다. 전투력은 최강이고, 체력과 실력과 인격을 갖춘 대한민국의 정예 요원으로 만드는 아카데미와 같은 군대가 미래형 군대여야 한다. 사회의 자원 봉사 제도도 필요하다. 학생들이나 봉사 점수에 군대 봉사를 가장 많이 반영하는 것도 좋은 방법이다. 군 면제자나 학생들, 국민 모두가 나서야 한다. 군 보안이 자유로운 업무나 영역에서 자원 봉사를 실시하면 효율적일 것이다.

분단국가의 군사 안보를 청년들에게만 일방적으로 짐을 지우는 것은 불공평하다. 인식의 변화가 필요하다. 온 국민들이 조금씩 그 짐을 나누어진다면 청년들의 어깨가 한결 가벼워지지 않겠는가. 꼭 이루어졌으면 하는 바람이다. 이 책이 새로운 미래형 군대의 콘텐츠를 만들고 군대를 업그레이드하고 최강의 강군, 최고의 프로페셔널 인재들을

키우는 '군대 아카데미'가 되는 계기가 되었으면 하는 바람이다. 군대
로 '유학' 가는 이미지 말이다.

백골부대 심벌과 로고 타입

　백골부대 주둔지에는 엄청난 크기의 백골상이 존재하며 전 장병의 어깨에는 백골 마크가 선명하다.

　예비역 육군대장이었던 한신(韓信) 장군은 수많은 별명과 그에 따른 더 많은 일화를 가지고 있다. '군율의 화신', '청렴결백의 표본', '강직한 야전 지휘관', '상승(常勝)의 백골부대장', '군인 중의 군인'이다. 백골부대란 고유 명칭도 한신 장군에서 비롯된다. 그가 18연대 작전 주임으로 있으면서 부대를 상징하는 고유 명칭을 만들고자 고심할 때, 서북청년회원이자, 환향군(還鄕軍: 죽어서라도 고향을 되찾고야 말겠다고 내건 18연대 1대대 70여명의 병사들을 지칭) 출신인 백복환 병사의 발상에 따라 백골부대란 명칭이 만들어졌다. 그는 손재주가 있었고 그림을 잘 그려 백골 마크를 병사들의 철모에 그려 주곤 했다고 전해진다.

백골부대의 이름만 들어도 적이 도망친다는 일화가 있듯이 625전쟁 때 백골부대는 영등포 방어 작전에서 적 사살 500여 명, 구지동 전투에서 1,200여 명, 원산 진격 시 700여 명, 그리고 봉강 전투에서 1,750여 명 등 네 번의 큰 전투에서만도 적 사살 4,200여 명이 된다. 그야말로 우리 육군 사에 길이 남을 엄청난 전과인 것이다. 18연대는 부대의 상징이 무시무시한 해골인 것에 걸맞게 적군에 공포의 대상이었다. 백골부대 창설의 주역이었던 한신 장군은 625전쟁 영웅이다. 휴전 뒤에도 사단장, 군단장, 군사령관, 합참의장을 역임하면서 오로지 강군 육성에 진력했다.

육군 보병 제3사단의 별칭은 백골부대이다. 심벌은 하얀 백골이다. 부대의 마크, 심벌은 삼각형의 테두리 안에 백골 모양이 들어가 있다. 시각적 요소의 극대화는 강한 브랜드 어필의 효과가 나타난다. 현대 광고학적 측면에서도 훌륭한 브랜드 이미지이다. 흔히 기업 광고를 할 때 CIP, 기업 이미지 통합 전략(corporate image identity program) 작업을 한다. 이름, 칼라, 유니폼, 디자인, 매장의 디자인, 코디나 배열, 모든 것을 회사의 카탈로그에 담고 있다. 삼성은 회사의 심벌과 로고를 외국의 광고 회사에 의뢰해서 제작을 했다. 그룹 내에 국내 굴지의 제일기획이라는 광고 회사가 있음에도 글로벌 시대의 기업 이미지를 지향하기 위해서 외국 회사에 의뢰를 했다고 한다. LG는 그룹 내의 엘지애드 광고회사에서 작업을 했다고 한다.

이러한 CIP는 회사나 단체의 규모에 따라서 비용은 수억, 수십억원이 소요된다. 이렇게 기업의 이름, 심벌이나 로고는 중요하다. 그 회사의 이름이나 상표를 보고도 어떤 회사인지, 업종이나 추구하는 기업

이미지를 한 눈에 알아 볼 수 있어야 좋은 광고 효과가 있다. 백골부대의 명칭은 군부대로서는 최고 수준의 이미지이다. 대적하는 적에게는 죽음과 두려움, 무서운 공포심을 심어 준다. 부대원들, 공동체의 구성원에게는 죽음도 불사한다는 결연함, 결기나 의기, 패기를 심어 준다.

백골부대의 네임 파워는 군대의 특성, 부대의 추구하는 핵심 가치, 지향, 군대의 위엄, 멸사봉공의 국가관, 조국애를 함축적으로 표현하고 있다.

경례구호가 '백골'이다. 박정인 사단장 시절 정해진 구호이다. 부대 내의 입구의 간판, 백골의 조형물이 한 마디로 백골부대를 상징한다. 구호는 '멸북통일 최선봉, 천하무적 백골사단'이다. 군복에도 백골부대 마크가 부착되어 있다. 부대 내의 모든 시설물에 명칭에 '백골'이 들어간다. '백골 유격장', 빵도 '백골 빵'이다. 백골부대가 의도하지는 않았을 것이고, 전문 광고기획사에서 부대이미지 통합 작업을 하지 않았지만 최고의 광고 효과를 보고 있는 것이다. 심벌은 삼각형의 테두리에 백골이 들어가 있다. 삼각형과 세 개의 별은 철의 삼가지 철원, 3개 주력 연대를 의미한다. 한 눈에 백골부대임을 알아 볼 수 있다. 부대의 초창기에는 마크 안에 해골이 있었는데, 주민들과 일반 국민들에게 혐오감을 준다고 해서, 제거했다가 최근에 다시 넣었다. 해골 문양 하나를 넣었다. 뺐다가, 다시 넣는 데까지 수십 년이 걸렸다.

부대의 상징인 심벌은 이렇게 중요한 가치나 의미를 담고 있음을 역설적으로 표현하는 것이다. 이제야 백골부대의 이미지를 제대로 표현하고 있다고 말한다. 일반 회사도 자신의 회사의 배지를 달고 다니고, 국회의원, 군인, 사회단체에서도 부착하고 다닌다. 그만큼 자신이

속한 공동체에 대한 긍지와 자긍심의 표현이기 때문이다.

백골부대에서 전역한 예비군들은 이 백골 마크를 달고 어깨를 펴고 당당하게 훈련에 참석한다고 한다. 이 정도면 최고의 부대 명칭, 심벌, 부대 이미지의 이미지 파워, 네임 밸류, 백골부대의 막강 전투력을 상징하기에 부족함이 없다.

'풍전등화' 조국을 구한 백골부대

2015년 8월, 북한군의 지뢰, 포격 도발 등으로 군사적 긴장 상태가 최고조에 달한 가운데, 중부 전선 강원 철원 최전방을 수호하기 위해 전역을 연기한 육군 제3사단(백골부대) 장병들이 있었다. 전군 최초였다. 조국이 위기에 처하자 백골부대 장병들은 위험을 회피하지 않았다. 전역이 눈앞인 장병들조차 이를 연기하며 자진해 적과 싸우기를 주저하지 않았다. 사연이 알려지자 군의 사기는 하늘을 찔렀다. 감동 받은 국민들은 격려와 성원을 보냈다. 위기는 지나갔지만 그들의 '군인 정신'은 여전히 현재 진행형이다. 이들을 국내 대기업에서는 특채로 고용했다. "채용 자격? 북 도발 때 보여준 책임감이면 충분." 더 이상의 무슨 자격이나 수식어가 필요하겠는가. 전우를 위해서 조국을 위해서 희생할 자세로 직장 선, 후배와 동료와 회사를 위해서 일을 한다면 그 결과는 명확하기 때문이다.

무엇이 백골 용사들을 강하게 만드는가. 조국 수호에 대한 백골부대의 전통을 어디에서 나오는가. 그것은 바로 부대의 용맹함과 애국심의 발로이자 중요한 전통에 기인한다. 진백골연대 이준, 조민수, 안동국, 박이삭 병장과 38선 돌파연대 신민수, 여상수, 임정범, 임주형 병장 등 8명의 병사들은 북한과의 긴장이 일단락되자 합동 전역식을 치렀다.

전역식에는 백골전우회(회장 박종근)도 참석해 백골부대의 명예를 드높인 자랑스러운 후배 전우들의 전역을 축하하고 격려했다. 이날 전역한 진백골연대 이준(23) 병장은 "백골부대원으로서 항상 자부심을 갖고 군 생활을 해 왔는데 위기 상황에서 끝까지 조국 수호의 사명을 완수할 수 있어서 기쁘다."며 "사회에 돌아가더라도 언제든 위기 상황이 다시 찾아오면 서슴없이 백골부대로 달려오겠다."고 밝혔다. 이번 상황을 지켜본 38선 돌파연대 윤태훈(21) 일병 역시 "백골부대 선배 전우들이 이처럼 자랑스러울 수가 없다."며 "이제 우리 후배 전우들이 북한의 도발을 억제하는 데 최선을 다하고 만약 북한군이 도발한다면 처절하게 응징, 보복하겠다."고 밝혔다.

조민수(22) 병장은 전역 전 이미 취업에 성공해 출근이 예정돼 있었으나 전역 연기를 신청했다. 조 병장은 "평소 북한군이 가장 두려워하는 3사단의 일원이라는 사실에 자부심을 가지고 있다."며 "군복무 기간 매일 외치던 '필사즉생 골육지정'의 백골정신을 토대로 위기에 처한 나라를 지키는 데 끝까지 함께하는 것은 너무나 당연한 일"이라고 말했다.

〈미래 한국〉의 2015년 9월 24일자, 기사를 보면 625전쟁에서 백골부대가 얼마나 용맹스러운 부대였는지를 알 수 있다. 임시 정부는 부산에 존재했다. 대구 방어의 전략적 요충지인 영천을 인민군에게 빼앗기자 미 8군 사령관 워커 장군은 정일권 육군참모총장에게 "한국군 중에서 가장 믿을 수 있고 잘 싸우는 2개 사단과 각계각층의 민간인 10만 명을 극비리에 선정해 달라. 반공 단체의 지도층 및 경찰 간부들을 민간인 리스트에 포함시켜 달라."는 요청을 받았다.

영천은 낙동강 전투 최후 결전장이었다. 낙동강 일대에서는 한국의 공산화를 막기 위한 한미 연합군이 숱한 희생을 치러가며 공산 인민군을 상대로 장엄한 전투를 벌이고 있었다. 낙동강 방어전에 임한 아군은 국군 5개 사단, 미 8군 3개 사단 등 총 8개 사단이었다. 국군은 왜관에서 동해안에 이르는 라인을, 미군은 왜관에서 진해만에 이르는 서쪽 라인을 맡아 방어에 나섰다. 9월 10일부터 13일까지 사흘 간 국군은 전사(戰史)에 길이 남을 '영천 섬멸전'을 전개했다. 이 전투에서 인민군은 시체 3,799구, 포로 309명 등 투입된 병력 거의 전부가 사살되거나 부상을 당하는 궤멸적인 타격을 입었다. 우리 국군의 피해는 전사 29명, 부상 148명, 실종 48명 등 경미했다.

영천 섬멸전이 시작되기 전날인 9월 9일에는 경주 지역 방어선이 적의 대공세로 인해 위태롭게 됐다. 정일권 참모총장은 수도 사단 18연대(일명 백골부대)의 임충식 연대장(후에 합참의장, 국방부 장관 역임)에게 다음과 같은 훈령을 보냈다. "대한민국의 명운은 오직 백골부대 여러분의 용전에 달려 있다. 여러분의 백골로서 경주를 사수하라. 본직(本職)은 여러분의 분발을 믿어 의심치 않는다. 감히 말하노니, 여러분은 경주를 무덤으로 삼아 전원 옥쇄하라!"

연대장 이하 전원이 흰 해골이 그려진 철모를 쓰고 다녀 백골부대라는 명칭으로 불렸는데, '전투를 했다 하면 승리'하여 인민군에게는 공포의 대상이었다. 전공이 뛰어나 부대원 전원이 두 번이나 일 계급 특진을 했다.

이처럼 긍지 높은 연대에 육군참모총장이 옥쇄를 명하자 임충식 연대장은 대원들에게 이렇게 훈시했다. "우리 연대의 영예 높은 백골 정신을 유감없이 발휘할 때가 왔다. 참모총장 각하의 각별하신 격려의 뜻을 받들어 연대장은 진두에 서서 경주를 사수할 것이다. 이 연대장이 진두에서 조금이라도 물러서면, 누구라도 좋다. 이 연대장을 쏴 죽여주기 바란다. 그리고 이 연대장의 시체를 방패 삼아 최후의 일병까지 싸워 주기 바란다. 그 대신, 너희들 중에 우리 백골 정신을 더럽히는 자가 있을 때엔 이 연대장이 가차 없이 처벌할 것이다."

연대 장병들은 일제히 "백골! 백골! 백골!"을 삼창하고 '결사(決死)' 두 글자를 백골 철모에 동여매고 경주를 지켜냈다. 그뿐만 아니라 지원 나온 미군 19연대와 협동 작전을 펼쳐 안강—기계를 탈환하고, 인민군 12사단을 역 포위하여 섬멸했다.

'호림유격대'와 백골부대

'호림유격대'는 백골부대와도 밀접한 관련이 있는 특수부대이다. 1949년 2월, 자유수호를 위해 강원도 청년들과 서북청년단원 316명이 주축이 돼 구성한 한국군 최초의 유격 부대로 625전쟁 당시 북한의 남침을 저지하는 전투에서 북한군 3개 사단에 포위돼 다수의 희생자가 발생했다.

북파(北派) 유격대이다. 북한군이 남침하자 바로 전투에 투입되었다. 따라서 전쟁 이전 국군이 창설한 유격대는 호림부대였다. 현재 '호림유격대 전우회'는 대북 공작, 후방 교란, 군사시설 파괴 등의 임무를 부여받고 작전에 투입되어 혁혁한 공을 세우다가 백골부대의 연대에 편입된 호림유격대의 전우회이다. 그중에서 호림 3중대(현 청호대대 10중대)는 38선을 최선봉으로 돌파했는데 '맹호출림'(猛虎出林)이란 단어가 명칭의 유래이다.

1949년 2월 25일, 서북 출신 367명을 기간으로 육군본부 정보국 특무과장 한왕룡 소령이 부대장을 맡아 출범한 육군본부 정보국 산하 특수부대이다. 이들은 경기도 수원 수색학교에서 훈련을 받은 뒤 2월 26일부터 한왕룡 소령 지휘 하에 경남 거제와 경북 등지에서 빨치산 토벌 작전에 참가했다. 5월 25일, 서울로 귀환해 사열식을 전개했고, 이범석 국무총리는 이들이 국방부 제2국 소속 호림부대이며 단원은 557명이라고 하였다.

이 부대의 설치 목적은 "적의 일선 배치 병력을 분산케 하기 위하여 아측도 무장유격대를 적의 후방 깊숙이 침투시켜 적의 병력을 분산 시키는 길이 가장 효과적"이기 때문이었다. 그리하여 1949년 6월 20일부터 강원도 횡성에서 대대 편성을 하여 백의곤과 김의주를 각각 제6연대장과 제5대장으로 하는 2개 대대가 편성됐다. 부대원들에게는 일본군 99식 장총, 탄환 120발, 미군 수류탄 3개가 지급되고 북한 보안대 복장으로 위장했고, 이 외에도 경기관총, 지뢰 폭탄, 다이너마이트, 독약, 전선절단기, 북조선은행권 50만 원, 사진기 등의 장비가 지급됐다.

호림부대는 1949년 6월 28일, 강원도 양양군 서면 진동리 오색리 지구로 침투했고, 5대대는 양양군 강현면과 속초면, 6대대는 인제군 북면 서화면으로 침투했다. 이들은 주요 시설(공장, 기업소, 교통선) 파괴, 기관 습격, 주요 인물 살인, 방화, 군사기밀 탐지 등의 임무를 수행했다. 호림부대의 침투에 따라 1949년 북한 강원도 인제군은 초비상상태에 들어갔다. 북한의 주장에 따르면, 호림부대원 106명은 사살되고,

44명이 포로가 됐다. 이들에 대한 재판은 모란봉극장에서 공개로 진행되어 사형이 선고됐다.

귀환한 호림부대원들은 1949년 7월 12일, 육군 호국군에 편입됐는데, 현역 편입을 원치 않는 대원들은 제대하고 나머지는 같은 해 11월 13일, 현역에 편입됐다. 이후 그 명칭이 육군본부 영등포학원으로 개칭되고, 부대장은 홍성준 소령이 부임했다. 이후 1949년 9월 15일, 빨치산 토벌을 위해 지리산으로 출동, 제3사단에 배속되어 보현산, 팔공산 등지의 빨치산 토벌에 참가했다.

1950년 8월 18일, 영등포학원이 해체되자, 대원들은 제3사단에서 팔공산지구, 영덕-강구 방어 작전 등에 참가했다. 대대장을 비롯한 간부들이 수도 사단으로 전속되고, 대대본부 요원들은 제3사단 수색중대로 배치됐으며 부대원들은 제23연대 제1,5,9,11중대에 배치됐다. 〈한국민족문화대백과〉의 기록을 참고로 정리한 내용이다.

호림유격회 전우회도 빼놓을 수 없다. 호림유격회는 1949년 2월 25일에 창설, 대북공작·후방교란·군사시설파괴 등의 임무를 부여받고 작전에 투입해 혁혁한 공을 세우다가 1950년 7월, 백골부대 연대의 3대대로 편입됐다. 그중에서 호림 3중대가 38선을 최선봉으로 돌파했다. 매년 10월 15일, 호림유격전우회 주관으로 강원도 고성군 위령탑 참배 행사를 실시하고 있다.

23연대는 1949년 6월 20일, 마산시 월영동에서 보병 6연대 2대대를 모체로 창설됐다. 625전쟁이 발발하자 부대는 울진전투에서 울진을 탈환하는 혁혁한 전공을 세웠다. 이를 시작으로 당시 유엔군 최후의 방어선이었던 낙동강 방어선의 동측을 지켜낸 영덕·강구지구 전투,

한국군 최초의 도하작전으로 기록된 형산강 도하작전을 성공적으로 수행해 낙동강 최후 방어선의 일익을 담당함으로써 인천상륙작전과 동시에 북진의 발판을 마련했다.

치열한 전투를 치르는 동안 서로 피를 나눈 전우회도 여럿 태어났다. 대표적인 전우회가 '화백회'다. 화백회는 중공군의 개입으로 태백이 다시 적의 수중에 들어가자 태백중학교 1~4학년 학생 127명이 박효칠 선생 인솔 하에 연대에 자진 입대한 학도병의 모임. 전쟁 기간 중 연대의 특공대로 활약하던 이들 중 18명이 전사했다. 이에 18인의 영령을 추모하기 위해 1954년 12월 8일, 충혼탑을 제막하고 제1회 추모식을 열면서 모임을 결성, 화랑도의 '화(花)'자와 태백의 '백(白)'를 따서 화백회로 명명했다.

'3일 약속 전우회'도 있다. 이 전우회는 어머니께 3일 있다 돌아오겠다는 약속을 하고 전쟁에 참전한 학도병 단체다. 백골부대 23연대는 625전쟁 당시 남하하는 중공군에 의해 피난길에 나섰던 함경북도 출신 청년학도병 156명이 어머니에게 '3일 뒤에 꼭 돌아오겠다'는 약속을 남기며 자진 입대, 전투에 참전해 혁혁한 전공을 세웠으나 돌아가지 못했다.

함경북도 출신 애국청년 156명의 학도병들은 성진항(현재 김책시)에서 마지막 철수선인 조치원호에 몸을 싣고 백골사단 예하 23연대(1950년 10월 1일 38선 최초돌파 부대)에 가입대했다. 1950년 12월 9일, 아군의 성진항 철수 작전에 참가한 뒤 연대 수색중대에 입대해 현리·가칠봉·오대산·설악산·간성·거진 마차산리 전투와 949·662고지 등 각 지구 전투에 참전, 이들 중 생존자 20여 명으로 결성된 전우회이다.

이 사연은 생존자 중 한사람인 정동규 씨에 의해 지난 1990년 '3일의 약속'이라는 자서전을 내면서 세상에 알려졌다. 이후 1991년 5월부터 KBS 2TV에서 50회에 걸쳐 이 내용이 드라마로 방영되기도 했다. 생존자들은 정동규 씨의 자서전 발간을 계기로 귀가 약속을 지키지 못한 한을 함께 달래고자 1990년, '함북 3일의 약속 전우회'을 결성했다.

생존자들은 1992년 10월 1일, 국군의 날 행사에서 학도병의 참전한 지 40년 만에 화랑무공훈장을 받았다. 육군 백골부대 23연대는 지난 2004년 4월 28일, 국가보훈처의 지원과 독지가들의 후원을 받아 '함경북도 3일의 약속 전우 전공비'를 세우고 매년 연대 창설기념일인 6월 20일에 추모 행사를 거행한다.

트루먼(Harry S. Truman)과 한국전쟁

전임이었던 루즈벨트 대통령의 급작스러운 타계로 미국의 33대 대통령직을 승계한 트루먼이다. 2차례에 걸친 일본의 원자폭탄 투하를 비롯한 2차 대전의 종전과 사상 초유의 동서냉전기를 맞이하며 숱한 중요한 결정을 내려야 했다. 우리나라의 역사와 밀접하게 관련이 있지만 그 역할이 과소평가되어 왔다.

트루먼은 625전쟁 때 한국 전 참전에 대해서, '미군의 참전 결정'에 10초도 안 걸렸다고 그의 회고록에서 밝히고 있다. 트루먼 대통령은 모처럼 고향인 미주리 주 인디펜던스에서 주말을 보내고 있다가 '에치슨' 장관으로부터 북한군의 남침 공격 사실을 보고받았다. "애치슨 장관, 우리는 어떠한 대가를 치르더라도 The sons of Bitches(개새끼라는 경멸어)를 저지하지 않으면 안 된다."고 말한다. 그의 이러한 결의 표명은 설령 유엔의 승인이 없더라도 미국의 개입을 기정사실화하고 있었다는 점이 분명하다. 그는 분명히 북한의 침략을 스탈린 공산주의의 아시아 팽창 정책의 일환으로 보았던 것이다. 휴가에서 복귀 때 에치슨 국무장관, 루이스 존슨 국방장관이 마중 나와 있었다. 리무진을 타고 영빈관인 블레어 하우스로 향하는 차안에서 트루먼은 단호한 어조로 말했다. "하나님에게 맹세코 그 자들이 대가를 치르도록 해주겠어."

20세기 미국 대통령 중 유일하게 대학교를 졸업하지 않았지만, 독실한 기독교인으로 성실과 정직의 정치인이었다. 20세기 중반 위기의 미국을 맡아 국내외적 난관을 극복한 대통령으로 기억된다. 2차 세계대전을 종식시키고, UN 창설을 통해 국제 평화를 구축할 기반을 마련했다. 트루먼 독트린을 발표하여 공산주의 소련의 확장을 막았고, 마샬 플랜을 실시하여 유럽의 경제를 부흥시켰다. 국내적으로는 전시 경제를 평시 경제로 전환시켜 풍요의 시대를 만들었다. 흑인 인권과 노동자들을 위한 정책을 펼쳐 공정한 미국을 만들기 위해 노력했다.

그가 책상 위에 올려놨던 명패의 글귀이다. "The buck stops here."(책임the buck은 여기서 멈춘다) 책임 전가 없이 '모든 국정의 책임을 대통령인 내가 이곳에서 지겠다.'는 의지의 공개적인 표현일 것이다. 리더의 무한 책임을 강조하는 감동적인 리더십 원칙을 단적으로 표현하고 있다.

냉전 초기, 공산 세력과의 대결 상황에서 단호한 자세로 공산 세력의 확산을 막고 한국에서 북괴의 침략을 저지하면서 자유 진영을 수호하는 데 성공했다. 원칙에 충실한 정책을 펴서 재임 당시에는 커다란 인기가 없었지만, 시간이 지날수록 그의 업적이 재평가되면서 높은 점수를 받고 있다. 특히 1991년, 소련의 해체를 통해 미국이 냉전을 승리로 끝내면서 자유 민주주의를 지키기 위해 선포한 트루먼 독트린의 정당성이 입증되었다. 625전쟁에서는 조기에 한국에 대한 군사 원조를 실시함으로써, 제해권과 제공권을 확보하고 잠시나마 북한군의 남하를 저지하며 낙동강 전선을 형성할 시간적 여유를 벌 수 있었다. 초기에 대처가 늦어졌더라면 1950년 7월, 혹은 8월에 북한에 의해 적화 통일되고 말았을 것이다.

김준봉, 〈한국전쟁의 진실, 상〉의 내용이다. "트루먼은 서울 지역의 미국 시민을 철수시키고, 맥아더에게 지시하여 탄약과 무기를 포함한 보급품을 공중 투하하고 7함대를 필리핀으로부터 대만과 중국 본토 가운데로 이동시키도록 하였다. 트루먼이 결정한 한국에 대한 즉각적인 군사 원조는 스탈린과 많은 서방 인사마저 놀라게 하였다."

트루먼 대통령 한 사람의 순간적인 판단에 대한민국과 2,100만 국민의 운명이 결정되었다고 해도 과언이 아니다.

이승만 초대 대통령이 625전쟁 시 트루먼에게 쓴 편지는 유명한 일화이다. "대통령 각하, 각하의 위대한 병사들은 미국인으로서 살다가 죽었습니다만, 세계 시민으로서 그들의 생명을 바쳤습니다." 한국을 위한 미군의 위대한 희생에 감사하고 위로의 말로 시작한다. '이 전쟁은 남북전쟁이 아니다 대다수 남북의 국민들과 소수 공산주의자들의 전쟁이다 이 기회에 통일을 이루지 못하면 그 소수의 공산주의자들은 또 다시 분열과 망국 책동을 계속 시도할 것이다'는 호소였다. 이 편지는 이 대통령이 직접 영문으로 썼다. 1950년 7월19일, 이승만 대통령은 임시 수도 대구에서 해리 S. 트루먼 미국 대통령에게 편지를 쓴 것이다. 이승만은 공산주의자들은 궁극적으로 한국을 '소련의 위성국'으로 만들려는 저의를 품고 있다고 경고했다.

1945년 4월에 원자폭탄의 완성 소식을 보고받은 트루먼은 핵의 힘으로 소련을 누르리라고 생각했다. 일본으로 원폭 투하 명령은 포츠담 선언 발표 하루 전인 7월 25일에 이루어졌다. 공화당의 정치인들은 일본으로 원폭 사용을 반대했기에 트루먼은 투하 결정을 공화당 쪽엔 숨긴 채 먼저 스탈린에게 알렸다.

공화당과 공화당 계열의 장군들이 원폭 투하 결정을 알게 된 것은 투하 이틀 전으로 이것은 '반대를 무서워해 자국의 의원보다도 소련에게 먼저 알렸다'라는 공화당 측의 거센 비난을 불러왔다. 원폭 사용은 훗날 공화당원으로 대통령이 된 아이젠하워 등이 극력 반대했고 공화당 지지의 미 육해군 장성들도 전원이 반대 의견을 표시했다. 맥아더도 마찬가지였다. 아이젠하워는 스팀슨 육군 장관에게 "미국이 세계에서 최초로 이런 무서운 파괴력을 가진 신병기를 사용하는 나라라는 것을 나는 보고 싶지 않다."라고 몇 번이나 강하게 항의했다.

트루먼이 원폭 투하를 결정하게 된 배경에는 미군의 손실을 최대한으로 막으려는 것과 실전에서 평가, 전후 패권을 다툴 소련에 대해 우위를 차지하기 위한 목적 외에 인종적 편견을 가졌기 때문이라는 말도 있다. 트루먼은 두 번째의 원폭 투하 후 '다시 10만 명을 말살한 것은 더욱 공포스럽다'라고 해 3번째의 원폭 투하는 중지했다.

한편으로 트루먼은 공식적인 자리에선 원폭 투하를 정당화하는 입장을 취했다. 또 트루먼이 일본에 18발의 원폭 투하를 승인했다는 사실이 워싱턴 포스트 신문에 실리기도 했다. 1953년 1월 7일에 트루먼은 수소폭탄의 개발을 발표했다. 이러한 트루먼의 입장은 일본에선 원폭 투하로 많은 생명을 앗아간 살인자라는 평이 많았지만 미국에선 전쟁을 조기에 종결시켜 병사들의 목숨을 구한 대통령이라는 평가로 나뉘고 있다.

제2차 세계대전 종결 후 트루먼은 소련에 대해 강온 노선을 펼쳤다. 또 국제연합(UN)의 설립을 강하게 주장하여 관철시켰다. 그의 외교 능력을 의심하는 사람도 있었지만 마셜플랜으로 경제 회복과 트루먼 독트린이라는 유럽에서의 소련 군사력 견제로 외교 면에서 성과를 거두었다.

해리 트루먼 미국 대통령이 1945년 8월 9일, 일본 나가사키에 원자폭탄 투하를 승인한 직후 이를 후회하는 심경을 표출한 개인 서한이 공개됐다.

미국 '국립 문서 관리 기록청'이 2015년 8월 10일(현지시간), 2차 대전 종전 70주년을 맞아 공개한 외교 문서에는 트루먼 대통령이 나가사키 원폭 투하를 승인한 뒤 민주당 소속 리처드 러셀 상원의원에게 보낸 서한에서 "개인적으로 일국의 지도자들이 가진 '외고집'으로 인해 인구 전체를 없애야 하는 필요성에 대해 분명히 후회하고 있다."고 밝히고 있다. 이는 트루먼 대통령 스스로 원폭으로는 일본의 항복으로 이끌어내는 데에 한계가 있고 소련군의 개입이 필요하다는 판단을 내리고 있었음을 짐작하게 하는 대목이다. 트루먼은 "나의 목적은 가능한 많은 미국인의 생명을 살려내는 것"이라며, "그러나 나는 일본의 여성과 아이들에게 인간적인 연민을 느끼고 있다"고 기록되어 있다. 트루먼은 서한에서 "나는 일본이 극도로 잔인하고 야만적인 전쟁 국가라는 것을 안다."고 말하며, "그러나 그들이 짐승이라고 우리도 같은 방식으로 행동해야 한다고 믿을 수는 없다."고도 강조했다.

트루먼 전 대통령의 외동딸 마거릿 트루먼의 장남인 클립튼 트루먼 대니얼(58, 전업작가)은 2015년 6월, 연합뉴스와의 인터뷰에서 "외할아버지인 트루먼 대통령이 일본 히로시마와 나가사키의 원폭 피해 참상에 큰 충격을 받았고, 이로 인해 한국전쟁 당시 원폭을 사용하지 않기로 했다."고 증언한 바 있다.

1950년 11월, UN군 총사령관이던 더글러스 맥아더는 한국에 참전한 만주(중화인민공화국)에 원폭 사용을 주장했지만 트루먼은 전쟁 확대를 우려해 맥아더를 해임시켰다. 1950년 10월, 수십만의 중공군이 북한 지역에 참전해서 대공세를 펴고 유엔군이 후퇴할 상황이었다. 맥아더 사령관은 만주 폭격, 중국 해안 봉쇄, 장개석 군대 투입, 원폭 사용 검토 등을 요구하였다. 트루먼은 그렇게 되면 소련이 개입, 3차 대전이 일어나고 유럽이 위태로워질 것이라고 판단하여 맥아더의 건의를 거부하였다. 맥아더는 "그렇다면 한국에서 철수, 일본만 지키자."고 했다. 영국 에틀리 수상도 미영 정상회담에서 한국 포기를 건의하였다. 트루먼은 단호했다. "미국은 친구가 어려울 때 버리는 나라가 아닙니다. 한국을 포기하면 우리를 믿고 싸웠던 이들은 죽게 될 것입니다."

당시 미 합참의장이었던 브래들리는 "한국전쟁은 잘못된 곳에서, 잘못된 시기에, 잘못된 적을 만난, 잘못된 전쟁이었다."라고 훗날 트루먼 대통령에게 고백했다.

다른 대통령과는 달리 트루먼은 임기 중 대부분을 백악관에서 지내지 않았다. 백악관은 구조 분석으로 19세기 전반에 영국군의 방화로 인해 붕괴 위험이 있다고 해, 보수가 실시되는 바람에 콘크리트와 철강 구조로 재건되었다. 재건되어 새로 만들어진 백악관의 발코니는 '트루먼 발코니'라 하여 알려져 있다. 현재의 백악관은 이때 모습을 갖춘 것이다.

맥아더 장군에 대한 평가만큼 트루먼에 대한 평가도 다양하다. 관점의 차이도 있다. 맥아더도 한국의 관점에서 보면 긍정적인 측면이 있음에 분명하다. 그러나 큰 그림으로 보면 트루먼의 판단과 결정도 긍정적인 측면이 있다. 다행인 것은 이 두 사람의 선택과 결론은 한국을 위해서 좀더 많은 관점과 희생을 생각했다는 점이다. 그들의 언행이나 행보를 살펴보면 군사 전략을 초월한 신앙심이었다고 평가한다.

백골부대는 한국군의 상징 '레전드'

백골부대는 한국군의 상징이다. 국군의 날을 만든 부대이다. '메이커 오브 메이커 부대'이다. 백골부대는 한국군의 역사이자 신화이다. 이병주의 소설 〈산하, 山河(1974~1979)〉, 서문에 실린 글이다. "태양에 바래지면 역사가 되고 월광(月光)에 물들면 신화가 된다(褪於日光則爲歷史, 染於月色則爲神話)." 아포리즘(aphorism; 격언, 경구, 잠언)의 백미이다.

이병주의 역작인 〈산하〉도, 질곡의 한국사를 배경으로 한 대하소설이다. 일제 강점기, 혼란한 광복 전,후기와 625전쟁, 이승만의 자유당 정권의 몰락, 역사의 한 가운데를 기록하는 해방 전후사와 419까지 이르는 소설이 〈산하〉이다.

한국은 분단국가이다. 남한과 북한은 종전이 아닌 정전 상태인 준전시 상태이다. 군사적 대치 상황이다. 우리는 그동안 북한의 많은 도발을 겪었다. 또한 소중한 젊은이들의 희생도 있었다. 그리고 북한의 포격을 받은 연평도 포격 사태 시에는 수치심과 분노를 느꼈다. 때로는 공포와 두려움, 트라우마, 패배주의나 무기력감에 처할 때도 있었다. 이러한 패배 의식을 걷어내고 군대는 물론이고 한국 사회에 승리의식을 전파하고자 한다. 우리를 쓰러뜨리지 못하는 것은 우리를 더욱 강하게 만들어 준다.

요즘에는 군대 개혁에 대한 관심과 의지가 높다. 군대의 군기 문제나 각종 사고도 군대 시스템이나 하드웨어적인 조치나 구조도 중요한 과제이지만, 사실상 더욱 중요한 것은 소프트웨어적인 마인드나 사고 방식, 의지나 인격, 인적 자원, 즉 사람의 문제라 생각한다. 병사들 간의 문제도 많은 경우는 선임병이 소규모 조직이나 단체, 가정에서의 리더십 훈련, 리더를 돕는 헬퍼십, 팔로워십에 대한 기초적인 지식이나 개념이 없어서 강압, 폭력적으로 후임병을 다스리려고 하다가 불행한 결과를 초래할 때가 많다. 리더십에 대한 교육과 훈련도 강한 군대의 조직 시스템에 중요한 요소가 될 것이다. 전역 후에는 정치, 경영, 공동체의 건강한 리더십 역량이 될 것이다. 창조적으로 계승 발전할 때 군 생활이 인생을 소비한다는 판단 오류를 극복하고, 창조적 재생산의 시기와 산 경험으로 알찬 인생의 터닝 포인트로 자리매김 할 것이다.

"전군 최초, 유일 '4계급 특진 신화' 18연대 백골부대"

'38선 최초 돌파, 혜산진 선봉 입성으로 3사단 전 부대원 일 계급 특진 부대'

'150여 회 전투에서 단 한 번도 패하지 않은 백전백승의 부대'

'북한군이 가장 두려워하는 부대'

'625전쟁 이후 최초로 북한 GP 초토화, 북한군을 압도한 용맹스런 부대'

'전군 유일의 DMZ 완전 작전 부대'

백골부대에 대한 객관적인 평가이다. 우리나라에 많은 부대가 있고, 나름대로 훌륭한 전통과 전투의 승전 기록들이 있다. 그러나 625전쟁은 물론이고 현대에서도 가장 많은 실전을 성공적으로 수행해 낸 부대는 백골부대이다. 비교조차 힘들고 타의 추종을 불허한다. 유일무이하다.

"無敵傳統(무적전통) 異狀(이상) 없다. 38線(선) 처음 돌파한 白骨部隊(백골부대) 動亂(동란)중 포로 된 兵士(병사) 한 명 없이 咸北(함북)까지 진격. 敵(적)엔 惡名(악명)·國民(국민)에겐 믿음." 〈동아일보 1981.6.24.〉

MBC '진짜 사나이'에서, 입담 좋은 영화배우 김수로가 백골부대의 조형물을 보면서, 유머로, 세계적인 디자이너 알렉산더 맥퀸이 백골부대를 보고 착안해서 해골 문양의 디자인을 계발했다고 한다. 해골 문양들을 계발하고 독특한 디자인으로 패션업계의 주목받았던 천재 디자이너 알렉산더 맥퀸을 말한다. 농담 같지만, 사실 광고학적 측면에서는 많은 의미를 담고 있다. 아무튼 백골부대는 독특한 명칭만큼이나 독특한 상징을 이미지화해서 사용한다.

최근에 나온 국제 자료들을 보면 구소련(스탈린)이 중국(모택동)과 미국을 견제하려고 김일성의 남침 야욕을 용인하고, 전쟁의 군수 물자 지원이나 전술 전략을 통해서 전투의 모든 흐름을 조절해 중국과 미국, 유럽 세력과의 갈등을 키웠다고 한다. 한국에도 일부 전략가들은 '안미경중론'(안보는 미국에 의존하고, 경제적 이익은 중국에서 얻는다)을 주장하나 현실성이 없다. 중국이 바보인가. 굳건한 안보와 함께 세계와 전략적 민첩성과 포용적, '창조적 공존의 미'가 해답이다.

여기에서 숫자의 미학이 적용되어야 한다. 100이라는 기준에서 각 나라별로 경제와 안보라는 측면에서 70:30, 49:51의 탄력적 전술, 전략이 필요하다.

전경련 이승철 상근부회장은 '시사위크'와의 인터뷰에서, "주한 미군이 가져오는 무형의 가치가 안보라면 유형의 가치는 일자리"라며, "당장 주한 미군이 주둔함으로써 절감되는 군사비(주한미군 전력 대체 비용)만 해도 최대 약 36조 원으로까지 추정되며, 국내에서 창출하는 일자리 규모만 해도 약 1만 2,000명으로 대기업 하나가 더 있는 셈"이라고 주한 미군의 경제적 효과를 강조했다.

평화와 전쟁, 평화와 군대, 이 말은 딜레마인 것 같지만 평화를 지키고 한 국가를 유지하기 위해서는 불가피하게 존재해야 할 군대이다. 그래서 백골부대 스토리를 통해서 군대의 중요성과 젊음을 다 바친 군 생활을 자기계발의 기회로 승화하고 이를 자기발전의 기회로 업그레이드하고자 함이다.

"북한군을 때려잡고 '백골 상'을 백두산에." 통일도 중요하지만 아직은 종전이 아닌, 정전 상태로 '준전시 상태'이다. 모든 부대가 백골부대와 같이 북한, 모든 적을 제압하는 위엄 있는 부대가 되도록 서로 배우고, 인정하면 좋겠다. 백골부대와 같은 확고한 군대의 정체성과, 국가관을 필요로 하는 국가적 시점이다.

이제 이러한 막강한 백골부대의 초특급 위엄과 훌륭한 전통, 막강 실전 전투력, 핵심 가치의 실현, 네임 밸류, 캐치 프레이즈, 심벌, 로고 타입, 크리에이티브, 경쟁력, 리더십들을 살펴보기로 한다. 불확실성의 시대에 백골부대의 실력과 경쟁력을 실재 기업 현장, 교육 현장에 적용 한다면 탁월한 리더십과 일취월장한 경쟁력을 확보하고, 성공적인 목 표 성취를 하리라 예상한다.

전략·전술(Strategy and tactics, 戰略·戰術)이 있다. 군사적인 의미로 는 전략이란, 전쟁 목적을 달성하는 전체 국면에 관계되는 기본 방침 을 말하며, 전술이란, 개개 전투에 관계되는 방책을 말한다.

전술=전략, 이 등식이 일치하지는 않는다. 전술에 이기고도 전략에 서는 패하는 경우가 있다. 반면에 전술에 실패하고도 전략에서 성공을 가져 올 수 있다. 전술 싸움에는 이겼지만 전략 목표 달성에 실패하면, 결정적으로 전략에는 패한 것이 된다. 설령 전술에 실패는 있을 수 있 지만 전략에서는 실패를 용납할 수 없다.

전투는 국지전이다. 전쟁은 전면전이다. 비록 전투에 실패하더라도 전쟁에서는 반드시 이겨야 한다. 전투에서 패하면 일부를 잃지만 전쟁 에서 패한다면 전부를 잃기 때문이다. 인생도, 사업도, 성공도 그렇다.

CHAPTER
2

명품
명품 브랜드 콘셉트와
탁월함의 법칙

사람들은 흔히 고가의 사치품과 명품을 혼동한다. 명품은 품질과 전통, 가치와 고귀한 정신이 결합될 때 명품이 되는 것이다. 그래서 명품은 쉽게 탄생되지 않는다.

백골부대는 명품 부대이다. 조국을 위해서 수많은 전투와 희생과 헌신을 했다. 그러나 묵묵하게 본연의 임무를 다하며 품위와 품격을 지켰다. 검증과 인증, 그래서 명품 부대라고 한다. '명품 사단', MBC 진짜 사나이의 자막이 이를 증명한다.

세계의 제품 중에 한때 가장 높은 브랜드 파워를 지닌 것은 코카콜라였다. 그러나 최근에는 애플이 코카콜라를 앞질렀다고 한다. 정치인들, 기업도 쇠락의 길을 걷게 된다. 그래서 외형적인 이미지는 결국에는 본질적인 핵심 역량이 결정한다고 보아야 한다. 위기나 일시적인 패배에서도 다음과 같은 마인드가 필요하다. 패배가 실패가 아니라 포기가 실패이다. 실패보다 한 번 더 일어나면 성공을 쟁취할 수 있다. 현상적인 패배나 좌절은 본질적인 승리로 가는 필연적인 과정이다.

목표는 단순히 도달해야 할 지점이나 결과라기보다는 현실을 극복해가는 과정 자체이다. 자기가 서 있는 위치가 달라지면서 과정으로서의 목표는 상실하거나 망각한 채, 결과로서의 목표만을 볼 수도 있다. 목표는 그 자체도 중요하나 그 과정도 중요하다. 개인이나 회사는 타인이나, 타 회사를 압도할 만한 경쟁력 있는 스펙이나 스토리, 성과나 제품, 실적이 있어야 성공한다. 오늘날은 글로벌 시대이다. 세계 시장을 압도할 제품의 경쟁력이 있어야 한다.

국민들이나 소비자의 의식, 사회적 안목이 급상승한 시대에는 어설픈 홍보나 전략보다 '절대 가치'로 승부를 해야 한다. 핵심 마케팅 수단인 '마켓 포지셔닝'이나 설득의 효과가 줄고 있다. '완벽한 정보의 시대'로 진입하면, 전문가들만 제품의 절대 가치를 판단할 수 있는 시대는 끝나고 브랜드의 영향력은 점차 줄어들 수밖에 없다. 절대 가치는 사람의 본질적 가치나 경쟁력, 제품의 품질이 곧 본질적 가치이자 마케팅이라는 것이다. 스탠퍼드 대학의 마케팅 교수인 이타마르 시몬슨은 책, 〈절대 가치〉에서 최근의 다양한 실험 결과에서 기존의 마케팅 전략들이 오늘날 사회에서 더 이상 통하지 않는다는 사실을 발견했다. 그리고 절대 가치를 강조한다. 절대 가치란 상품의 보편적 가치가 아니라 소비자가 제품을 사용할 때 경험하는 품질 또는 가치다.

"북한이 천하무적 '백골부대'를 두려워하는 이유 5가지" 〈디스패치〉 이 기사의 헤드라인이 부대의 본질을 말해 준다.

백골부대 캐치프레이즈

'멸북통일 최선봉, 천하무적 백골사단'

'38선 최선봉 돌파 부대, 천하무적 백골부대'

백골부대의 캐치프레이즈는 역사와 전통만큼 다양하다. 대표적인 구호이다. 군대가 적을 멸하고 천하무적이라는데, 더 이상 무슨 말이 필요하겠는가.

홍보는 강력하고 빠른 자극을 줄 수 있어야 한다. 광고학에서는 자동차 광고는 글자의 수가 5개 이내, 정치 구호는 5~16자 정도가 좋은 글자 수라고 한다. 그래서 국회의원이나 대통령 선거 때, 선거포스터를 보면 세로로 대략 이 글자 수 안에서 정한다. 사람들이 브랜드의 캐치프레이즈를 쉽게 알고, 기억하기에 적합한 글자 수라고 한다.

'필사즉생(必死則生), 골육지정(骨肉之情)의 백골혼(白骨魂)'

'상승백골(常勝白骨), 적과 싸우면 반드시 승리하는 백골부대'

'수사불패,(雖死不敗) 지키다 죽을지언정 패배는 없다'

'백골 전사는 만들어진다.'(신병교육대)

'백골부대는 이겨 놓고 싸운다.'

'싸우면 반드시 이긴다.'

'초전박살'

'할 수 있고, 하면 되고, 결과는 좋다. 백골!'

'적보다 먼저 보고 먼저 타격한다.'

'이곳을 거친 자여! 백골혼을 새겼는가.'

'전투 준비는 되었는가? 부모 형제들은 우리를 믿는다.'

'조국은 백골 용사를 믿는다.'

'그대여! 단 한 번이라도 자신을 넘어 선 적이 있는가?'

'안 되면 되게 하라'

'적보다 빠르게 산악을 평지처럼'

백골부대의 구호야말로 최적의 광고 구호이다. 한국 정치사에서 자유당을 이기기 위한 민주당의 선거구호는 정치광고의 대표적인 구호였다. '못 살겠다. 갈아 보자'

'북괴군의 가슴팍에 총칼을 박자!'

오죽했으면 북한에서 백골부대를 구호를 보고 평양, 전국에서 시민 규탄 대회를 했겠는가. 선명하고도 결기에 찬 구호, 백골부대의 패기를 보여준 구호이다. 이 구호는 천안함 사건, 북한의 연평도 포격 도발 사태를 겪고 나서 곧바로 제시한 대적 구호이다. 무력감과 전쟁 공포에 빠진 국민들에게 신뢰와 확신을 준 대표적인 구호이다. 살벌하지만 백골부대의 기상에 걸맞은 함축적인 구호이다. 내부의 결속력을 높이고, 부대의 지향점, 북한에 대한 경고와 적대감 표현의 최상의 콘셉트이다.

말 한 마디가 성공으로 이끈다. 현대그룹의 정주영 회장은 생전에, 직원들이 중요한 프로젝트를 앞두고 안 된다는 보고를 하면, "해 봤어?" 하고 말하며 기발한 대안과 기획력을 발휘해서 성공적인 프로젝트를 완수했다고 한다. 말이 마음 안에 있으면 사상이고, 말이 입 밖으로 나오면 말이 된다. 말이 고정 되면 뜻이 되고, 말이 움직이면 행동이 된다.

회사에도 불경기나 위기 때에는 그 상황에 맞는 시의적절한 구호가 필요하다. 지금도 기억에 남는 독서실의 명 카피가 생각난다. "이 시간에도 경쟁자의 책장은 넘어가고 있다.", "수능 성적이 미래 애인의 미모를 좌우한다." 웃음도 나오지만, 최상의 전투적인 수험생들의 구호라고 생각한다. 창조적인 삶과 창조적 성공은 생각, 발상에 의해 좌우된다. 개인이나 공동체에서의 경쟁력도 결정한다. 창조적 성공의 원리 중에 한 가지는, 1의 주장과 2의 주장이 부딪치게 되었을 때, 1과 2를 초월한 3의 창조적 대안을 제시하는 사람이다.

전쟁, 경쟁에서 광고, 선전은 중요하다.

"선동은 문장 한 줄로 가능하지만, 그것을 반박하려면 수십 장의 문서와 증거가 필요하다. 그리고 그것을 반박하려고 할 때면 이미 사람들은 선동당해 있다." 〈요제프 괴벨스〉

CIP, 기업 이미지 통합 전략(corporate image identity program)

산업의 성숙도가 더해가고 경쟁이 치열해질수록 기업이 성장하는 데에 고객에게 기업의 실체를 명확하게 인식시키는 것이 중요하다. 그러나 CIP는 단순히 기업의 로고·심벌마크 등 시각적 요소의 변경이나 고객에의 인지도를 높이는 차원만이 아니다. 일반적으로 완벽한 CIP의 추진을 위해서는 세 가지 요소가 모두 필요하다. 〈두산백과〉에 보면 이를 3가지로 구분하고 있다.

마인드 아이덴티티(mind identity: MI):기업의 경영 이념을 새롭게 재구축하는 것이다. 이것은 기존의 비전 및 경영 이념을 검토하여 재확립하고 기업의 존재 의의와 목표를 명확히 하는 것이다. CIP의 첫 단계로 공유해야 할 가치관을 정립하여 내부 임직원에게 전파하고 전체 기업 차원의 공감대를 형성하도록 한다.

시각적 아이덴티티(visual identity: VI):기업명·로고·심벌마크 등의 변화로부터, 기업이 지향하는 기업이미지를 변화시키는 것이다. MI를 통해 정립된 기업의 이념을 시각적 요소로 표현한다.

행동적 아이덴티티(behavior identity: BI):기업의 이념을 하나의 행동 양식으로 기업 내에 확산, 정착하는 작업이다. MI 작업을 통해 정립된 기업 이념과 가치관을 내부 임직원이 체험할 수 있도록 행동 변혁을 추진하는 혁신 프로그램이다. 결국 의식 개혁 차원에서 MI, 대고객 커뮤니케이션 효과 제고 차원에서 VI 및 행동 변혁 차원에서 BI의 발전적 결합으로 CIP가 완성된다. 따라서 이것은 이미지 변신이라는 1차적 효과를 넘어선 기업 경영의 전략적 수단이다. 현재 급변하는 경영 환경에의 대응, 경영 효율의 극대화 등의 과제를 해결하기 위해 많은 기업에 의해 급속하게 진행되고 있다.

CIP는 대외적으로 독자적 이미지를 구축함으로써 고객에게 기업의 차별적 모습을 보여 주어, 고객으로부터의 좋은 이미지와 신뢰감을 형성하여 확고한 시장 경쟁력을 확보할 수 있고, 내부적으로는 기업이 지향하는 가치를 명확히 하고 이를 전사원이 공유하는 과정을 통해 의식 개혁을 유도하는 경영 혁신의 차원으로, 튼튼한 기업 조직 문화를 만든다. 오늘날 한국에서도 국제화와 개방화 시대를 맞아 대기업의 CIP가 한창 진행 중이다.

백골부대의 브랜드 콘셉트

브랜드는 이미지와 함께 단체나 구성원의 자존감이다. 전투 역량, 경쟁력에도 지대한 영향을 미친다. 백골부대의 브랜드 가치는 세계적이라고 예상한다. 백골부대는 한국전쟁의 전과도 뛰어났지만, 그 후로도 부대 이름을 빛 낼 여러 가지 실제적인 승리의 전과가 있다.

1975년에 귀순한 인민군 유대윤 소위도, "백골부대는 북한군이 가장 겁내는 부대"라고 증언했으며, 최근 귀순해 백골부대에서 초빙 강연을 한 북한군 통신단 출신의 김 모 씨도, "북한에 있을 때 '치가 떨리도록 악랄한 놈들'이라고 들었던 백골부대에 와서 강연하게 될 줄은 몰랐다."며 식은땀을 흘렸다고 한다. 〈신동아 2002.6.〉

백골부대의 탁월한 전투력은 백골부대라는 브랜드 콘셉트와 타 부대와의 확연한 차별성을 대변해 준다. 누가 북한 땅에 포탄을 투하할 생각을 했겠는가. 그것은 백골부대 선배 전우들의 막강 승리의식에서부터 오는 자신감의 발로였던 것이다. 백전백승의 신화의 실현이자, 몸소 보여준 한국군의 롤 모델이 된 것이다.

개인이나 단체, 회사는 공동체의 획기적 성과에 치중해야 한다. 그리고 성과 후의 이미지 관리나 훌륭한 전통의 계승은 더욱 중요하다. 성공한 개인도 나중에 쓸쓸한 패배자로 남을 때가 있다. 한때 성공한 회사도 무너질 때가 있다. 그래서 평소의 실력 함양과 위기 대처 능력이 필요한 것이다.

백골부대는 위기를 기회로 삼은 것이다. 그래서 과거의 전통과 업적이 빛을 더하는 것이다. 이기는 법칙, 승리의 법칙이 더욱 굳건해지고 공고화하는 것이다. 이것이 적을 압도하고, 경쟁자들과의 공고한 차별화 전략이 된다.

백골부대의 오랜 기간 축적되고, 형성된 중요한 한 가지는 경영학에 비유하자면, 핵심적으로 중요한 지식 자본(intellectual capital)이다. 이 책의 전체적인 내용을 보면 알 수 있다. 〈지식 자본〉의 저자인 토마스 스튜어트에 따르면 지식 자본은 인적 자본, 구조적 자본, 고객 자본이다. 인적 자본은 구성원의 지식, 노하우, 스킬, 가치관 등을 의미한다. 그리고 구조적 자본은 인적 자본을 확대재생산하는 조직의 체계 및 프로세스로서, 조직 내에서 고유하게 형성 된 노하우 및 역량을 말한다. 고객 자본은 사업 관계에서 발생하는 가치를 말한다. 기업이 생산하는 제품, 기업이 제공하는 서비스에 대한 가치인식, 고객의 니즈에 대한 정보를 말한다. 유형 자산도 중요하지만 무형의 자산도 큰 가치가 있다.

'천하무적 백골부대'의 역사

육군 제3사단은 지난 1947년 12월1일, 제5·6·9연대를 기간으로 해 백골사단의 모체인 조선경비대 제3여단으로 부산에서 창설, 그 후, 1948년 9월 5일에는 조선경비대 3여단에서, 보병 제3여단으로 개칭되었다. 1949년 5월12일, 육군본부 명령으로 현재의 제3보병사단으로 승격돼 이후 1962년 부대명칭을 '백골'로 제정했다.

3사단 사단의 모체인 제3여단은 1947년 12월 1일(여단장 대령 이응준)창설되었다. 제5연대(부산주둔), 제6연대(대구주둔), 제9연대(제주주둔)를 기간으로 경남 부산에서 창설된다. 2년 뒤인 1949년 5월 12일에 제22연대, 23연대를 예하 연대로 예속 후 사단으로 승격(사단장 이응준)된다. 2개 연대 편제로써 영남 지방에서 공비 토벌 작전을 수행을 하던 중에 한국전쟁이 일어났다. 한국전쟁의 초기 작전 시 제22연대는 중서

부 지역 지연작전을 펼친다.(대구→서울→김포→수원→천안을 거쳐 남하 대구 복귀) 6월 27일~7월 23일까지 작전이다. 제23연대는 동해안을 담당하면서 전투를 실시했다.(울진 출동 후 영덕으로 철수) 6월 29일~7월 19일까지의 작전이다.

제22연대는 1군단 창설 시(50.7.5.) 예하 사단에 편입시키려 하였으나, 연대장 및 장병들의 강력한 건의에 따라 편입되지 않고 연대 전통성을 유지한다. 1950년 7월 26일에 제22연대가 영덕으로 이동하여 23연대와 합류한다. 1950년 8월 20일에 제26연대가 예속된다. 그래서 제22, 23, 26연대로 사단이 구성된다.

1950년 12월 15일 흥남 철수작전 시 수도 사단 제18연대와 26연대가 상호 교체되어 철수한 뒤에 현재의 3개 연대가 편성된다. 제18·22·23연대이다. 625전쟁전쟁 발발 시 3사단은 대구에 있었으며 사단장은 대령 유승열(50년 4월 부임)이었다. 22연대장은 중령 강태민(대령으로 나온 자료도 있다), 23연대장은 중령 김종원이었다.

백골부대는 625전쟁이 발발하기 전인 1949년 8월 4일, 옹진 전투에 참전한 부대로 적 3여단의 공격을 격퇴함으로 김일성의 간담을 서늘하게 했다.

한국군 최강의 제18보병연대를 간략하게 알아보기로 하자. 1950년 아군이 지연작전을 하면서 아군의 피해가 누적되었기 때문에, 청주 전투가 끝난 후 보은에서는 부대를 재편성하는데, 제8연대와 제7사단 3연대의 잔여 병력이 제18연대에 각각 편입되었다. 이리하여 3개 연대의 고참병들이 모이니 제18연대에는 상사, 중사 등의 고참병들로 차게 되었다. 이것이 그 후 제18연대가 전투력이 강한 부대로 알려지고 백골부대의 명예를 유지하게 된 가장 큰 원인이 되었다.

　채명신 장군이 최초 장교 임관부대가 백골부대의 전신인 제주도 9연대였다. 그러한 탓에 제주 43사건과 비정규전을 경험함으로써 그가 훗날 한국전쟁에서의 백골병단의 지휘를 하는 역량을 쌓는다. 채명신 주월 사령관이 이 9연대에서 초급장교 시절을 보낸다. 그의 말이다. "조선경비사관학교(육군사관학교의 전신) 제5기로 졸업하고 제주도 9연대로 발령받았다. 제주 43사건 발발 사흘 뒤였다." 박진경 연대장 밑에서 소대장으로 근무했던 채명신은 다음과 같이 증언했다. "한쪽에서는 박진경 대령이 양민을 학살했다고 하는데 그는 양민을 학살한 게 아니라 죽음에서 구출하려고 했습니다. 43사건 초기에 경찰이 처리를 잘못해서 많은 주민이 입산했습니다. 그런데 박 대령은 폭도들의 토벌보다는 입산한 주민들의 하산에 작전의 중점을 두었습니다. 이러한 민간인 보호 작전은 인도적이면서 전략적 차원의 행동입니다."

　'골육지정의 통솔법' 덕분에 나는 제주에서 살아남았다. 당시에 연대장 박진경 대령이 저격을 받고 사망했다. 암살을 지시한 이는 나의 직속상관 문상길 중위였고, 하수인은 양회천 일등병이었다. 영내가 온통 공산주의자들로 득실거렸던 것이다. 나 역시 일촉즉발의 위기를 겪었다. 첫 번째는 부대 인근의 웅덩이에서 목욕을 할 때였다. '탕'하는 총소리가 들리더니 총알이 겨드랑이 옆을 스쳤다. 그 즉시 반대쪽에서 총소리가 들렸다. 총알이 날아온 방향으로 응사한 것이다. 소대원들이었다. 나도 몰래 뒤를 미행하며 나를 보호해 준 부하를, 전쟁터에서 부하를 살리기 위한 골육지정의 통솔법이 오히려 나를 살렸다.' 〈참군인 채명신 장군〉 회고록에서 언급한 말이다.

3사단의 모체인 제3여단은 제5연대(부산) 제6연대(대구) 제9연대(제주)를 기간으로 경남 부산에서 창설 했다. 1949년 5월 12일 제22, 23연대를 예하 연대로서 사단으로 승격했다. 제22연대(대구)와 제23(진주)의 2개연대 편으로써 영남 지방에서 공비 토벌 작전을 수행을 하던 중에 한국전쟁이 일어났다. 한국전쟁 때에는 서울과 대전 방어선에서 주로 공병 여단을 끼고 사수전을 벌였다. 625전쟁 당시 초급 장교로 전선에 투입되었던 육사 8기생들의 회고록 '노병들의 증언'을 보면 북한군이 얼마나 '백골부대'를 두려워했는지 대해서 자세히 언급되어 있다.

10월 1일, 38선을 돌파 양양을 거쳐 서진하여 인제, 양구, 회양 등 산악지대를 북진, 10월 11일경 원산을 점령했다. 원산 서쪽 능선을 지날 때 동굴에 숨어 있던 주민들을 만났다. 그들은 "백골부대는 언제쯤 오느냐"고 근심스러운 표정을 지으며 묻는다. 왜 그러느냐고 되물었더니 인민군이 후퇴하면서 "백골부대는 남녀노소 가리지 않고 막 죽인다."고 했다는 것이다. "우리가 바로 백골부대"라며 그들의 악선전에 속지 말라고 했으나 믿으려 하지 않았다. 18연대 중대장 김용건, 〈노병들의 증언〉

10월 25일, 신흥(新興)을 향해 도보 행군 중 어느 마을 앞을 지나게 되었다. 그 마을 앞에서 노인 한 분이 우리 부대를 뚫어지게 지켜보고 있더니 돌아서며 내뱉듯이 "이렇게 멀쩡한 놈들이 이제야 나타나."하는 독백이 내 귀에 들려왔다. 김일성에게 시달림만 받아온 그 노인은 왜 이제까지 우리를 버려두었느냐는 원망이었다. 어떤 찬사보다도 더 고마운 질책이었다. 그런가하면 "백골부대가 원산에 왔다는데 어디로 가고 있느냐?"는 사람도 있었다. "미군 놈들보다 더 악독하여 사람만 보면 죽인다는데"하며 걱정하는 사람도 있었다. 내가 철모에 그려진 백골 마크를 가리키며 "내가 백골부대요."라고 했을 때 그의 당황하는 모습이 지금도 눈에 선하다. 18연대 중대장 김종민, 〈노병들의 증언〉

현재로 부대 개편이 된 것은 한국전쟁 당시 3사단 휘하의 연대는 22연대, 23연대, 26연대였으나 원산 탈환 이후 수도 사단(現. 7기동군단 예하 수도 기계화 보병사단) 예하의 제18연대와 3사단 예하의 제26연대가 임무 교대를 하면서 현재의 부대 편성이 되었다.(제26보병연대는 수도 사단이 기계화 보병으로 편제됨에 따라 수도 기계화 보병 사단 예하 제26 기계화 보병 여단으로 바뀜) 현재 전투 사단으로서의 위용을 드러내며 철원 지역의 GOP를 담당하고 있다.

보병 제3사단 예하 부대로 창설된 18연대는 1949년 2월 1일부로 제2여단에 잠시 예속변경 되었으며 같은 해 6월에는 황해도 옹진반도에 진출하여 독립 연대로 임무를 수행하였다. 이때 북한은 장차 남한을 무력 적화할 목적으로 유리한 지형 확보를 위해 옹진반도를 수차례 걸쳐 침략해 왔다(49.8.4.). 18연대는 이에 맞서 중과부적의 병력이지만, 전 장병이 죽음을 불사하고 끝까지 진지를 사수하겠다는 결의로 과감하고 신속한 반격 작전을 시도하여 모든 진지를 재탈환했으며, 이 여세를 몰아 오히려 38선 이북 중요 지형물인 은파산 및 작산을 점령하였다.

이로 인해 북한은 크나 큰 병력 손실을 보았고, 백골부대의 용맹성에 대해 이때부터 북한이 가장 무서워하는 부대가 되었으며, 625전쟁 초기 전투에서도 임전무퇴의 부대로서 항상 공격 부대의 최선봉에 서서 싸움에 임해 적이 제일 두려워하는 부대로 온 천하에 위명을 떨치게 되었고, 1950년 12월 15일, 1년여 만에 모체 부대인 3사단으로 다시 복귀한 뒤에도 최정예 부대로서 많은 격전을 승리로 이끌었다. 3사단의 명성은 3사단으로 편입되기 전부터 용맹을 떨치던 18연대부터로 시작, 계승된다. 백골부대란 명칭이 생긴 유래를 보면, 1948년 경북 포항에서 창설된 진백골 연대는 창설 당시 공산당의 만행을 견디다 못해 자진 월남한 서북청년단원들이 대거 자원입대해 부대의 주축을 이뤘다.

1950년 9월, 낙동강 전투에서 혁혁한 공을 세운, 수도군단 소속 3사단 18연대가 "죽어서 백골이 되더라도 공산당과 싸워 조국을 수호하자."며 철모 좌우측에 백골을 그려 사용했다. 최석 중령과 부연대장 한신 소령을 포함한, 몇몇 장교가 회의를 하였다. 부대의 상징이 될 만한 고유 명칭을 만들 필요가 있다는 결론을 내렸고, 백골부대란 별칭이 만들어졌다. 정식으로 백골부대를 사단의 애칭으로 정한 것은 1962년, 당시 사단장인 장우주 준장 때이다. 3사단은 백골부대라는 명칭에 걸맞게 북한군에게 공포의 대상이었다. 3사단 주력은, 개전 이후 동해안, 포항지구 일대에서 방어전을 수행했다. 반격 작전에 나서 전군에서 가장 먼저 38선을 돌파했다.

1950년 9월, 당시 UN군 총사령부에서 모든 작전 부대의 진격을 38선에서 멈추라는 명령을 내렸으나, 이승만 대통령은 단독 북진 명령을 결심하였고, 이에 국군 총사령관이 북진의 최선봉에 있었던 백골부대 전선을 시찰하면서 현지에서 38선 돌파 명령을 하달했다. 이와 동시에 연합군의 총반격이 본격화되었으며, 우리 국군에게는 조국 통일의 소망에 가득 찬 북진의 계기가 됐다. 전군 최선봉으로 38선을 돌파함으로써 정예 백골부대의 위용을 다시 한 번 과시했다. 조셉 굴든의 〈한국전쟁, 알려지지 않은 이야기〉에 보면, '한국군 3사단은 밤낮을 가리지 않고 도보(道步) 혹은 차량으로, 종종 상급 사령부와 일체의 통신도 없이 올라갔다.'고 쓰여 있다. 전투화가 없어서 뚫어진 신발을 헝겊이나 천으로 감싸고 치열하게 싸웠다고 한다.

이날을 영원히 기억하고자 정부는 백골부대의 38선 돌파를 기념하고 이를 국군의 진취적 기상과 상승의 계기로 삼아 조국 수호의 선봉장이 되라는 기대와 열망에서 1956년 9월 4일, 대통령령 제 1,117호로 10월 1일을 국군의 날로 제정했다.

인천상륙작전을 성공시킨 맥아더는 미 제10군단 병력으로 원산상륙작전을 추진했다. 그러나 육지로 돌격한 3사단이 10월 10일, 원산을 먼저 점령하는 바람에 맥아더의 원산상륙작전은 작게 여겨지게 되었다. 이후 수도 사단과 함께 함경도 지역으로 진군하여 혜산진과 나남까지 탈환했다. 흥남 철수로 후방으로 복귀한 제3사단은 1950년 12월 말, 적 10사단 소탕 작전에 참가하기도 했다. 1950년 8월 17일, 낙동강 방어 작전의 중요한 거점이었던 기계를 탈환했다. 이 전투에서 적 1,250명을 사살하고 대구경포 10여 문, 중소화기 12대 트럭분과 각종차량 30여 대를 노획했다. 이 전공으로 대통령 부대 표창과 연대 전 병사 2계급 특진의 영광을 안았다. 그 후 용전을 거듭하던 연대는 형산강에서 양양·함흥·청진·부령까지 최선봉 부대로 북진했다.

38선을 넘은 백골부대는 한·중 국경과 인접한 최북단의 혜산진까지 진격했다. 가리봉 전투, 피의 능선 전투, 김일성 고지 및 화천지구 전투 등에서 적 사살 4만 521명, 생포 1만 1,647명, 귀순 650명, 그리

고 소화기 1만 316정, 기관총 6,446정, 포 200문, 전차 22대, 대전차
포 98문 노획이라는 전과를 기록했다.

철의 삼각지, 백골부대

백골부대는 한국의 역사와 함께했다. 그리고 지켰다. 국군의 자존심과 명예를 대표하는 부대로서 손색이 없다. 3사단 지역 곳곳에 설치되어 있는 백골 조형물은 전시에 아군 영토로 진입한 북한군에게 죽음을 예시하는 상징성을 갖고 있기도 하다.

이후에도 육군에서 '5·22 완전 작전'으로 명명한 92년 비무장지대(DMZ) 대침투작전이나 2009년 3월 18일, 월북을 기도한 일본인을 현장에서 체포한 작전 등, DMZ 완전 작전의 표본을 만들어 내기도 했다. 625전쟁 당시의 사단 전 장병이 일 계급 또는 2계급 특진의 영예와, 창설 이후부터 대통령 부대표창 13회를 포함하여, 50여 회의 각종 부대 표창을 수상하는 빛나는 전공을 이룩한 바 있고, 2003년에는 군 경제적 부대 운용 우수 부대, 국방부 정신 전력 강화 우수부대

표창을 수상하였으며, 2004년에는 교육 훈련 정신 전력 우수 부대로 선정되는 등 빛나는 명성을 계승하고 있다. 이러한 백골부대의 위업은 귀순자들의 진술에 의해서 북한군이 가장 두려워하는 부대로 알려져 있다.

이와 같이 찬란한 역사와 전통의 백골부대 전 장병은, 오늘도 제대별 지휘관을 핵심으로 굳게 단결하여 전략적 요충지인, 이곳 철의 삼각지대를 철통같이 방어하는 소임 완수에 최선을 다하고 있다.

철의 삼각지는 북위 38도, 북쪽에 위치한 철원, 김화, 평강을 정점으로 하는 삼각지대를 말한다. 철의 삼각지대란 철원·김화를 저변으로, 평강을 정점으로 한 삼각지대의 군사적인 호칭이다. 신고산~평강으로 이어진 추가령지구대를 통과하는 경원선과 5번 국도가 이 지대에서 철원-연천-의정부-서울, 김화-포천-의정부-서울과 그 밖의 여러 곳으로 연결되는 교통의 중심지이다.

철의 삼각지란, 625전쟁 당시 중부전선의 심장부로서 그 지리적 중요성이 매우 큰 평강, 철원, 김화를 잇는 삼각 축선을 말하는데 당시 피아간의 전황으로 볼 때, 이 지역의 확보 없이는 중부전선을 장악하기 어려웠으므로 625전쟁 전 기간을 통하여 피나는 쟁탈전의 요충지가 되었다.

특히 철의 삼각지 일대는 아군이 공격하기에 불리하고, 적이 방어하기에 최적의 지형적 특징을 지니고 있어, 천연적인 난공불락의 여건을 구비하고 있었다. 625전쟁 당시 중부전선의 전략적 요충지로서 피아간 가장 치열했던 격전지였다. 백마고지 전투, 피의 능선 전투, 크리스마스 고지 전투 등, 이른 바 철의 삼각지라 불리는 지역에서 유엔,

중국 양측이 휴전 협상에 돌입한 가운데 한 치의 땅이라도 더 **뺏기** 위해, 또는 **휴전** 회담에 유리하게 쓸 카드로 삼기 위해서 고지전을 치른다.

저격 능선 전투는 1952년 10월 14일부터 11월 24일까지 벌어졌다. 이 전투는 1952년, 가을철로 접어들면서부터 공산군이 대대적인 전초 거점을 전개한 것에 대응하여 김화 부근을 방어하던 국군 제3사단이 저격 능선을 목표로 감행한 공격 작전이었다. 국군 제3사단은 오성산 남단의 저격 능선 일대에 배치된 중공군 제15군의 방어진지를 공격하여 초전에 목표를 점령하고, 이후 42일 동안이나 인해전술에 의한 끈질긴 역습을 반복하는 중공군을 물리치면서 저격 능선 진지를 사수하였다. 이 전투의 특징은 쌍방이 모두 손실을 돌보지 않고 오직 목표를 탈취하기 위해 혈전에서 혈전으로 이어진 소모전을 감행한 데 있으며, 이로 말미암아 국군 제2사단은 1개 연대 규모의 병력이 손실되었고, 중공군은 2개 연대 규모의 병력이 살상되었다.

철의 삼각지란 말의 유래는 다음과 같다. 625전쟁 당시 미 8군사령관이던 제임스 에이 팸프리트 대장이 "적이 전 전선의 생명선으로 사수하라는 이 아이언 트라이앵글(Iron Triangle), 철의 삼각지를 무너뜨려야 한다."고 갈파함으로써, 처음부터 이러한 호칭이 붙었다고 한다. 철의 삼각지는 나진, 성원, 원산으로 상륙한 군수물자와 병력을 철의 삼각지에 집결시킨 뒤 전선으로 투입하는 생명선과도 같다. 철원의 보급로를 장악하는 쪽으로 전세가 기울기 때문에 피아간에 치열한 공방전이 벌어진 곳이었다. 철의 삼각지로 불리는 곡창 지대의 철원평야를 남쪽에 **빼앗겨** 김일성이 열흘 동안 식음을 전폐했다는 일화가 전해진다.

한반도의 중부전선. 수도 서울 방어의 전략적 요충지인 철원·김화·평강을 잇는 철의 삼각지. 고구려의 회복을 구호로 후고구려를 건국한 궁예가 송악에서 옮겨 와 14년간 통치했던 땅이다.

부대가 위치한 철원·김화 지역은 광활한 평야 지대, 남북으로 발달한 도로망과 산악 능선으로 이루어져 있기 때문에, 북한 대규모 기계화 부대의 주 기동로로 예상되는 전략적 요충지이다. 6·25전쟁 당시 북한은 철원 축선으로 주력 부대를 기동시켰으며, 부대 우측 전방의 저격 능선 일대는 휴전 직전, 43일 동안 33번 주인이 바뀌는 혈전을 벌였던 곳이기도 하다.

분노를 다스리는 10가지 방법

마음속에서 화산의 마그마 같은 분노가 일 때 최상의 방법은 일단 자리를 피하고 보는 것이다. 분노 조절도 마음의 훈련이다. 마음의 근육이 자라나야 한다. 특히 군대에서 필요한 지혜이다.

1. 숫자 세기

분노의 감정이 발생하는 시기는 모욕, 비교나 상대방에게 무시를 당했을 때 등으로 다양하다. 이러한 감정은 정상적인 반응으로 별다른 문제가 되지 않지만, 감정 조절에 문제가 생긴다면 얘기가 달라진다. 분노가 치밀어 오를 때는 1부터 10까지 숫자를 차근차근 세 보도록 하자. 숫자를 셀 때에는 천천히 심호흡하는 것이 포인트다. 10까지 숫자를 세는 데에는 몇 분의 시간이 소요되기 때문에 느긋해지면서 화를 진정시킬 수 있다.

2. 분노에 반응하는 방법 바꾸기

분노라는 감정에 휩쓸리지 말고 스스로 통제할 줄 알아야 한다. 화가 나면 버럭하거나 폭력을 행사하는 등 공격적인 태도를 취하거나 속으로 삭이는 사람이 많다. 그러나 분노는 밖으로 표출하는 것도, 안으로 삭이는 것도 모두 올바른 방법이 아니다. 이 같은 방법 대신 명상이나 요가, 심호흡, 운동 등의 방법으로 대처하도록 하자. 습관을 바꾸는 데에는 연습과 훈련이 필요하지만, 꾸준히 노력하면 분노를 예방하고 통제하는 데 매우 효과적이다.

3. 진정된 후 분노 표현하기

분노가 치미는 상황에서 참지 못하고 그대로 표현해 봐야 싸움으로 이어질 뿐이다. 화를 내는 것도 습관이기 때문에 고칠 필요가 있다. 대립하는 상황에서 다른 사람의 의견을 무시하고 자신의 주장과 권리만 내세우지 말자. 잠시 쉬면서 화가 났던 상황을 되짚어 보면 훨씬 냉정하게 상황을 파악할 수 있을 것이다. 이후 분노가 가라앉은 뒤에 자신의 의견을 차분하게 주장해야 한다.

4. 생각한 뒤 말하기

순간 치밀어 오르는 화를 주체하지 못하고 내뱉어 버린 말은 시간이 지난 뒤 후회하기 십상이다. 잠시 동안 의견을 정리한 뒤에 대화를 나누도록 하자. 말은 어떻게 하느냐가 중요하다. 내용과 더불어 말하는 사람의 태도에도 많은 것이 전달되며, 때로는 의미 또한 달라질 수 있기 때문이다.

5. 구체적으로 표현하기

다른 사람에게 불만을 표현할 때에는 부정적인 말투보다는 상대방에 대한 존경심을 보이며, 불만에 대해 구체적으로 표현하는 것이 올바른 방법이다. "술 먹고 매일 늦게 들어 올 거면 나가!" 하는 말 대신에 "당신이 건강은 생각하지 않고 술을 많이 마시니 걱정돼서 화가 나요."라고 말해 보자. 무작정 남을 비판하는 것은 싸움을 부를 수 있다.

6. 가능한 해결책 확인하기

화가 나는 원인에 대해 생각해 보고, 문제를 어떻게 해결할 수 있는지 초점을 맞춰 보자. 화가 났을 때에는 무엇보다 자신과 대화하는 것이 중요하다. 나를 화나게 한 원인이 무엇인지, 상대방이 나에게 화를 낸 이유는 무엇인지 헤아려야 한다. 예를 들어, 매일 약속 시간에 늦는 상대방 때문에 화가 난다면 나도 조금 늦게 나가 기다리지 않으면 된다. 자녀의 지저분한 방 때문에 화가 난다면 문을 닫아 버리면 그만이다. 때로는 이런 쿨한 태도로 넘기는 것이 스트레스를 받지 않는 방법이 될 수 있다. 대안 없이 화만 내는 행동은 오히려 상태를 악화시킬 뿐이라는 것을 명심하자.

7. 운동하기

운동은 분노의 에너지를 생산적인 일에 돌림으로써 건강하게 해소하는 방법으로 신체 활동은 건강한 감정을 내는 에너지를 발산한다. 화가 날 때엔 산책이나 평소 즐기는 운동을 하며 분노로 생긴 공격성을 운동을 통해 밖으로 배출해 내면 감정을 조절하는 데에 도움이 될 것이다. 운동하면 뇌에서 다양한 화학 물질을 분비하는데, 이중 엔도르핀은 스트레스를 완화시켜 정서적 안정감을 준다. 적당한 운동을 꾸준히 하면 행복감이 높게 인식되며, 유산소 운동은 긴장이나 불안을 감소시켜 우울증에도 효과가 있다는 연구 결과도 있다.

8. 자리 피하기

화가 나서 도저히 참을 수 없거나, 되돌릴 수 없는 일을 저지를 것 같거나, 후회할 말을 할 것 같은 때에는 자리를 피하는 것도 상책이다. 화가 나는 상황에서 한 발 물러서는 것이다. 이럴 때엔 자리를 피하는 이유에 대해 분명하게 설명하는 것이 좋다. "당신과 더 얘기하니 화만 나는군요. 내가 자리를 뜨는 편이 낫겠어요."

상황을 떠나서 혼자 있을 때엔 심호흡을 하면서 자신을 진정시킨다. '별 것 아냐', '괜찮아' 등과 같은 혼잣말을 하는 것도 방법이다. 클래식과 같은 편안한 음악을 듣거나 일기를 쓰는 것도 마음의 안정을 찾는 데에 도움을 줄 것이다.

9. 거울보기

화를 내는 나의 모습을 거울로 들여다보자. 화를 낼 때 찌그러지는 미간과 붉으락푸르락해진 미운 모습을 묵묵히 바라보자. 분노하는 자신의 얼굴을 가만히 들여다보면 상대방이 자신의 모습을 어떻게 바라보는지 깨달을 수 있다.

10. 도움 청하기

분노를 참아내지 못하거나 혹은 참기만 하고 제대로 표현할 줄 모르다면, 전문가의 도움을 받아 보는 것도 좋다. 성격이 급하고 금방 흥분하는 편이거나, 화가 나면 거친 언행과 폭력을 쓰거나 물건을 집어 던지는 경우, 분이 쉽게 풀리지 않고 어떻게 대처해야 할지도 모르겠다면 분노 조절이 제대로 되지 않는 경우일 때가 많다. 또한, 공격성이 강하다고 볼 수도 있으므로 원만한 사회생활을 위해서는 전문가와의 상담이 필요하다. 신경정신과 전문의나 분노 조절 상담지도사 등의 전문가와 상담해 보고 필요하면 약물치료를 받는 등의 적극적인 치료에 임하도록 하자.

"정신이 건강해야 삶이 행복합니다." 〈HIDOC〉

625전쟁의 발발 원인과 전개

  한국전쟁은 제2차 세계대전 이후 민주, 공산 이념의 대결이라는 냉전 체제 속에서 소련과 중공의 지원을 받은 북한의 김일성이 1950년 6월 25일, 새벽에 기습 남침을 자행함으로써 일어났다. 25일 새벽 4시경, 북한 인민군은 7개 보병사단, 1개 기갑 여단 및 특수전 부대를 포함, 총 10만 명의 병력을 동원하여 38도선 전역에서 기습 남침을 시작하였다. 1950년 6월 26일 유엔안보리, 북한군 침공 중지 결의가 있었다. 한국의 사태를 보고 받은 유엔 안전보장이사회는 '북한군의 불법 남침 중지, 38도선 이북으로의 철수' 결의안을 찬성 9, 반대 0, 기권 1로써 가결하였다. 이 결의는 유엔이 집단안전보장조치로써 침략을 저지하고 평화의 회복을 달성하려는 첫 번째 시도라는 점에서 중요한 의미를 지닌다.

전쟁의 결과, 민간인 991,068명, 군인 988,920명, 경찰 16,816명, 합계 1,996,804명의 사망자가 발생한 비극이었다. 이 전쟁은 남북 간의 내전이면서 동시에 미국과 소련으로 대표되는 두 진영 간의 국제적인 전쟁이었다. 625전쟁은 아직도 '진행 중'이다. 이 전쟁은 민족 내부의 갈등이나 경제적 이유 때문에 일어난 것이 아니다. 625전쟁은 20세기 초반을 휩쓸던 공산주의–자본주의 간의 이데올로기 대립 때문에 발생했다. 남과 북이 각각 서로 다른 이데올로기를 지향하는 세력권에 편입해 들어갔기에 충돌할 수밖에 없었던 것이다. 이 점에서 625전쟁은 그 당시 세계를 둘로 나누었던 이데올로기 갈등이 표면으로 드러난 국제전이기도 했다.

625전쟁 직후 한국을 포함한 서방 세계에서는 남침이라고 주장했다(전통주의적 해석). 전쟁의 '발발' 자체에 주목한다. 북측이 남측을 군사적으로 도발한 것만큼은 명백한 사실이므로, 북측이 궁극적인 전쟁 책임을 져야 한다. 반면에 공산권에서는 북침이라고 주장했다. 이후 1980년대에 미국인 학자 브루스 커밍스에 의해 수정주의가 제기되었다. '수정주의(revisionism, 修正主義)'는 625전쟁 기원을 북한의 남침에 두지 않고 미국의 전쟁 유도설 등 국제정치적 상황과 남북의 사회적 혼란에서 찾고 있다. 625 전쟁 발생 자체보다는 그 '배경'에 주목한다. 옹진반도 등에서 산발적으로 일어났던 분쟁이 자연스레 내전(內戰)으로 발전한 것이 625전쟁이라는 주장을 펴왔었다. 이들은 한반도 내에서 해방 직후에 이미 노동자와 농민이 주축이 된 '해방 전쟁'이 진행되고 있었다고 본다. 625전쟁은 해방 전쟁의 연속선상에서 일어난 전쟁이며, 따라서 누가 공격을 했는지는 중요하지 않다. 이미 압제자들이 노동자와 농민을 착취하고 있었으므로 이들을 해방시키기 위해 벌인 전쟁은 정당하다는 논리다. 따라서 수정주의 이론이 득세하던 1980년대에는 한국 근현대사를 '반민중·반민족·반민주'로 규정하고 이에 대한 완전 청산을 강조하는 과격한 이론이 많이 등장하곤 했다. 625전쟁의 기원에 관한 학설 중 '남한과 미국이 북한의 남침을 유도했다'는 설로 '남침 유도설'로도 칭한다.

이 두 가지 관점을 넘어선 제3의 견해가 많이 등장하고 있다. 1990년대 중반 이후부터는 객관적 사료(史料)에 바탕을 두고 그 당시의 국제 정세를 감안하여 냉철하게 역사를 분석하는 시도가 학계에서 힘을 얻고 있다. 1990년대 공산권이 무너짐에 따라 공개된 소련 측 문서들을 토대로 전쟁 발발 시 소련의 개입, 남침을 입증하는 신전통주의적 해석이 현재 정설로 자리 잡고 있다. 625 전쟁이 냉전 체제의 초기 과정에서 발생하였고 소련의 허락 하에 북한 측에서 먼저 일으킨 전쟁임은 분명하다. 남북 간의 갈등과 국지전을 명분 삼아서 남침을 강행한다는 구소련의 비밀문서가 드러났다. 1949년, 중국에 공산 정권이 수립되자 이에 고무된 소련은 이러한 분위기에서 북한을 지원하여 남침을 계획하였고, 38선 부근에서 잦은 군사적 충돌이 일어나기에 이르렀다. 여기에 더하여 1950년 1월, 돌연 미국의 국무장관 애치슨은 태평양 방어선을 설정하면서 한반도와 대만을 제외하는 이른바 ' 에치슨 라인'을 발표하고 주한 미군 주력 부대를 오키나와로 철수하였다. 전쟁 준비가 미흡했던 국군은 불과 3일 만에 서울이 함락당하였고 전세가 불리하자 서울을 포기하기에 이른다. 미국은 7월 1일, 미군 선발대를 한반도에 보내며 전면적으로 전쟁에 뛰어들었다. 나아가 이승만 정권은 전쟁의 효율적인 수행을 위해 7월 14일, 한국군의 작전권을 모두 미군에 넘겨주기에 이르렀다. 후퇴를 거듭해서 부산에 임시 수도를 정하고 낙동강에 최후 방어선을 구축하였다.

서울을 떠나 국군이 남쪽으로 밀리는 가운데 유엔군은 한반도에 지상군을 파견하기로 결정하였고, 전쟁 개시 불과 10일 만에 미국을 주축으로 하는 유엔군이 참전하였다. UN은 북한의 불법 남침을 응징하기 위해 한국에 대한 군사 원조 안을 결의했고, 이에 21개국이 유엔의 깃발 아래 한국을 지원함으로써 공산군을 격퇴하고 조국과 자유를 수호할 수 있었다. UN 16개 참전국(군사지원국)은 미국 1,789,000명, 영국 56,000명, 네덜란드 5,322명, 벨기에 3,498명, 룩셈부르크 83명, 프랑스 3,421명, 그리스 4,992명, 터키 14,936명, 에티오피아 3,518명, 뉴질랜드 3,794명, 호주 8,407명, 남아프리카공화국 826명, 태국 6,326명, 필리핀 7,420명, 캐나다 25,687명, 콜롬비아 5,100명. 16개국이다. 의료지원국은 덴마크, 인도 627명, 이탈리아 128명, 노르웨이 623명, 스웨덴 160명. 5개국이었다.

낙동강 전선 구축 후 유엔군은 인천 상륙 작전을 전개(9.15.)하여 9월 28일에는 서울을 수복하여 전세를 역전시키는 데 성공하였다. 10월 1일에는 38선을 넘어 북진을 시작했고, 11월에는 압록강-두만강까지 진격하여 통일을 눈앞에 두게 되었다. 그러나 자국 영토 침입을 누차 경고하던 중공군의 개입으로 전세는 다시 바뀌었다.

중공은 '사회주의 혈맹'인 북측의 몰락을 그냥 지켜보지만 있지 않았다. 그들은 '항미원조 보가위국(抗美援朝保家爲國)'('미국에 대항해 조선을 지원하고, 가정을 보호하고 나라를 지킨다'는 뜻)이라는 명분 아래 참전을 단행했다. 중공군의 엄청난 수에 밀린 유엔군은 다시 남측으로 후퇴할 수밖에 없었다. 중공군의 인해 전술에 밀린 국군과 유엔군은 후퇴하여 1951년 1월 4일에는 서울을 다시 내주고 말았다. 이후 평택까지 밀렸던 국군과 유엔군은 전열을 재정비하여 5월 중순경에는 38선 부근까지 진격하였으나, 현재의 휴전선 부근에서 전선은 교착 상태에 빠졌다. 이에 소련의 제안을 미국이 받아들여 휴전 협상이 시작(1951.7.10.)되었고, 전 국민이 반대하는 가운데 2년여에 걸친 휴전 협상이 완료되어 휴전 협정이 체결(1953.7.27.)되었다. 양측은 무려 575회나 되는 휴전 협정을 진행했고, 조금이라도 협상에서 유리한 위치를 차지하기 위해 치열한 접전을 벌였다. 그 이유는 양측이 1951년 11월, 회의에서 "휴전 시의 접촉선을 군사 분계선으로 한다."는 조항에 합의했기 때문이다. 이는 비무장 지대 설치, 군사 정전 위원회와 중립국 감독 위원회 설치 등이 주요 내용이었다. 한국 정부는 휴전에 반대하여 정전 회담에 참석하지 않았다.

1953년 7월 27일, 판문점에서 휴전 협정이 조인됨으로써 3년 1개월간의 한국전쟁은 종전이 아닌 휴전 상태로 남게 되었다. 전면전이 그쳤을 뿐, 양측의 체제 경쟁은 이때부터 본격적으로 시작되었다. 전쟁은 남측에도 '반공(反共)주의'라는 강력한 국가 지배 이데올로기를 안겨 주었다. '정권에 도전하는 자는 곧 공산주의자'라는 등식이 자연스럽게 성립되었고, '빨갱이'라는 한마디는 그 어떤 비판도 잠재울 수 있는 강력한 사회적 금기로 작용했다. 이제 냉전은 끝났고, 그에 따라 체제 경쟁 또한 무의미해졌음은 분명하다. 분단의 원인이 되었던 세계적인 이데올로기 대립이 사라진 상태에서 남북이 계속해서 갈등을 빚어야 할 이유는 없다. 하지만 625전쟁은 이데올로기 대립으로 일어난 전쟁이었지만, 동시에 한민족 사이에서 일어난 민족적 비극이기도 했다. 남북은 전쟁을 통해 이데올로기 이상의 증오와 적개심, 트라우마를 서로 주고받았다. '민족적 감상'이나 전형적인 통일 논리보다는 냉철한 현실적 이해와 국제 관계에 기초하여 새로운 패러다임의 통일논리와 전개가 필요하다. 냉전 이후(the post-Cold War world)의 세상을 지배하는 원리는 '세계화'라고 할 수 있다. 냉전시대는 인구, 경제력, 무기나 군사력이 중심이었다. 냉전 체제에서는 미국과 구소련의 균형 하에서 모든 세계는 공산권, 서방권, 중립권으로 나뉘어 있었으며 어떤 나라든 반드시 이 세 가지 진영 중 하나에 편입되어 있어야 했다.

반면에 세계화 시대에는 절대적인 적도 우방도 없다. 물론 군사적 블록은 존재하지만 다양한 이해관계와 복잡한 관계망(web) 속에 서로 연결되어 있다. 정치, 경제, 문화, 교육 등 다양한 연결을 말한다. 미국과 중국이 군사적으로는 적대적이지만 중국의 많은 학생이 미국에서 공부를 하고 있다. 우리나라 학생들도 러시아나 중국에 유학을 가는 것도 마찬가지이다. 한류 열풍은 중국과도 연결되어 있다. 세계화 시대에는 '속도'가 핵심 능력이다. 얼마나 빨리 이동하고 연결할 수 있는가의 경쟁력으로 지식정보화시대, 기술 발전과 경제력이 경쟁력이 된 세상이다. 이제는 냉전 체제의 첨예한 이념 대립에서 벗어나 평화적 공존이 필요한 국제 질서이다.

625전쟁 참전국 현황

6.25 65주년 6.25 참전국 현황 — 전투부대 파견국: 16개국

	참전 연인원(명)	지상군	해군	공군
미국	1,789,000	보병사단 8 / 해병사단 1 / 연대전투단 2 / 병력(명) 302,483	극동해군 / 미 제7함대	극동공군
영국	56,000	보병여단 2 / 해병특공대 1 / 병력 14,198	함정(항모 1척 포함) 17척	
호주	8,407	보병대대 2 / 병력(명) 2,282	항공모함 1척 / 구축함 2 / 프리깃함 1	전투비행대대 1 / 수송기편대 1
네덜란드	5,322	보병대대 1 / 병력 819	구축함 1척	
캐나다	25,687	보병여단 1 / 병력(명) 6,146	구축함 3척	수송기대대 1
뉴질랜드	3,794	포병대대 1 / 병력 1,389	프리깃함 1척	
태국	6,326	보병대대 1 / 병력(명) 1,294 (2,274)	프리깃함 7척 / 수송선 1	수송기편대 1
그리스	4,992	보병대대 1 / 병력(명) 1,263		수송기편대 1
남아공	826			전투비행대대
벨기에	3,498	보병대대 1 / 병력(명) 900		
필리핀	7,420	보병대대 1 / 병력(명) 1,496		
터키	14,936	보병여단 1 / 병력 5,455		
룩셈부르크	83	보병소대 1 / 병력(명) 44 (48)		
콜롬비아	5,100	보병대대 1 / 병력 1,068	프리깃함 1척	
에티오피아	3,518	보병소대 1 / 병력(명) 1,271		
프랑스	3,421	보병대대 1 / 병력 1,119 (1,185)	구축함 1척	

의료지원 및 시설 파견국: 5개국

	참전연인원(명)	근무인원(명)	지원부대 및 시설
스웨덴	160	154 (162)	적십자병원
인도	627	70 (333)	제60야전병원
덴마크	630	100	병원선
노르웨이	623	105 (109)	이동 외과병원
이탈리아	128	72	제68 적십자병원

- 참전규모 병력은 전쟁말기 최대수준을 유지한 병력 (1953.7)
- ( ): 전쟁말기가 아닌 최대수준을 유지한 병력

자료: 국방부 군사편찬연구소

반종빈 기자 bjbin@yna.co.kr

대한민국 국군의 기원, 625전쟁

대한민국 군의 역사를 간략히 살펴보면 다음과 같다. 1948년 7월 17일에 대한민국 헌법과 정부조직법이 공포됨에 따라 초대 국방장관에 이범석 장군이 임명되었다. 8월 29일 국방경비대와 해안경비대는 국군(國軍)으로 편입되어 9월 5일 마침내 육군(초대 참모총장 이응준) 및 해군(초대 참모총장 손원일)이 정식으로 창설되었다. 이후에 육군에서 공군과 해군이 분리되었고, 해군에서 해병대가 창설되면서 현재의 군대 구조 체계를 갖추었다. 1948년 4월 1일, 국방경비대 안에 창설되었던 항공부대는 9월 13일, 육군 항공사령부로 승격하고 1949년 4월 15일, 진해에서 해병대(초대 사령관 신현준)가 창설되었다. 10월 1일 육군으로부터 분리되어 공군(초대 참모총장 김정렬)으로 정식 발족함으로써 국군(國軍)은 비로소 3군 체제의 기반을 마련하였다. 이응준 초대 참모총장에 이어 2대에는 1950년 4월 10일에 채병덕 소장이 육군참모총장에 임명됐다. 이에 따라 채병덕 총장은 육군의 주요 지휘관 및 참모에 대한 인사를 단행했다. 당시 육군의 대령급 이상 고급 장교들은 소장 3명(채병덕·이응준·김홍일)과 준장 7명(정일권·유재흥·이형근·원용덕·송호성·이준식·김석원)이 있었고, 그 가운데 김석원 준장은 1949년 10월에 예비역으로 편입됐다. 대령은 모두 24명으로 총 34명이었다. 당시는 그 정도로 군 고급 장교들의 '인력 풀(pool)'이 적었던 시대였다.

채병덕 총장은 이들 고급 장교들 중에서 사단장과 육군 본부 국장들을 임명해야 했다. 일선 사단장에 대해서는 오래 보직되었거나 나이 많은 사단장을 후방으로 이동시키고, 좀 더 젊고 유능한 장교들을 전방 사단장으로 임명했다. 먼저 수도 서울의 서부 축선인 개성–문산 축

625전쟁 직전 육군의 전후방 부대 배치 현황

구분		부대 명칭	예하 부대
전방부대	옹진반도	독립제17연대	제1 · 2 · 3보병대대, 제7포병대대
	개성지구	제1보병사단	제11 · 12 · 13연대, 제6포병대대, 공병대대
	동두천 지구	제7보병사단	제1 · 9 · 25연대, 제8포병대대, 공병대대
	춘천/원주지구	제6보병사단	제2 · 7 · 19연대, 제18포병대대, 공병대대
	주문진/강릉지구	제8보병사단	제10 · 21연대, 제18포병대대, 공병대대
후방부대	서울지구	수도경비사령부	제3 · 8 · 18연대, 육본직할 독립기갑연대
	중부지구	제2보병사단	제5 · 16연대, 공병대
	영남지구	제3보병사단	제22 · 23연대, 보국대대, 공병대
	호남지구	제5보병사단	제15 · 20연대, 제1독립대, 공병대

(국방부, 한국전쟁사: 북한 괴뢰군의 남침, 제2권, 56)

선을 담당하는 제1사단장에는 유승렬(대구의 제3사단장으로 전보) 대령에서 백선엽 대령으로 교체했다. 백선엽 대령이 맡았던 전남 광주의 제5사단장에는 이응준 소장을 임명했다. 이 인사는 1950년 4월 23일에 단행됐다. 그리고 이어 6월 10일에는 육군수뇌부에 대한 대대적인 인사이동을 실시했다. 〈뉴데일리, 2015.7.15.〉

한국전쟁 초기 대한민국 육군은 동부전선의 이성가, 김종오 대령이 지휘하는 8사단, 6사단이 선전을 했으나, 서부전선의 경우 고전을 치렀다. 옹진반도를 방어하던 육본직할 17연대(백인엽 지휘)는 개전 직후 철수했으며, 청단-개성-문산을 방어하던 1사단(백선엽 지휘)은 동년 동월 27일까지 효과적으로 방어를 하였으나, 우측의 7사단이 패배하여, 서울이 점령됨에 따라 한강 이남으로 철수했다. 이 과정에서 1사단도 전투력의 60% 이상을 상실하였으나 건제를 유지하였다.

의정부-포천 축선을 방어하던 7사단의 경우 의정부지구 1연대의 선전에도 불구하고 포천 축선의 9연대가 괴멸되고 이에 축차 투입된 수경사 3연대, 2사단, 5사단도 붕괴되었다. 이에 중국 국부군 2성 장군 출신의 김홍일 장군이 시흥지구 전투사령부를 조직하여 혼성 사단을 조직 한강 선을 7일간 방어함으로써 미군이 전개할 시간을 얻었다. 전쟁 발발 초기, 국군은 많은 병력과 장비의 손실로 전투력 발휘가 제한되자 총 8개 사단 중 피해가 컸던 3개 사단을 해체해 5개 사단으로 재편성했다. 이 과정에서 육군 본부는 모든 사단을 직접 지휘하는 부담을 덜기 위해 제1군단(7.5.)과 제2군단(7.20.)을 창설했다. 제1군단에는 수도, 제8사단을, 제2군단에는 제1, 6사단을 편성했으며, 육군 본부는 제3사단을 직할로 둬 간접 지휘했다. 나머지 해체된 3개 사단(제2, 5, 7사단)은 재창설을 준비했다.

50년 7월 5일과 7월 24일에 단행된 사단 재편성을 거쳐 해체되지 않고 유지되는 사단은 1사단, 6사단, 8사단 이상 3개 사단이며 3사단은 7월 5일부로 해체되었으나, 예하 22, 23연대의 건제가 그대로 유지되고 있었고 7월 24일부로 다시 사단이 구성되었다. 수도경비사령부의 경우 7월 5일 부로 수도 사단으로 개칭되었다. 초기 창군 과정에서 장교들이 고속 승진을 거듭한 끝에 장군이라고 해도 김홍일, 김석원, 이응준 장군을 제외한 나머지 장성들이 20대 후반~30대 중반이었던 관계로 지휘 경험과 대규모 군대 운영 및 행정 경험이 부족하여 전쟁 기간 내내 지휘력, 전투력 부족 문제로 시달렸다. 그나마 위의 3명의 장군도 50년 9월 이후는 전쟁 일선에서 물러났다.

이승만은 백선엽, 정일권을 중용했다. 백선엽에 대한 평가는 상반된다. 전투의 영웅과 함께 친일 민족 반역자라는 평이 있기 때문이다. 백선엽은 우리나라 최초의 명예 원수로 추대할 움직임이 있었다. 채명신 장군도 완곡하게 반대했음을 알 수 있다. 백선엽 장군을 명예 원수로 추대한다고 하자, "큰일 낼 사람들이군. 왜 우리나라 사람들은 역사의식이 희박한지 모를 일이오. 건국 이후의 첫 명예 원수 추대는 역사적 의미와 상징성이 매우 중요하오. 만약 일본군, 만주군 출신에다 독립군 토벌 작전의 지휘관 경력자가 명예 원수로 추대된다면 우리나라 건국사와 국군사는 하루아침에 북한 역사관에 종속될 거요." 박경석 장군이 쓴 채명신 장군의 회고록에 나온 말이다. 비교적 군으로부터 가장 존경받는 인물은 김홍일 장군이라고 한다. 사실상 625전쟁 당시 대한민국 고위 장성중에 국군을 통솔하여 전쟁을 수행할 실전 경험이 있는 지휘관은 김홍일 장군이 유일했다. 물론 현대 역사가들이 친일 민족 반역자로 칭하는 김석원, 이응준, 유승렬, 신태영, 이종찬, 일본군 출신중에 실전 경험이 있는 인사는 있었다.

육군 제1사단(전진)은 백선엽 장군이 이끌었다. 예비역 육군 대장. 7대 육군참모총장이다. 연합군 최초로 평양에 입성했으며 1950년 8월, 다부동전투에서 승전을 거두었다. 경상북도 칠곡군 가산면 다부리에 백선엽 장군 공적비가 있다. 625전쟁 당시 낙동강 방어선의 다부동전투는 미군과의 합동 작전이었다. 그래서 그 결과에 대해서 평가가 다양하다.

제6사단(청성)은 김종오 장군이 이끌었다. 김종오는 1921년 5월 22일 충북 청원에서 태어나 일본 유학 중 학도병으로 징집되었다. 김종오 장군도 일본군 장교 출신으로 업적의 평가에 한계가 있으나 강제 징집이라는 정상의 참작 의견도 있다. 육군 소위로 임관하여 복무 중 광복을 맞이한다. 귀국 후 군사영어학교에 입교하여 1946년 1월 28일, 졸업함과 동시에 육군 소위로 임관하고, 1949년 1연대장에 임명되고 대령으로 진급한다. 그 당시 장교들은 일본이나 중국군, 광복군 등에서의 경험이 있는 데에다가 창군 초기였기에 이런 진급이 가능한 것이다. 그리고 김종오는 625전쟁을 불과 2주 앞두고 1950년 6월 10일 춘천, 인제 지역의 38선 경비임무를 담당하는 6사단장으로 부임한다. 1950년 10월. 6사단 7연대는 압록강변의 초산을 점령한다. 김종오 장군은 이 무렵 교통사고를 당하여 후송된다.

〈노컷뉴스, 2014.5.13.〉 기사에 의하면, 마침내 7연대가 1950년 10월 26일 오후 2시 15분에 압록강에 진출한 것으로 알려졌다. 만세를 부른 국군은 이승만 대통령에게 보낼 압록강 물을 수통에 담았다.(1950년 10월 26일 초산의 압록강에 도착한 국군 6사단 7연대. 이때 이미 중공군의 포위망에 갇힌 상태였다) 이때 사단본부에서 연락이 왔다. "포위됐으니 무조건 철수하라." 이 시간에 뒤를 따르던 제 2연대가 퇴로를 차단당한 후 순식간에 무너져 버렸다. 포위망에 갇힌 7연대는 형체도 없이 조각 조각난 후 제각기 뿔뿔이 흩어졌다. 국군 6사단이 위기에 봉착한 순간, 그 왼쪽에서 북진하고 있던 국군 1사단도 맹공격을 받고 전진을 멈췄다.

625전쟁, 한국군의 특진 부대

* 군단급
육군 1군단: 전 부대

-낙동강 방어전 기계, 안강 전투

* 사단급

육군 1사단(전진): 사단 전 부대원

-다부동 전투, 평양 선봉입성

육군 3사단(백골): 사단 전 부대원

-38선 최초돌파, 한만국경 혜산진 선봉 입성

-4계급 특진의 신화, 18연대

* 연대급

육군 2사단(노도): 17연대 부대원

-충북에서 경북 상주행 계곡 매복, 북한군 15사단 48연대를 기습

육군 6사단(청성): 7연대 부대원

-동막리 전투

* 대대 병력 규모는 다수

* 중대급

해병대: 중대원 일 계급 특진

-경남 진동리 전투에서 적 171명 사살(중대원 일 계급 특진)

-통영 상륙작전에서 적 469명 사살('귀신 잡는 해병대' 칭호)

'압록강 물을 수통에 담아서'

6사단은 1949년 1월 15일 육본 일반 명령에 의거, 사단으로 승격되었다. 사단으로 승격되자마자 강원도 원주로 이동하였다가 625전쟁 직전에 당시 남북 분단선으로 춘천 지역을 지나는 38도선을 지키게 되었다. 1950년 6월 25일 국군 제6사단은 가평에서 현리까지 84km의

넓은 정면을 방어했다. 제6사단은 사단사령부를 두고, 예하의 제7연대를 춘천 방면에, 제2연대를 홍천 방면에 배치하는 한편 제19연대를 예비 연대로 원주에 주둔시키고 있었다. 춘천지구 전투는 625전쟁 초기 국군 제6사단이 춘천~홍천 지역에서 북한군 제2군단의 공격을 저지하여 국군의 조기 붕괴를 막아낸 전투를 말한다. 북한군의 공격이 있을 때마다 반격을 가하다가 후퇴하는 방법으로 적의 진출을 지연시켰다. 6사단은 춘천 방어에 성공하다가 서울 지역이 함락되고 전선 유지를 위하여 명령에 의한 전술상 후퇴를 했다. 625전쟁이 발발하자 춘천 방어 전투, 용문산 전투 등 전쟁 기간 동안 혁혁한 전공을 세운다. 국군은 개전 초기에 후퇴를 거듭하다가 반격으로 북진을 한다. 육군 3사단의 38선 최초 돌파와 함께 국군은 북을 향해서 진격에 진격을 한다.

〈프리미엄 조선 2015.11.11.〉의 기사를 정리한다. "청천강을 넘은 유엔군은 오로지 앞만 보고 한만 국경으로 달려가고 있었다. 신중하였던 스미스(Oliver P. Smith)가 지휘하는 동부전선의 미 해병 1사단 정도를 제외한다면 대부분의 유엔군 부대들은 하루 빨리 강가에만 도달하면 그것으로 전쟁이 끝날 것이라 낙관하고 있었다. 어느덧 적들은 보이지 않았고 이런 무제한의 레이스에 참가하여 선두를 달린 부대가 바로 김종오의 6사단이었다. 춘천 대첩의 주역인 예하 7연대는 희천을 점령한 후 10월 26일 북한군 잔당의 간헐적인 저항을 물리치고 한반도의 최북단인 초산에 발을 들여 놓았다. 그리고 2시간을 더 북진하여 선발 1대대가 14시 15분, 드디어 꿈에 그리던 압록강에 도달하여 감격스럽게 수통에 물을 담았다. 이 내용이 대대적으로 보도되자 후방의 모든 국민은 드디어 통일이 된 것으로 여기고 감격하였다. 압록강 물을 조심스럽게 수통에 담는 병사의 모습. 6사단 7연대의 압록강 도달 소식은 온 국민을 흥분시켰다. 하지만 이런 기쁨을 얻은 대가는 너무나 혹독하였다. 그런데 바로 이 시점에 지금까지 맨 앞에서 북진을 독려하던 사단장 김종오는 불의의 차량 사고로 인해 후송되는 불운을 겪었는데, 그것은 암울한 징조가 되었다."

"이미 10월 19일부터 은밀히 압록강을 넘은 중공군 제38, 39, 40군(軍 —서방측 개념으로 군단)으로 이뤄진 선발 참전 부대는 한반도 북부의 요지 일대로 소리 죽여 남하하는 중이었고 10월 24일에 이르러 예정대로 투입을 완료하였다. 그중 38군은 7연대가 강가로 달려가고 있을 당시에 이미 초산의 깊은 산속에 매복하여 후속 부대의 전개를 기다리던 중이었다. 중공군은 7연대가 예상보다 빨리 초산으로 다가오자 교전을 벌일 경우 한창 배치 중에 있는 주력 부대의 위치가 발각될 위험이 있다고 판단하여 자신들을 지나쳐 앞으로 계속 전진하도록 일부러 방치하였고 아군은 아무것도 모르고 늑대들이 숨어 있는 동굴 안으로 점점 들어갔다. 그리고 10월 25일 아침, 통일의 감격에 도취되어 북진 중에 있는 유엔군을 향하여 만반의 준비가 완료된 중공군은 전 전선에서 일제히 공격을 개시하였다. 이때까지도 중공군의 의미를 몰랐던 아군은 전진을 멈추지 않았다. 하지만 거의 대부분 전선에서 급속하게 전황이 반전되면서 선도 부대가 국경에 도착한지 만 하루도 안 된 6사단에게도 27일 정오 긴급히 철수 명령이 내려졌다. 하지만 이미 퇴로가 중공군에게 점령당한 상태였다."

"50년 10월 26일 14시 15분 6사단 7연대 1대대가 초산의 압록강변 신도장에 최초로 도달한 그날, 중공군은 이미 압록강의 3개 도강 지점 즉, 단동(신의주 대안)-장전하구(수풍댐 대안 남쪽)-집안(만포진 대안)을 통해 국군·유엔군이 국경선으로 진격해 들어가는 산악 지형에 전력을 배치해 놓고 있었다. 이때 맥아더는 전쟁 종식을 위해 마지막으로 추수감사절 공세를 명령, 북진통일을 목전에 두고 있었다. 이에 6사단도 초산~벽동 간의 국경선으로 진출하기 위해 7연대를 초산, 2연대를 온정리~벽동으로 진격케 했고, 19연대를 예비로 뒀다. 중공군 전술은 기동력이 뛰어난 정예부대를 아군의 후방으로 침투, 퇴로를 차단한 후 다중 포위를 통해 아군을 섬멸하는 것이었다. 중공군의 이런 전술에 국경선에 먼저 도착한 6사단이 걸려들었다. 중공군은 그들의 배치 종심으로 들어온 7연대의 진격을 그대로 방치했다가 뒤늦게 포위망 속으로 들어온 2연대를 공격해 6사단 2개 연대(2·7연대)의 퇴로를 차단함과 동시에 섬멸적 타격을 가했다. 이에 국군 2군단은 2연대를 구출하기 위해 19연대와 8사단 10연대를 구원 부대로 보냈으나 이들 부대도 중공군의 포위 공격을 받고 막대한 피해를 입은 채 분산됐다. 이때 19연대장 박광혁 대령이 전사했고, 박정인 소령을 비롯한 연대 본부 요원들은 포로가 됐다." 〈뉴데일리, 2015.9.16.〉

백선엽 장군의 회고록을 보면 6사단의 압록강 진출과 그 후에 대패의 후유증을 언급하고 있다. 맥아더 장군이 이끌었던 인천상륙작전으로 전세가 반전(反轉)의 국면을 맞았을 때 너무 빨리 북진한 점이 아쉬웠다. 이들은 압록강을 향해 거침없는 질주를 거듭해 압록강 초입의 초산진에 먼저 당도했다. 당시 모든 국군 부대가 흉내를 낼 수 없을 정도의 기동이었다. 이 점이 화근(禍根)이었다. 그들은 적유령 산맥의 깊은 그

늘에 몸을 숨긴 채 매복해 있던 중공군의 덫에 걸려들고 말았다. 당시에 국군 2군단의 6사단과 7사단, 8사단이 모두 비슷한 형편에 놓였지만 중공군 참전 직후의 전투로 인해 한국군 2군단이 해체의 길을 걷는 순간에서 6사단의 발 빠른 기동은 결정적인 계기로 작용했다.

그 뒤 6사단은 어려운 전투를 수행했다. 그러다가 중공군 5차 4월 공세에 결정적인 패배를 당하고 말았다. 위에 적은 사창리 전투였다. 경기도 가평의 사창리라는 곳에서 벌어진 전투는 6사단과 중공군 20군 예하의 58사단, 59사단, 60사단이 벌인 싸움이었다. 약 3일 동안 벌어진 사창리 전투에서 6사단은 퇴로(退路)에 관한 숙고(熟考)가 부족해 결국 지휘 상의 커다란 혼란을 야기했으며, 마침내 중공군 거대 병력에 의해 공격을 받아 장비와 화력은 물론이고 절반에 가까운 병력을 잃고 말았다. 이 싸움은 625전쟁 중 아군이 꼽는 결정적인 패배의 하나에 해당한다.

당시 패배는 충격적이었던 듯하다. 싸움을 지휘하던 미 9군단장의 입장에서는 분명히 그랬다고 보인다. 사창리 전투에서 6사단이 커다란 혼란을 보이면서 기록적인 패배를 맞이한 뒤 미 9군단장인 윌리엄 호그 (William M. Hoge) 중장은 사단을 찾아갔다. 앞에서도 잠시 적은 내용이다. 그는 6사단장인 장도영 준장에게 "당신이 군인이냐?"라고 일갈할 정도로 화가 났던 모양이다. 장도영 사단장은 그런 호그의 호통에 한마디도 대꾸할 수 없었다고 한다. 기록적인 패배를 당한 사단장이 그런 상황에서 무슨 말을 할 수 있을까. 그런 과정을 겪었던 6사단이었다. 신속하게 후방의 병력으로 병력을 재편해 다시 싸움터에 나선 입장이었다. 그러나 싸움에서의 패배는 쉽게 잊을 수 없는 법이다. 초산진에서 중공군의 매복에 걸려 당한 쓰라린 패배 이후 사창리에 이르는 동안 6사단 장병들의 마음속에는 중공군에 대한 두려움이 한껏 커졌던 상태였다.

'압록강 물을 수통에 담아서' 이승만 대통령에게 바쳤던 6사단은 중공군에게 즉시로 포위되었다. 수통 사건은 하나의 퍼포먼스에 불과한 사건이다. 이때 6사단 7연대는 완전히 패배해서 부대가 사라져 버릴 정도로 큰 피해를 입고 후퇴한다. 김종오 장군은 부상 회복 후에는 제3사단장을 맡게 되고, 현리 전투에 참전한다. 이후 휴전 협상의 진행과 함께 치열한 공방전이 열리는 가운데 1952년 5월, 김종오 장군은 철원 지역을 담당하는 9사단장에 임명된다. 그리고 625전쟁 중 매우 치열한 격전이 일어났던 곳들 중의 하나인 '백마고지 전투'를 지휘하면서 열흘간의 전투 중 24차례나 고지의 주인이 바뀌는 격전을 한 끝에 중공군을 상대로 승리를 거두고, 고지의 이름이 백마고지가 되면서 9사단도 백마부대로 불리게 된다.

국군 6사단의 용문산 전투에 대해서 언급하고자 한다. 국군 6사단은 4월 공세 시 사창리지구 전투에서 크게 실패하였다. 국군의 트라우마가 나중에 현리 전투 패배에까지 영향을 미쳤다. 전투력을 복원하고 용문산 일대를 방어하고 있었다. 국군 6사단장은 사창리 전투에서의 불명예를 씻기 위하여 강인한 훈련과 정신 교육을 시키고 있었다. 중공군의 대규모 공세 징후를 판단하고 주저항선인 용문산으로부터 12~17km 추진된 홍천강 일대까지 진출 종심 깊은 방어 진지를 구축하고 있었다. 설욕의 대전을 준비하여 중공군 1개군 3개 사단을 홍천강과 용문산 계곡에서 궤멸시키는 전과를 거둔다. 사단의 명예 회복과 현리 지구 전투의 참패 만회, 그리고 중부전선에서의 안정이라는 전술, 전략적 승리를 일구어 냈다. 아울러 중공군의 5월 공세는 또다시 실패로 돌아갔다. 더욱이 미 8군은 지금까지의 수세를 공세로 전환하는 전기를 마련하였고 중공군은 거의 붕괴되어 무질서한 집단으로 변한다.

국군 6사단은 북한강의 서측에서 춘천 북방의 화악산 남측 자락인 지암리를 목표로 하여 공격을 해 나갔다. 이때 중공군은 무질서하게 철수하면서 춘천-화천을 잇는 도로와 계곡으로 몰려들었고 유엔군의 공군은 무차별적으로 이들에게 폭탄을 퍼부었다. 전투에서 보병의 화력보다는 전투기의 폭탄이 적을 섬멸하고 대규모 전과를 올린다.

이 무렵 미 24사단의 21연대, 미 7사단의 17연대, 국군 6사단의 19연대는 화천-춘천, 가평-지암리 축선을 완전히 장악함으로써 남쪽의 아군 진출선과 함께 삼각형의 포위망을 형성하였고 이 포위망 속에는 대규모의 중공군이 필사의 탈출을 시도하였으나 모두 섬멸되었다. 마지막까지 소탕 작전을 벌인 6사단 5연대는 5월 28일, 하루 동안 중공군 포로 38,000여 명을 잡는 대전과를 올렸다. 당시 사단장 장도영 장군은 "후퇴하는 중공군을 추격하여 길가에 늘어진 중공군을 쓰레기 줍듯이 트럭에 실어 담았으며 아군 소대 병력이 적 대대 병력을 무더기로 생포하는 진풍경이 연출되었다."라고 회상하였다. 6사단 전공의 대부분이 이때 얻은 결과이다. 용문산 전투는 전투에서 중공군의 한국 지리 미숙에서 오는 결정적 참패, 전투 지형, 지리적 이용의 유, 불리와 공군력의 중요성을 일깨워 주었다. 결국 용문산 전투는 보병의 전투력도 있었지만 결정적인 승기는 연합군 전투기의 가공할 물량의 폭탄 투하로 얻은 결과물이다. 이 전투에서 중공군 62,000명을 사살하거나 생포하는 전화를 올렸으며 아군도 341명의 전사자, 부상 2,011명. 실종 195명의 피해가 발생하였다. 이상과 같은 전과로써 6사단은 이승만 대통령으로부터 부대 표창을 받았으며 중공군 포로를 많이 잡았다고 해서 구만리 저수지를 파로호(破虜湖)라고 명명하였고, 구만리 언덕 화천 발전소 뒷산에 이승만 대통령이 친필로 쓴 전승비를 세운다.

〈전쟁영웅백과사전〉을 보면, 김종오 장군은 휴전 후 1군단장이 되고, 1954년 중장 진급 후 육군참모총장 재직 시인 1962년 1월 국군 사상 다섯 번째로 대장으로 진급한다. 김종오 장군은 때로는 패배도 경험하였지만, 춘천, 홍천 전투나 백마고지 전투 등 어려운 상황에서 승리를 이끌어 625전쟁의 명장으로 남아있다. 패배도 본인의 실책보다는 중공군의 참전을 예측 못한 유엔군 지휘부나 현리 전투 시 대응에 실패한 3군단 지휘부 등 상부의 판단 착오의 영향이 컸다는 점에서 그의 위업이 깎이지는 않는다.

9사단(백마)은 1950년 10월, 인천상륙작전 직후 창설(초대 사단장 김종오 준장)된다. 그 후에 1951년 5월, 현리 전투에서 참패한다. 9사단의 패전 책임은 매우 크다. 전쟁사 연구가들에 의하면 9사단 1개 연대가 현리 전투의 보급로인 '오마치 고개'가 중공군에게 점령당하면 밤중에 돌파하기로 했으나 도망친 것이다. 3사단은 아군의 기지를 지키다가 밤중에 아군 측의 전장이 이상해서 '수색대'를 투입해서 9사단이 도망친 상황을 파악한다. 작전상 철수 중, 한밤중에 1천 미터 이상의 고개를 넘다가 억울하게 피해를 당한 것이다. 핵심을 모르는 군사 전문가들은 9사단과 3사단이 동일하게 패한 걸로 오류를 범한다. 내용은 이렇게 명확하다. 그래서 3사단은 엄밀한 전사로 규정한다면, 현리 전투에서 작전상 철수이기에 패배에서 책임이 없다.

해병대

해병대는 지금은 지원병이 중심이었지만 625전쟁과 월남 전 때에는 대부분이 차출병 중심이었다. 지원병이 강하냐, 차출병이 전투력이 강하냐는 의미가 없고, 오히려 지금의 지원병 위주보다 차출병이던 해병 선배 전우들이 전투력이 한층 돋보인다 해도 과언이 아니다. 이들 선배 전우들이 강한 전투력을 보여준 것이다. 625전쟁 때 전투를 수행했다. 1950년 8월 17일, 통영 상륙작전에서 해병대 1개 중대는 조선인민군 대대 병력을 격파하고 통영을 탈환하는 데에 성공하였다. 적 469명을 사살했다.

1950년 8월 23일, 최초의 퓰리처상 여성 수상자인 뉴욕 헤럴드 트리뷴지, 마거릿 히긴스 기자는 이 성과를 보도하는 〈귀신 잡는 해병〉(Ghost-catching Marines)이라는 기사에서 "한국 해병대는 악마조차도 잡을 정도였다."(They might even capture the devil)고 썼고, 그 이후로 '귀신 잡는 해병대'라는 별칭이 붙었다.

625전쟁 때 주요 전투는 해병대 '도솔산 지구 전투'이다. 강원도 양구에 위치해 해발 1,000m 이상의 고지로 양양~철원을 잇는 중동부 삼각 산악 지구의 중심 지역이다. 양쪽으로 양구와 인제에서 북상하는 도로를 끼고 있는 산으로 도솔산의 확보 여부는 북상중인 한국군 최전선에 타격을 주는 전략상의 가치가 높은 지역이었다. 미 해병 7연대와 5연대를 각각 인접 부대로 하여 한 해병 1연대가 작전한 매우 치열했던 한·미 해병 연합작전 중의 하나였다. 이 전투에서 해병대는

2,263명 북괴군을 사살하고 44명을 생포, 개인 및 공용화기 등 198점을 빼앗는 큰 전과를 올렸지만 우리 군의 피해 또한 700여 명의 많은 사상자가 발생한 대 공방전이었다. 이승만 당시 대통령이 도솔산 전투에 크게 감명 받아 '무적 해병'의 휘호를 하사하게 되어 '통영상륙작전'에서 '귀신 잡는 해병', 도솔산 전투에서 '무적 해병'이라는 명칭이 붙여졌다.

현재에는 해군 예하에 편성되어 있는 부대가 해병대이다. 해병대는 국가 전략 기동 부대로서 상륙 작전을 주 임무로 수행한다. 해병대는 육군 사단과 편제가 유사하다. 소수의 수색대 일부와 보병, 공병, 기갑, 통신, 수송 등으로 구성되었다. 해병대 수색대는 육군 각 사단의 수색대대와 동일하며 편제가 유사하다. 예를 들면 해병대 1사단 제1 수색대대로 칭한다. 2사단은 제2 수색대대, 6연대는 수색중대로 편성되어 있다. 수색대는 강도 있는 훈련도 있지만 평상시에는 위병 근무 위주이고 자체 정비나 진지 구축 작업 등으로 힘든 면이 있다고 한다.

해병대는 복장이 육군과 달라서 그렇지 육군 보병 사단과 사단 편제나 인원이 유사하다. 특수 부대와는 무관하다. 해병대는 해군 예하의 '상륙기동군'으로 바다에서 상륙이 주 작전지이다. 경계 근무와 훈련을 한다. 제1 사단은 포항, 2사단은 김포, 6여단은 백령이 주둔지이다. 해병대를 상징하는 천자봉은 진해 소재지의 산이었다. 부대 이동 후에 현재는 포항의 운제산(雲梯山·해발 482m·포항시 남구)을 말한다. 평소에 해병대는 강안이나 해안의 비교적 낮은 지형에서 보초, 경계 근무를 선다. 진지 보수 등 작업량도 많다고 한다. 예하 부대가 순회 경계로 인력의 한계와 근무 형태로 힘들다고 한다. 근무 지도 포항, 백령도, 연평도나 도서 지역에 산재해 있어서 IBS훈련도 제한적이고, 강안, 해안의 경계 근무에 비중을 둔다고 한다. 해안가 경계는 안개로 육안의 한계나 섹터가 넓어서 '노크 귀순' 사건이 발생한 경우도 있었다.

2010년 11월 23일, 북한의 연평도 포격 도발, 북한의 도발로 연평도 포격 시에는 해병대원 2명이 순직하는 비극도 있었다. 한 명은 부대 복귀 중에 한 명은 초소에서 밖에 나갔다가 사망한 점은 국회에서 문제가 되기도 했다. '위키 백과'의 기록이다. 무기력한 대처에 국민들은 실망하고 군에 대한 불신과 분노를 표출하기도 했다. 포가 몇 대는 정비 불량으로 녹슬고 작동이 안 되었다는 질타를 받기도 했다. 이후에 장비나 지원이 늘고 있다.

육군의 최전방은 험악한 산악 지형의 고지가 평균 1천 미터~2천 미터이다. 그리고 전투사단은 DMZ, GP, GOP근무와 훈련 부대가 있다. 경계 부대는 사격이, 훈련 부대는 구보, 행군이 필수이다. 전투 사단은 말 그대로 모든 교육과 훈련 자체가 곧 전투중인 작전이다. 그래서 긴장감이 있기에 군기가 세기로 유명하다. 예비 사단의 교육과 훈련은 힘들고 강도가 엄청나다. 오뚜기, 화랑, 이기자, 노도부대, 이중 일부 사단은 기계화 사단이 되었지만 산악 지역의 구보와 각종 훈련이나 행군은 힘들지만 강한 군대로 만든다. 해병대는 이런 육군 최전방 고지의 험준한 산악 지형과 작전에 비하면 비교적 낮은 강이나 해안가 경계를 한다. 경계 인원의 한계로 사격, 구보나 행군에는 한계가 있다고 한다. 후방이지만 나름대로 힘든 근무이다. 국회 국정

감사에서 육군사격 훈련의 절반으로 나와 질타를 받았으나 지금은 개선 중에 있다고 한다.

특수전부대, UDT/SEAL과 특전사(707외)

대한민국 합참이 정식 인정한 2대 특수전부대는 UDT/SEAL과 특전사(707 외)이다. 그 외에도 특수부대는 정보사(국군 정보사 특수 정보요원-육상HID, 해상UDU)가 있다.

국군정보사령부(國軍情報司令部, 영어: Republic of Korea Defence Intelligence Command: KDIC)는 대한민국의 첩보 사령부이자, 국방정보본부 예하 조직이다. 주로 두 문자어로 줄여서 '정보사'라 부른다. 그리고 해군 해난구조대 SSU, 공군에는 CCT와 공군 항공구조대(SART: Special Airforce Rescue Team, 레스큐)가 있다.

한국군을 대표하는 특수전부대의 혁혁한 전투력을 보기로 한다. '아덴만 여명 작전'을 기억할 것이다.

2011년 1월, 한국의 특수부대 UDT대원들이 소말리아 해적에게 피랍된 대한민국의 삼호해운 소속 선박, 삼호 주얼리 호(1만 톤급)를 소말리아 인근의 아덴 만 해상에서 구출한 작전이다. 피랍 삼호 주얼리 호 선원 21명 전원 구해냈다. 해적 8명을 사살하고 5명은 생포했다.

한 치의 실수도 없이 완벽하게 테러범들을 제압한 것이다. 한국군의 작전 수행 능력과 용맹성을 세계에 과시했다. 국가 이미지와 국민의 자존감을 높여 주었다. 세계의 특수 작전으로 본 아덴만 여명작전의 위상은 대단했다. 특히 요동이 심한 헬기에서 정조준으로 저격해, 사살하는 놀라운 능력은 해외의 인질 구출 작전 사례를 찾아봐도 전례가 없는 일이다.

UDT/SEAL의 '특임대'는 부사관이나 장기근무자로 최고의 베테랑들로 구성되어 있다. 간부들 위주이다. 그 외에 전투부대에는 병들이 다수 포함되어 있다.

'국가가 부를 때엔 군복이 수의' 707특수임무부대

한겨울 새벽 칼바람이 부는 경부고속도로 추풍령휴게소. 해병대 000 중사가 시외버스 승객 19명을 인질로 잡고 '귀신 잡는' 해병대 요원과 숨쉬기도 어려운 팽팽한 대치를 하고 있었다. 이미 술에 취해 극도로 흥분한 0 중사는 버스 안에 크레모아를 설치해 놓고 한손에는 크레모아 격발기를, 또 한 손엔 장전된 M16 소총을 들고 "도망간 아내를 데려오라."고 소리를 질러댔다. 0 중사나 서울 진입을 막고 있는 해병대원 모두 탈출구는 없었다. 정적을 깨듯 통제된 고속도로를 통해 허름한 봉고차 한대가 나타나 머리부터 온통 검은색의 복장을 한 10여 명을 내려놓았다. 서두르지는 않았지만 이들은 익숙한 손놀림으로 트렁크에서 망원렌즈가 달린 저격용 소총, 기관단총 권총 등 온갖 무기로 무장했다. 잠시 후 작전 개시를 알리는 '저격' 명령이 떨어지자 행동이 기민해졌다. "셋, 둘, 하나, 출발" 검은 복장의 2명이 허리를 90도로 꺾고 지그재그로 시외버스 앞쪽으로 내달리자 버스 창밖으로 소총이 난사됐다. 0 중사의 시선이 앞쪽으로 쏠리는 틈을 이용해 다른 한 편에 있던 2명이 버스 밑으로 신속하게 숨어드는가 싶더니 어느새 버스 후미의 범퍼를 밟고 올라서 있었다. 한 발의 총소리를 들은 사람은 많지 않았다. 86년 12월3일 있었던, 소위 '추풍령 무장 탈영병 사건'의 전말이다.(당시 일반인에게 0 중사는 자살한 것으로 알려졌다) 아무 말 없이 왔다 한마디도 남기지 않고 영화의 한 장면처럼 사라진 검은 베레모에 칠흑 같은 검은 옷을 입은 대원들이 바로 국군 대테러부대인 '707특수임무대대' 요원들이다. 〈주간한국 정덕상·사회부기자〉

용감한 군대를 국민은 원한다. 이러한 막강 전투력은 국가의 이미지를 드높인다. 국가의 위상과 국민의 자존감을 높여 준다. 무형의 경제적 효과도 탁월하다.

육군의 특수 전력 정예화 추진 계획에 따라 육군의 수색대, 특공여단이나 특공연대는 기존의 병 중심에서 새롭게 간부화되어 가는 추세이다. 현재는 변화기이고 과도기이다. 차츰 병들은 행정, 보급, 수송, 통신 위주로 근무하고 대부분 핵심 전투원은 간부로 재편성되어 가고 있다. 이미 진행 중이고 최근에 간부 중심으로 구성되거나 강화되고, 장비·물자도 신형으로 속속 전력화되고 있다. 국가가 정식 인정하는 특수부대라 할 수는 없지만 특별한 임무나 작전을 수행 한다고 볼 수 있다.

의식

영혼을 결합하는
강한 공동체의식 법칙

Winner-ship

"자부심이 없는 군대는 죽은 군대나 마찬가지다. 아무리 연합 작전 계획이 잘 짜여 있고, 최첨단 무기로 무장되어 훈련이 정확하게 잘되어 있으며, 병참 지원이 탄탄하다 하더라도 전투원들의 마음속에 자부심이 없으면 결국은 허물어지고 만다. 이 자부심은 자기가 속해 있는 군대에 대한 자부심에서부터 나온다. 군의 자랑스러운 역사에서 배우고 습득된다. 갓 들어와 어리빵빵 비실비실한 신병이라도 제3사단 백골부대에 전입하여 백골부대의 역사와 전통에 대해 교육받고, 백골 마크를 가슴에 달아주면 그때부터 눈빛이 달라지고 똘똘해진다고 한다. 부대 역사에 대한 자부심 때문이다." 〈표명렬 평화재향군인회 상임대표〉

전장에 나가는 군대의 문화는 일반사회, 회사나, 사회단체, 외국생활보다 사람들에게 더 큰 문화 충격을 준다. 그래서 자연스럽게 동화되고 적응하기 위해서는 교육, 훈련, 적응 기간이 필요하다. 그리고 강한 결속력을 갖기 위해서는 특별한 의식이나 프로그램이 필요하다. MBC '진짜 사나이'에 나오는 화면에서처럼, 백골부대는 신병교육대에 훈련을 마칠 때, 새로 부대로 전입해 올 때 백골 잔에 정한 수, 음료나 술을 따라 마시는 의식이 있다. 백골부대의 상징인 하얀 백골 잔에 음료를 따라 마시면서 각자의 다짐을 새롭게 한다.

신교대에서는 '백골의식'이라는 부대만의 독특한 의식을 갖는다. 신병 교육 수료 마지막 5주차에 각 중대장 주관 하에, 백골 모양의 잔에 깨끗한 '정한수'를 마시는 것이다. 정한수의 물을 받아 마심으로써 '모두가 백골인으로 거듭나고 하나가 된다.'는 의미다. 백골의식을 통해 선배 전우들의 숭고한 뜻을 되새기고, '살아도 백골! 죽어도 백골'의 진정한 백골부대의 용사가 되는 것이다. 조국을 지키다 숨진 선배 백골 전우들을 기리며 과거와의 일체, 현재의 백골부대의 공동체라는 현재와의 만남, 미래의 영원한 백골 용사가 되는 의식인 것이다. 이러한 의식은 개별적 존재인 사람들에게 같은 의미와 의식과 가치, 음료를 나누면서 동질감과 일체감을 조성하는 효과가 있다.

삼국지에 나오는 '도원결의'와 같다. 유비, 관우, 장비가 함께 술을 섞어 마시면서 '뜻을 같이하고, 생사를 같이하자'는 결의를 다지는 장면과 같다. 아프리카의 부족 간의 이러한 공동체 의식은 극적 요소가 있다. 피를 나누면 혈맹의 관계이다. 전방의 DMZ, GP, GOP, 영하 20~30도의 혹독한 훈련의 준전시 상태, 생명의 위협을 늘 느낀 작전에서 생사 공동체 의식, 전우애는 빛을 발한다. 전방에서 북한과의 총격전이 펼쳐질 때도 있다. 지뢰를 밟을 수도 있다. 안전사고나 불시의 국지전, 이러한 위험을 극복하기 위해서는 특별한 전우애가 필요하고,

자연스럽게 전우애가 형성이 된다. 그래서 백골부대 출신들은 제대 후에도 백골전우회에서 강한 결속력을 과시하기도 한다. 백골부대를 거쳐 간 장교들도 다른 부대로 이동해 가서도 '백골전우회'를 만들어서 그 위너(winner) 정신을 새기고 친목을 다진다고 한다.

백골부대, '부대정신' 원탑

"육군 3사단은 해병대, 특전사보다 부대정신이 높고 계급이 상향될수록 부대정신이 상승하는 가장 바람직한 부대이다."〈2012. 4.30. 육사 화랑대연구소〉

육군에서는 살아 있는 부대정신의 개념을 정립하고자 특전사, 해병대 및 일반 부대의 역사와 전통, 자부심, 신념, 일체감 등 각 부분에 걸쳐 조사를 하고 연구했는데, 결과는 3사단 백골부대의 '부대정신'이 최고로 나왔다. 부대 구호, 마크, 부대 상징물인 백골상, 전우회 활동, 부대 고유 가치 등에서 전군의 어느 부대보다 탁월한 독보적 위치에 있음을 객관적으로 입증하고 있다.

부대정신이란? 부대의 역사와 전통, 부대 임무와 특성, 핵심 가치 등에 기반을 두고 만들어지며 부대원들에게 공유·계승되는 신념 체계이자 행동 지침이 되는 정신적 가치를 한마디로 '부대정신'이라고 할 수 있다.

백골부대의 부대정신은 민족의 기개와 충절을 기반으로 창조적 계승, 발전되어 왔다고 볼 수 있다. 고구려의 대륙을 호령하던 패기와 기백, 백제의 국제적 영향력과 신라의 화랑도 정신과 가치를 전승했다. 고려의 충신 정몽주(鄭夢周)의 '단심가' 구절이다. "이 몸이 죽고 죽어 일백 번 고쳐 죽어, 백골이 진토(塵土)되어 넋이라도 있고 없고, 님 향한 일편단심이야 가실 줄이 있으랴." 이 시조는 새로운 조선의 개국을 준비하던 이성계의 아들, 이방원의 '하여가'에 대한 자신의 지조를 표현한 시조였다. '하여가' 가사의 회유이다. "이런들 어떠하리 저런들 어떠하리, 만수산 드렁칡이 얽어진들 어떠하리, 우리도 이 같이 얽혀서 백년까지 누리리라." 이방원의 '하여가'에 화답하여 '단심가'를 불렀다. 결국 한 명의 충신은 이방원의 철퇴에 맞아 선죽교에서 숨을 거두며 피를 뿌렸다. 끝까지 고려 왕조에 대한 절개를 지킨다.

조선 제일의 충의(忠義)를 지킨 인물로 성삼문(成三問, 1418~1456)은 집현전 학사 출신으로 목숨을 바쳐 신하의 의리를 지킨 사육신(死六臣) 중의 한 사람이다. 그는 1455년 수양대군이 단종을 내쫓고 왕위에 오르자 이듬해 단종 복위를 계획하다 발각되어 능지처참을 당하였다. 한 번 옳다고 여긴 신념은 한 치의 양보도 없이 지키려고 했던 산봉우리의 낙락장송(落落長松) 성삼문. 그의 곧고 맑은 지조야말로 조선 선비들의 의리 정신을 보여주는 거울이 아닐 수 없다.

성삼문 〈청구영언〉 가사이다. "이 몸이 주거 가서 무어시 될고 하니, 봉래산(蓬萊山) 제일봉(第一峯)에 낙락장송(落落長松) 되야 이셔, 백설(白雪)이 만건곤(滿乾坤)할 제 독야청청(獨也靑靑) 하리라." 죽어서도 높은 산의 소나무가 되어 흰 눈이 온 세상을 덮더라도 푸르겠다는 노래로, 사육신(死六臣) 중 한 명인 성삼문이 지조(志操)를 지키겠다는 굳은 다짐을 표현한 가사이다. 백골부대의 신화는 이순신 장군의 정신을 계승했다. 생즉사 사즉생(生卽死 死卽生), '살고자 하면 죽을 것이요 죽고자 하면 살 것이다.' 충무공 이순신이 난중일기에서 밝힌 임전훈이다. 이 말은 장군께서 임진왜란 당시, 한산대첩에서 수군들에게 전장에서 전투에 임하는 각오를 새롭게 가질 필요가 있다는 의미에서 한 말씀이다.

육군에는 모두 정예 부대가 존재한다. 그중에서도 부대의 창설과 역사와 전통, 625전쟁 전과, 등을 통해서 명문 사단을 평하기도 한다. 부대의 애칭인 맹호, 1사단 전진, 2사단 노도, 3사단 백골, 5사단 열쇠, 6사단 청성, 7사단 칠성, 8사단 오뚜기부대는 625전쟁 전에 창설된 역사적인 부대들과, 전쟁 발발 해에 창설된 9사단 백마부대는 역사가 오래된 전통 있는 명문 사단, 소위 말한 메이커 부대들이다. 11사단 화랑, 27사단 이기자, 21사단 백두산부대 등은 이후에 탄생한 부대들이다.

이중에서도 백골부대는 원탑, 명품 사단이라고 해도 손색이 없는 자타가 공인하는 최강 전투 사단의 위용을 과시하고 드러내고 있다. 남한 주도의 자유민주주의를 실현하고, 평화를 지키고 견인하기 위해서도 막강한 군대는 필요하다. 백골부대의 모태는 이북에서 온 서북청년단이었다. 영락교회와 한경직 목사는 중요한 역할을 했다. 신앙의 자유, 반공 등은 자유민주주의를 지키고자 하는 신앙적 가치, 국가를 지키려는 애국심의 핵심 가치가 되었다. 어찌 보면 백골부대는 현상적으로도 불가사의하고 신비로울 정도로 대단한 전투력을 발휘했다. 종교 편향의 오해의 소지도 있겠지만, 본질적인 측면에서는 눈에 보이지 않는 하나님의 도우심이 함께했다고 해도 과언이 아닐 것이다.

리더는 상황, 바람의 변화를 아는 것 같은 동향, 가능한 인적, 물적 자원을 읽는 자, 사람들의 관심과 필요 등을 아는 자이다. 자기 자신을 읽을 수 있는 능력을 발전시키는 자이다. 폴 케네디(Paul Kennedy) 교수는 〈강대국의 흥망〉(the Rise and Fall of the Great Powers)에서 "수준 높은 경제력과 강력한 군사력의 조화에서 강대국이 등장"한다고 언급했다. 주권 국가의 국가 안보, 국익 창출에는 경제력에 상응하는 군사력이 필요하다는 점을 강조한 말이다. 백골부대 스토리를 직, 간접적으로 접하게 되면 한결같이 백골부대와 일체감이나 동화되는 느낌을 갖게 된다. 백골부대는 별칭, 애칭이다. 군부대는 보통 세 가지 명칭을 사용한다. 고유 명칭과 통상 명칭, 애칭이다. 고유 명칭(Long Name)은 일반 명령 혹은 부대 편제표에 따라 명명된 원래의 부대 명칭을 말한다. '3사단'식으로 표기하는 것이 고유 명칭이다. 군사보안상 부대 성격, 편성, 부대 규모, 작전, 장비 등을 숨기기 위해 사용되는 부대명은 통상 명칭(Common)이다. 0000부대가 좋은 예다. 애칭은 부대의 역사와 상징물을 감안해 부여된 이름이다. 오뚜기, 백마, 열쇠, 사자, 호랑이, 용, 독수리 등, 동물을 응용하기도 한다. 백골부대는 한 마디로 임팩트가 강한 부대 이미지이다.

맥아더 장군과 백골부대 신동수 일병

　　1950년 6월29일, 당시 스무 살의 한 일병은 서울 영등포에 있던 진지에서 맥아더 미 극동사령관과 이런 대화를 나눴다. 625전쟁 전쟁이 터진 지 나흘째, 이미 한강 이북은 인민군에 의해 점령된 상태였다. 영등포 진지는 남한의 부대가 마지막까지 버티던 한강 방어선이었고 맥아더 장군은 도쿄에서 날아와 상황을 돌아보던 참이었다.

　　백골사단 18연대가 무너지는 한강 다리를 바라보며 한강 이남을 지키고 있었다. 그런데 맥아더 장군이 한강의 마지막 방어선을 지키고 있었던 한 일병을 만난다. 그 일병의 이름은 신동수였다. 맥아더 장군이 북한군과 대치하는 벙커를 지키던 한국 병사에게 말했다. "전세가 이렇게 밀리고 있는데 왜 도망을 가지 않느냐?" 그러자 한국 병사가 대답했다. "후퇴하라는 명령은 없었습니다." 감동받은 맥아더 장군은 소원을 하나 들어주겠다고 말했고, 한국 병사는 다음과 같이 말했다. "충분한 실탄과 총을 지원해 주십시오." 자신을 이 벙커에서 빼달라는 대답을 예상했던 맥아더 장군에게 이 한국군 병사의 말은 충격적이었다.

맥아더 장군은 말했다. "우리는 전력을 다해서 이 나라(한국)를 지켜야 한다.", "정말 훌륭한 군인이다. 내가 일본으로 건너가면 즉시 지원군을 보내주겠다." 이 군인에게 감동받은 맥아더 장군은 그의 어깨를 툭툭 치며 이렇게 말했다. 약속대로 곧바로 한국전 참전은 실행에 옮겨졌다. 그 후 인천상륙작전이 실시되었고 수만 명의 미국 병사가 한국을 위해 전사했다.

신동수 옹은 조선일보와의 한 인터뷰를 통해서 그날의 처참한 전장의 상황을 제대로 알 수 있다. 국방부 군사편찬연구소 관계자는 "맥아더 장군이 당시 한국군 병사의 말에 감동을 받아 참전을 결심했다는 사실은 참전 장성 회고록 등 여러 문서에서 확인된다."고 말했다. 수십 년째 묻혀 있던 이 일등병의 존재가 최근 밝혀졌다. 신동수(辛東秀·77) 옹이다. 그를 찾아 충청북도 충주시 앙성면으로 향했다.

"이렇게 멀리 오게 해서 어쩌나. 다리가 이래서…" 그는 왼쪽 다리를 절었다. 양말에 가려졌지만, 한눈에도 의족(義足)임을 알 수 있었다. 기쁨인지, 고통인지 모를 옛 전투 이야기를 시작하자, 신 옹의 목소리가 높아졌다 낮아졌다 했다.

그가 속한 부대는 백골부대 18연대 1대대 3중대였다. 6월29일, 이들은 영등포구 양화동의 인공폭포공원 인근에 진지를 편성해 놓고 있었다. 다른 대대는 물론 같은 대대 다른 중대도 후퇴해 버린 외로운 싸움이었다. 사흘째 굶고 있던 그때였다.

"4명이 지프에서 내리더라고. 처음에는 소련군인줄 알고 쏘아 죽이려고 쫓아나갔어요. 하지만 정모 마크가 소련군 것과 다르더라고. 사령관이라고 했어요."

하지만, 그때만 해도 그가 누구인지 전혀 몰랐다고 한다. 대화가 끝난 후 맥아더 장군은 그에게 연막탄 2개와 대공표지판을 선물로 줬다. 그러곤 곧 그를 잊어버렸다고 한다. 노량진과 영등포까지 진격한 인민군의 총포가 시시각각 가까이 다가오고 있었기 때문. "우리 머릿속에는 오로지 적을 무찌르고, 나라를 지켜야 한다는 마음뿐이었어요."

맥아더 장군이 돌아간 이후에도 그는 사흘을 더 버텼다. "결국 후퇴 명령을 받았습니다. 중대원들에게 명령을 전달하며 미친 듯이 돌아다니고 있었죠. 갑자기 다리가 오그라들더니 펴지질 않더라고요. 그러고도 150m를 뛰었어요. 살기 위해 아무 집이나 찾아가 부뚜막 아궁이에 숨었는데, 착한 주인이 온 몸을 닦아 주고 빨간 헝겊을 찢어서 인민군 치료소에 데리고 가주더군요."

하지만 3개월이 지나도록 총탄에 맞은 다리를 치료받지 못했다. 무릎에선 구더기까지 나왔다. 결국 다리를 절단했다. 다리를 절며, 절며 찾아간 강원도 춘천. 하지만 남동생은 형을 찾으러 가겠다며 인민군에 합류했다는 소식을 들었다. 그리고 못 만난 세월이 무려 56년이 됐다.

당시 100여 명 중 살아남은 사람은 7명밖에 되지 않는다고 한다. 7일 동안의 처절한 혈전 덕분에 인민군의 서울 함락은 늦어졌고, 지연전을 위한 재편성, 유엔군의 조기 전선 투입이 이뤄졌다고 한다. 그의 잘린 다리가 나라를 구한 것이다.

"6월 25일만 가까워오면 내가 묻어 준 동료들, 내 앞에서 죽어간 동료들이 떠올라요. 군번도 없이 죽어간 전우들이 얼마나 많은데요. 어떻게 지킨 나라인데…. 지금 우리 젊은이들이 그걸 알고 있나요?" 그의 목소리에 안타까움이 배어 있었다. 〈조선일보〉

"리더는 그가 알아야 하는 것을 알아야 하고, 그가 아는 것을 사람들에게 분명하게 알릴 수 있어야 한다." 〈클라런스 랜달〉

전장의 리더십, 훌륭한 리더는 다른 사람들이 보지 못하는 것을 보고, 변화를 일으키며, 다른 사람들이 알기 전에 미리 알고 앞서 나간다. 리더는 리더십의 성향을 갖고 모든 것을 본다. 그리고 결과적으로 리더는 본능적으로, 아니 자동적으로, 무엇을 알 것인지를 안다. 이런 읽고 반응하는 본능이 모든 위대한 리더의 자질에 있다.

백골병단(白骨兵團), 백골부대

　　백골병단을 최초에 만든 채명신 장군은 첫 장교 생활을 백골부대에서 하게 된다. 그리고 43사건을 겪고 9연대장(백골사단 전신)에 임명된다. 채 장군의 말이다. "9연대로 배치 받았는데, 모슬포 자대까지 가는 동안 경찰관의 사체를 보며 놀랐다. 자대에 가니 부대원들이 더 놀랐다. 이북 출신 신입 장교가 좋게 보였을 리가 없었다. 그러던 중 6월 18일에 연대장이 암살을 당한다. 그 다음 차례가 자신이었다. 연대장 암살 때에는 오히려 소대원들이 공격을 막아 줘서 살았다. 이때 'separate & destroy'라는 개념을 갖는다. 일단 적을 철저히 분리한 후에 섬멸하는 개념이다. 월남전에서도 잘 먹혀서 미국 지휘관들이 격찬을 하는 전술이다.", '백 명의 베트콩을 놓치더라도 한 명의 양민을 보호한다.'는 모토로 강력한 대민 지원을 펼친다.

'백골병단'은 백골부대의 전승을 이어받았고 백골부대는 또한 백골병단의 불굴의 전투 정신과 가치를 전승한 부대라 해도 적절할 것이다. 백골병단을 만들어서 활약했고, 3사단 참모장 및 22연대장(3사단 내 22연대장인 장경순 전 농림부장관이 대령시절 육군대학에 입교해, 그 후임으로 부임, 그러나 20사단의 중공군에게 패전으로 20사단장으로 부임)을 지낸 '채명신 장군'이 백골부대에서 명 지휘관으로 복무했고 백골병단의 전술, 전략이 녹아들었기 때문이다. 채 장군의 전투 지휘 리더십의 핵심이 '골육지정'이다. 백골부대의 대표적 상징 구호이다. 백골병단은 1951년 1월, 특수 편성된 육군 본부 직할 유격대로서, 채명신 육군 중령을 중심으로 창설된 부대이다. 백골병단은 적 후방 깊숙이 침투하여, 적 제3군단 본부 습격, 대남 빨치산 지휘부 섬멸, 통신 시설 파괴 등의 활약으로 아군 작전 성공에 크게 기여하는 전공을 세운 한국군 최초의 정규 유격 부대이다. 교전 속에 숨진 용사 360여 명이 전사하여 3명의 유골만 찾아 국립묘지에 안장했고, 나머지 유골은 발견되지 않았다. 백골병단은 결사 유격대의 성격을 띠고 있었으며 북한군으로 위장해 북한의 점령 지역에 침투, 많은 전과를 올렸다. 백골병단은 이승만(李承晩) 대통령의 지시로 1950년 12월에 처음 조직됐다. 당시 전쟁은 중공군의 참전으로 UN군과 한국군이 38선 이북 지역에서 빠른 속도로 후퇴를 하는 양상을 보이고 있었다. UN군은 12월 6일에 평양을 빼앗겼고 12월 9일에는 원산에서 철수했다. 12월 14일부터는 동부 전선에서도 크게 밀리기 시작했다. 이승만 대통령은 북한의 빨치산 부대가 한국의 후방을 교란한 것이 전쟁에서 밀리는 한 요인으로 보고 채명신(蔡命新) 중령을 유격 대장으로 임명해 유격 부대를 세웠다.

1950년 12월 21일, 대구 달성초등학교에 있던 제7훈련소에서 817명의 병사가 선발돼 백골병단의 첫 훈련이 시작됐다. 백골병단은 제11연대부터 제16연대까지 6개 연대와 특별대로 구성됐다. 유격대는 11연대 360명, 12연대 360명, 제13연대 194명, 15연대 194명, 16연대 297명, 특별대 24명 등 모두 1,430명으로 이뤄졌다. 실제 작전에 투입된 부대는 11~13연대 소속 600여 명이었다. 백골병단은 1951년 1월, 첫 전투에 투입돼 강원도 영월, 평창, 양양, 인제 등 적의 후방에서 본격적인 유격 활동을 벌였다. 북한 인민군 69여단과 전투를 벌여 승리를 거뒀으며 대남유격부대 지휘관 길원팔(吉元八) 인민군 중장을 생포해 사살하는 전과를 올리기도 했다. 길원팔은 유격대 활동을 통해 남한 지형을 훤히 외우고 있는 신화적인 빨치산이었다. 채 중령이 대원 200여 명으로 군량밭 주위를 포위한 후 마을 자위대장을 찾아가 "중앙당에서 길원팔 동지의 안전을 확인하기 위해 나왔다."고 둘러댔다. 곧이어 길원팔이 머무는 집으로 접근하자 20여 명이 달려들어 순식간에 처치했다. 길원팔을 잡고 보니 김일성의 친필 서신과 작전 상황 등 최고급 기밀이 많았다. 채 중령이 남한 유격대 사령관의 이름으로 심문을 하려 했지만 그는 응하지 않았다. "이승만 도당의 포로가 되기보다는 자결을 원한다."고 강변했다. 전선에서 잡은 최고 계급의 적장에게 자결 기회를 주겠다고 응답했다. 그는 다시 "김일성 동지께서 주신 권총으로 죽고 싶다."고 원하여 총알 한 발을 장전하여 건네 주었더니 깨끗이 자결했다. 채 중령은 그의 무덤에 목비를 세워 주기로 했다. '길원팔의 묘'(吉元八之墓)라고 쓰고 거수경례로 보내 주었다. 〈경제풍월〉

　　경향신문의 보도(1990년)에 따르면 당시 채명신 중령은 길원팔을 생포한 뒤 군인으로서 그의 능력을 높이 평가해 스스로 목숨을 끊을 수 있도록 배려한 것으로 알려졌다. 길원팔도 백골병단에 대해 "수백 명의 군인으로 이곳을 교란하다니 너도 대단하다. 너 같은 놈에게 잡혀 죽으니 내 죽음이 더럽혀지지 않아 좋다."고 말하고 자결했다고 한다. 백골병단은 1951년 3월 30일, 국군 제7사단 제3연대로 귀환하면서 임무를 마쳤다. 살아 돌아온 병사들은 애초 투입된 647여 명 가운데 283명이었다. 4월 15일, 백골병단은 모두 미 제8군사령부 해리슨 중위의 지휘 아래로 편입됐다. 백골병단은 북한군으로 위장하여 후방까지 침투하여 많은 전공을 올렸다. 당시 남침한 북한군의 후방이었던 강원도 홍천군 광원리, 구룡령, 평창, 인제, 양양, 설악산, 오색, 단목령 등의 전투에서 인민군 69여단을 궤멸하였고 대남 빨치산 사령관과 지대장, 인민군 길원팔 중장, 인민군 대좌 강칠성 등, 지휘부 전원을 섬멸하였다. 1951년 3월, 설악산 지구 전투에서 북한군 1개 사단의 협공을 받아 고전하였는데 보급로가 차단되어, 백골병단 병사들이 추위와 굶주림에 120여 명이 동사하기도 하였으며 백골병단 장병 중 364명이 전사하였고 283명이 생환하였다. 백골병단의 호국정신을 기리는 비석이 강원도 인제군 용대리 산 250-1번지에 세워져 있다. 창설 당시, 유격대라는 특성상 대한민국 육군은 이들에게 임시 군번만 부여했고, 정식 기록을 남기지 않은 탓에 작전에서 복귀 한 뒤, 군대 복무 경력이 남지 않아 불이익을 받았다. 2010년 6월 25일, 625전쟁 당시 급박한 전황과 부대 사정으로 전역식을 갖지 못한 백골병단 생존자 26명이 계룡대 연병장 전역 신고를 마쳤다. 364명이 전사한 백골병단, 강원도 인제군 북면 용대리에는 백골병단을 기리는 '백골병단 전적비'(白骨兵團 戰蹟碑)가 1990년에 건립, 해마다 추모제가 열린다.

백골부대와 서북청년회(西北靑年會)

　　백골부대의 모태인 18연대는 서북청년회가 자원입대하면서 주축을 이루었다. 서북청년회의 태동을 보기로 하자. 북한은 초기에 자신들의 공산당 통제 하에 들어가지 않는 기독교인들을 처형, 구금하는 등 종교의 자유를 불허했다. 지주들의 토지를 빼앗았고, 이에 불응하는 사람들을 처형, 강제 수용 과정에서 반항하는 사람들을 다 죽였다. 대규모의 난민이 발생했다.

　　이중에 대다수는 종교의 자유를 피해 온 기독교인이었고, 이렇게 난민처럼 떠돌던 사람들을 받아준 단체가 YMCA 기독교 단체였다. 삶의 기반을 잃고 쫓겨난 사람들이었기 때문에 극단적인 심리가 형성되었다. 북한군이 우위를 점한 실정이었고, 남한마저 공산화되면 갈 곳이 없게 된 절박한 동기가 존재했다. 그래서 극단적인 반공주의 선택을 할 수밖에 없는 상황에 처했다. 이들이 준 치안 단체처럼 공산주의에 반발하여 조직한 단체가 서북청년단이다. 경찰과 행동을 같이했다. 지금으로 치면 자율방범대라 할 수 있다.

서북청년회는 한국기독교총연합회(한기총)을 조직한 한경직 목사가 그 배후에 있었다. 영락교회의 청년회가 서북청년회 태동의 중심이었기 때문이다.

"그때 공산당이 많아서 지방도 혼란하지 않았갔시오. 그때 '서북청년회'라고 우리 영락교회 청년들이 중심되어 조직을 했시오. 그 청년들이 제주도 반란사건을 평정하기도 하고 그랬시오. 그러니까 우리 영락교회 청년들이 미움도 많이 사게 됐지요." 〈한경직 목사〉, (규장문화사, 1982)

제주4·3사건, 보도연맹 사건 등 민족의 비극의 현장에 이들이 있었다. 미군정이 주체였고 명령자였다. 그리고 군대와 경찰이 주도했지만 서북청년회도 일정 부분은 책임을 면할 수는 없다. 자유민주주의를 지켜낸 '공적'과 극단적인 반공주의로 핵심 공산주의자만이 아니라 무고한 양민까지도 헤쳤던 '과실'은 평가를 받아야 하고, 역사의 교훈을 삼아야 한다.

백골부대의 모태인 진백골연대에 대한 〈경제풍월 2014.7.〉의 기사이다. "18연대는 함남 영흥 출신 한신(韓信) 대령이 3,000명을 모병하면서 서북청년들로 구성됐다. 그러므로 18연대는 서북청년회의 분신이라고 자부한다. 백골부대는 가장 강력한 반공정신으로 무장하여 무패(無敗)의 신화를 기록하여 전통이 지금도 이어져 오고 있다. 18연대 창설 서청회원들은 지금도 '백골전우회'로 결성되어 전우애를 나눈다."

대한혁신청년회·함북청년회·북선청년회(北鮮靑年會)·황해도회청년부·양호단(養虎團)·평안청년회(平安靑年會) 등이 1946년 11월 30일, 서울기독교청년회(YMCA)에서 창단하였다.

중앙집행위원장으로 선우기성(鮮于基聖)을 선출하고, 강령으로 조국의 완전 자주 독립 쟁취, 균등 사회의 건설, 세계 평화에 공헌 등을 내세웠다. 기구는 중앙집행위원장 외에 11개 부서와 감찰위원회 및 지부로 구성되었다. 지부는 서울 종로지부가 결성된 데 이어 1947년 1월, 서울 중구지부·서부지부·청단지부·인천지부 등이 결성되고, 1947년 6월 10일에는 대전에 남선 파견대본부(南鮮派遣隊本部)가 설치되었다.

주요 활동은 좌익 세력에 대한 우익 세력의 선봉 역할로, 1947년 31절 기념식을 각각 가진 좌,우익의 시가행진 중 남대문에서 충돌한 남대문 충돌 사건을 비롯하여 부산극장사건, 조선 민주애국청년동맹 사무실 점령사건, 정수복 검사 암살사건 등, 좌익에 대해 테러를 전개하고 대북 공작을 하는 한편 경찰의 좌익 색출 업무를 도왔다.

이 밖에 월남한 이북 청년과 학생들의 생계를 돕는 지원 사업을 하였으며, 활동자금은 각 지방단의 유지로부터 염출하거나 미 군정청의 원조 물자를 유출하여 자금화하였다.

1947년 4월, 지청천(池靑天)이 대동청년단(大同靑年團)을 조직하고 기존의 청년 단체들을 통합하자, 대동청년단 합류를 둘러싸고 서북청년회는 합동파와 합동반 대파로 분열되었는데, 합동파는 1948년 9월, 대동청년단에 통합되었다. 합동반대파는 문봉제(文鳳濟)를 위원장으로 서북청년단을 재건하고 초기의 서북청년회가 김구(金九) 노선을 지지한 데 대해 이승만(李承晩) 노선을 따랐으나, 1949년 12월 19일, 대한청년단에 흡수 통합되었다. 〈두산백과〉의 자료이다.

백골부대의 이슈 선점

'훈련 때에는 짐승과 같이, 휴식 때에는 신사와 같이'

'백골부대의 지휘관은 전투에서 너희들 앞에서 함께할 것이다.'

군대의 리더십은 정치, 행정, 경영 리더십과는 차원이 다르다. 전장에서 생사를 같이하기에 단순 비교가 힘들다. 말 그대로 전우애이다. 지휘관과 부대원들이 한 형제같이 하나가 되어야 최상의 전투력을 발휘할 수 있다. 목숨을 걸고 서로가 서로를 지켜 주어야 하는 것이다.

시대가 영웅을 만든다고 한다. 아니면 영웅이 시대를 만든다고 한다. 백골부대의 최전방 전투 사단이라는 환경적 요인, 철원 평야의 극한 더위와 추위가 백골부대를 단련시켰다. 그래서 특별한 생존 방식과, 독특한 전투력과 강한 부대로 성장하는 역설적인 축복의 환경으로 작용한 것이다.

북한에 대한 대적관 구호, 백골부대의 탁월한 전투력과 각종 전투 구호는 이를 잘 반영한다. 굶주린 사자나 호랑이는 용맹하다. 드넓은 철원 평야와 천혜의 자연 환경인 DMZ가 오늘의 초특급 전투 부대, 백골부대를 만들어 냈다.

그래서 이슈와 명분, 조국의 최전선, 최첨병의 드라마를 연출하고 있는 것이다. 선제공격하지 않으면 아군이 위험한 지역이다. 전투 구호부터 선점해야 한다. 사실상 최전방은 평소에도 준전시 상태이다. 그래서 미리 적의 심리와 전장의 환경을 파악하고 결전을 준비해야 하는 부대이다. 그 결과가 공격과 방어에 능한 전천후 사단, 패배를 모르는 불멸의 전투 부대를 만들어냈다. 전 세계에서 가장 강하다는 미국의 '네이비 씰' 부대도 해골 모양을 상징으로 사용한다.

성취동기와 능력과 기술(competence and skill)은 중요한 목표 성취의 원동력이다. 열정이나 마음의 소원만으로는 목표를 이룰 수가 없기 때문이다. 현장에서 위험을 감수하고 갈고 닦은 실력이 새로운 과업을 성취할 수 있는 근거가 되기 때문이다.

리더십의 원리에는 주도성(initiative)이라는 특징이 발견된다. 새로운 시대를 주도해 나가기 위해 새로운 시대에 대한 열린 마음과 주도성과 같은 과감함과 결단력이 필요하다.

이러한 조건을 백골부대는 완벽하고도 충분히 충족시킬 수 있는 준비된 리더들이었던 것이다. 백골부대의 패기는 군대의 패기와 당돌함으로 넘어가기에는 너무나 빼어난 기질적인 요인이 백골부대를 돋보이게 하는 것이다.

'주도성'이라는 말은 자기 스스로 성취에 대한 강한 동기를 갖고 있으며 주위의 간섭과 통제를 벗어난 상황 주도력과 그 일의 성취를 보여주는 사람을 말한다. 기회주의적인 모습이 아니고 적극적으로 솔선수범하는 사람에(self-starter) 의해 연출되는 자질(quality)을 말한다.

이순신 장군은 실제 전투에서도 맨 앞에서 싸웠다.

이순신은 수많은 적선이 침입하고 있다는 보고를 받은 후 부하들을 모아 놓고 "죽기를 각오하면 살고, 살려고 하면 죽는다.(必死卽生, 必生卽死)"는 자세로 싸워야 한다고 다짐했다. 그러나 이순신이 탄 배를 제외한 나머지 배들은 주춤주춤 물러났다.

명량해전을 앞두고 이순신은 고립무원의 처지였다. 엄청난 중압감과 격무로 토사곽란에 시달리다가 인사불성이 되기도 했다. 그는 일기에 이 상황을 이렇게 표현하고 있다. "내가 탄 배가 홀로 적진 속으로 돌진해 들어가면서 각종 총통을 마구 쏘아 대니 그 소리가 마치 우레 치듯 하였다. 그러나 적선들이 여러 겹으로 둘러싸고 있어 내 배에 있던 부하들은 서로 돌아보며 겁에 질려 있었다.… 여러 장수의 배를 돌아보니 그들은 먼 바다에 물러나 있으면서 바라만 보고 앞으로 나오지 않았다." 이러한 전장의 초반 분위기를 극복하고 선두에서서 전술 전략으로 대승을 거둔 것이다.

피를 흘리는 않은 전쟁이 정치이고, 피를 흘리는 정치가 전쟁이라고 했다. 전쟁에는 예고편이 없다. 전쟁에는 연습이 없다. 북한의 정치적 변동에 따라서 어떤 일이 일어날지 예측할 수없는 지역이다. 북한은 정상적인 국가라기 보다는 가공할 만한 폭력 집단인지도 모른다.

백골부대의 구호는 치열한 심리전을 이미 치르고 있는 중인 것이다.

백골부대, '국가대표 선수'

백골부대는 6.25전쟁 때 가장 큰 전공을 세웠다. 최초의 38선 돌파, 최초의 한반도 최북단 혜산진 돌파, 6.25전쟁, 휴전 이후에는 적을 상대로 가장 많은 전투, 실전에서 승리를 거둔 부대이다. 이러한 '승리 바이러스'가 국민들에게 자긍심, 용기와 희망을 줄 것이다. 백골부대는 명실상부한 국민의 부대이다. 국가 대표 부대이다. 이제는 군대에 대한 시각도 새로운 패러다임이 필요할 때이다. 한국 사회에서는 국가를 대표해서 출전하는 올림픽 대표선수들, 국제대회 출전 선수들을 열광적으로 응원한다. 축구, 야구, 각 분야의 대표선수에게 경의를 표하며 지지한다. 국가의 명예와 국위 선양 때문이다. 그런데 군대는 국가의 운명을 지키는 초특급 임무이다. 군대에는 이보다 더 큰 응원과 지지를 보내야 한다 생각한다. 선수들도 더 좋은 환경, 시설이 더 좋은 실력을

내듯이, 군대도 성격은 다르지만 국민적 성원과 지지, 국가예산의 지원이 필요하다.

특히 북한과 직접 전투도 불사하는, 최전방 부대에 대한 응원과 지지는 군의 사기와 전투력과 직결되는 문제이다. 군대도 부대에 따라서 팬클럽도 만들어서 후원하고, 위문 방문도 한다면 이보다 더 좋은 안보 교육도 없다. 그리고 유사시에 군대는 국민의 군대로서 그 임무를 다하고, 조국에 충성을 다할 것이다. 미국의 특수부대들은 이러한 것을 잘 활용하는 부대도 있다. 우리나라에는 UDT/SEAL, 특전사, 특수부대들이 있다. 훈련 강도가 높다는 부대들이 많이 있다. 하지만 백골부대가 전 국민이 생각하는 가장 용맹한 부대 이미지 1위로 꼽혔다. KBS '도전 골든 벨'에는 군부대 최초이자 유일한 출연이었다. '병영골든 벨-육군 백골부대'편에도 출연해 국민들에게 위로 함께 즐거움을 선사하는 친숙한 부대이다. 적에게는 강한 부대, 국민들에게는 가장 큰 안정감과 신뢰를 주는 부대이다. 그 이유는 아마도 10월 1일, 국군의 날 기원이 된 부대이고, 북한의 도발에 대한 철저한 응징과 북한을 제압하는 용맹스러운 부대 이미지 때문일 것이다.

"사단 창설 이후 3사단 장병 戰死者는 1만 4,672명이나 된다. 이스라엘 軍이 네 차례 中東전쟁에서 전사한 숫자가 약 2만 명인 것과 비교하면 백골부대의 희생의 크기를 알 수 있다. 이스라엘 軍 가운데 핵심적인 역할을 한 것은 공군과 기갑부대이다. 텔아비브 근교 기갑부대 기념관에 가면 긴 벽에 戰死者의 명단이 새겨져 있다. 1995년 가을 현재 4,000명을 조금 넘었다. 기갑부대는 戰死者 명단 위에, "우리가 역사를 만들었다."는 글을 적어 놓았다. 백골부대는 이스라엘 기갑부대 戰死者의 약 네 배나 되는 희생자를 냈다. 백골부대야말로, "우리가 역사를 만들었다"고 외칠 만하다." 〈조갑제〉

천안함 사건, 연평도 도발 사건, 북한의 정전 협정 위반, 늘 북한의 전쟁 위협과, 625전쟁의 상흔, 트라우마가 국민들의 가슴에 자리 잡고 있기 때문이다. 막연한 두려움이나 공포감을 극복하고, 무기력감을 극복하고 수세에서 공세로, 국면 전환이 필요한 시점이다. 이러한 보이지 않는 전쟁 공포와 두려움은 국가 정치, 경제, 각 사회의 영역에도 악영향을 미친다. 미시경제, 거시경제에도 영향을 준다. 현재 상황에서 백골부대의 전투 정신, 전투력, 혁혁한 전과는 국민과 우리 사회에 한 가닥 희망이며, 든든한 위로 자이자, 의지처가 되기도 한다. 그래서 많은 국민이 백골부대에 관심과 기대감을 갖고 성원을 보낸다고 생각한다.

결핍은 새로운 것을 창조한다. 지혜와 용기의 결핍은 역설적으로 더 강한 지혜와 용기를 필요로 하고, 진정한 지혜와 용기를 창출할 수 있다. 그래서 국민에게 승리하는 지혜와 용기를 보여주는, 위엄 있는 백골부대는 자랑스러운 국민의 군대이다.

말로 하라, 잊을 것이다. 보여주어라, 기억할 것이다. 참여시켜라, 이해할 것이다. 본을 보여라, 행동할 것이다.

강한 것이 옳은 것이 아니라 옳은 것이 강한 것이다.

"북한군이 가장 두려워하는 부대"

백골부대의 기상과 패기는 이미 널리 알려져 있다. 전투력은 전군에서 최강이다. 6·25전쟁은 물론이고, 그 이후에도 북한을 상대로 가장 많은 실전, 소규모 전투, 국지전에서 승리를 거두었다. 사실상 유일무이의 비교 우위의 부대이다.

북한에서 귀순한 사람들이 공통적으로 말하길, 지금도 백골부대(해골부대라고 칭)는 북한군이 가장 겁내는 부대라고 증언한다.

'북괴군의 가슴팍에 총칼을 박자.', '부관참시 김일성', '능지처참 김정일.'

백골부대의 구호는 북한을 흔들었다. 심리전으로는 성공한 것이다. 그동안 저들의 도발만 받다가 이렇게 강하게 북한을 압박한 것은 백골부대가 처음이다. 자기들의 최고 존엄을 무시했다는 것이다. 저들의 존엄이 소수 김 씨 왕조라면 우리의 존엄은 5천만 국민들이다. 2011년 7월 4일, 북한은 평양 군민(軍民)대회를 개최한다. 평양 김일성 광장에서 남한을 규탄하는 10만 군민 대회가 열렸다.

북한군을 대표해 연설한 장정남(조선인민군 장령)은 "역적 패당이 괴뢰군 '백골부대'를 비롯한 전방 부대들의 군사 시설물들과 주변 도로의 안내 간판들 심지어 담장들에까지 우리의 최고 존엄과 우리 체제, 우리 군대를 중상 모독하는 구호들을 써 붙이고 현수막을 걸어 놓은 것은 우리에 대한 노골적인 정면 도전이며 기어이 전쟁의 불집을 터뜨리려는 새로운 선전포고"라고 주장했다.

이날 대회에는 최영림 내각 총리, 김영춘 인민무력부장, 김기남·최태복 당비서, 양형섭 최고인민회의 상임위 부위원장, 김정각 군 총정치국 제1부국장, 김양건·최룡해 당비서 등이 참가했다. 신문(노동)은 이날 대회에 북한 당, 무력, 정권 기관, 사회단체, 성, 중앙 기관 일꾼들, 조선인민군, 조선인민내무군 장병들, 과학, 교육, 문화예술, 보건, 출판보도부문 일꾼들, 시내 근로자들과 청년학생 등이 참가했다고 전했다. 데일리NK(2011.7.5.)의 보도이다.

오죽했으면 북한에서 자신들의 최고 존엄을 모독한다고 시비를 걸어왔겠는가. 일부는 너무 과격한 구호가 아닌가 하는 우려의 말도 한다. 그러나 군대는 군대다워야 한다. 한반도의 현재적 상황, 준전시 상태의 국가적 현실을 인지하고, 누구나 최전방 군대의 특성과 임무를 알게 된다면 당연한 말이라 생각한다. 그리고 북한은 당 강령에 남한 군대와의 무력을 통한 전쟁도 불사한다는, 적화 통일 전략을 언급한 것부터 문제를 삼아야 한다. 적은 무장하고 있는데 아군이 먼저 무장해제를 할 수는 없는 것이다.

전통
전통을 창조적으로 계승, 발전의 법칙

Winner-ship

백골부대는 38선 최선봉 돌파 부대로 국군의 날인 10월 1일의 연원을 만든 부대이다. 전통은 기리는 것에만 목적이 있지 않다. 이를 창조적으로 계승, 발전해야 한다. 또한 확대 재생산해야 한다. 가치의 공유, 확산을 꾀해야 한다. 백골부대의 승리는 백골부대만의 승리가 아니다. 전 국민의 승리이다.

승리의 전통은 승리의 확신을 굳건하게 해 준다.

성공 프레임은 성공 의지나 행동을 결정한다.

창조와 혁신은 승리를 지속시켜 주며 온전케 보존한다.

한국을 대표해서 올림픽이나, 월드컵 축구대회, 세계야구선수권대회, 각종 국제 대회의 우승이나 승리는 선수 개인의 명예와 영광인 동시에 국가의 영광이다. 올림픽에서는 2등도 은메달로 가치가 있지만, 군대에서 2등이 필요 없다. 승리하지 않으면 굴욕적인 패배가 존재할 뿐이다. 그래서 "훈련 때의 땀 한 방울은 전쟁 때의 피 한 방울과 같다."는 말이 있다.

　이러한 면에서 백골부대는 북한과의 여러 차례 교전을 벌여서 백전백승의 승리를 거둔 부대이다. 북한군 GP를 초토화해 버린 전과를 자랑한다. 단 한 번도 침투를 허락하지 않았고, 모든 적을 사살했다. 연평도에서는 아군이 피해를 입고도 종결되었다. 백골부대였다면 즉각 응징했고, 반드시 북한군을 초전에 박살을 냈고 북한진지를 초토화했을 것이다. 인터넷에서 한 백골 전우가 한 말이 생각난다. "백골부대였다면 개머리진지를 바로 아작 내고 김정일 목을 땄을 것이다." 과격하지만 순수한 조국애, 이것이 바로 백골부대의 패기이다.

　〈TV 조선-장성민의 시사탱크〉에 출연(2013.5.31.)한 박정인 전 백골부대 사단장의 말이다. 3사단 '백골부대', 북한이 두려워하는 이유는?

　"군인은 목숨을 아끼면 자격이 없다."

　"연평도 포격 당시 군 책임자였다면 '내가 갖고 있는 무기를 갖고 즉각적 공격을 했을 것'"

　"북·김일성 휴전 협정 위반해 보복했더니 김일성 전군 비상 내렸다."

　"UN군 사령관과 상의 없이 北에 보복했다."

　"도발하는 북 혼내주고, 사단장 직위해제 당했다."

　"북, 강한 자에겐 꼼짝 못 해"

극강, '전군 유일의 V자 사격 부대'

'전군 유일의 V자 사격 전담 부대'

〈국방일보〉의 기사이다. 육군 3사단 72포병대대. 1952년, 전남 광주에서 창설돼 현재 중부전선의 백골 포병으로 최상의 화력 지원 태세를 갖춘 대대는 '전군 유일의 V자 사격 전담 부대'라는 영예를 갖고 있다. 그렇다면 어떻게 포를 이용해 공중에 수십 미터짜리 V자를 그려내는 것일까.

우선 대대는 보유한 105㎜ 견인포 7~11문을 이용해 사전에 정밀 계산된 사각과 편각으로 사격한다. 이때 시한 신관(시간을 사전에 장입해 원하는 시간에 터지도록 한 신관)을 이용해 고폭탄을 공중에서 파열시키면 V자가 그려지는 것이다. 말은 쉽지만 V자 사격은 치밀한 계산과 수많은 노하우, 피나는 훈련 끝에 이뤄지기에 어느 부대도 흉내 내기 힘들다. 백골 포병의 초정밀 사격술을 상징적으로 보여주는 사격인 셈이다.

V자 사격이 처음 실시된 것은 1998년 9월 28일, 이후 2006년, 2008년, 2012년 통합 화력 전투 훈련 때마다 총 네 번을 선보였다. 사격 제원 통제관 이헌욱(43) 상사는 처음 명령을 받았을 때를 이렇게 회상했다. "처음에는 직사로 암벽에 V자를 그리라는 의미인 줄 알았는데 알고 보니 공중에 고폭탄을 파열시켜 V자를 만들어야 한다는 말을 듣고 아연실색했죠."

당시에는 사격 제원을 산출해 주는 신형 장비인 BTCS A1도 없어 직접 모눈종이에 하나하나 그려가며 수동으로 편·사각을 계산한 후 계속 사격을 해 보면서 조금씩 오차를 바로잡아야 했다고. 첫 사격 성공 후 최고의 찬사를 받은 대대는 지난해 11발의 고폭탄을 2회 연속 발사해 최초의 연속 V자 사격이라는 쾌거를 이뤘다. V자 사격에서 가장 중요한 것은 팀워크. 신관 불량으로 탄 한 발이라도 공중에서 파열하지 않거나 하나의 포라도 늦게 사격하면 V자 모양이 찌그러지거나 한 곳이 빈 볼썽사나운 V자가 그려지기 때문이다. 이를 방지하기 위해 이상호(중위) 탄약반장은 최신·최상의 포탄과 신관을 구하기 위해 동분서주한다.

김원형(중위) 정훈장교는 관람석에서 연속 촬영을 통해 혹시 늦게 터지는 포탄이 있나 확인한다. 또 김정륜(중위) 전포대장과 11명의 사수는 정확한 시간에 동시에 사격할 수 있도록 두 달간 함께 숙영, 눈빛만으로도 사격 시간을 맞출 수 있도록 훈련한다. V자 사격이 자랑스러운 이유는 단순히 멋있어서가 아니다. 그 속에는 초정밀 타격 능력을 비롯한 부대의 모든 역량이 총집결돼 있기 때문이다. V자 사격은 부대의 뛰어난 전투력의 상징인 셈이다.

명예의 전당, 백골부대 표지석

백골부대에는 선후배간의 동질감과 결속력이 강한 전통과 문화가 있다. 그래서 먼저 산화해 간 선배 전우들에 대한 관심도 각별하다. 강원도 철원군 중부전선 최전방 지역을 지키는 육군 백골부대가 부대의 전통을 담은 명예의 전당을 사단사령부 현관에 설치, 개관했다. 이 전시관은 625전쟁 당시 숨진 1만 4천676명의 백골부대 전사자 명부를 비롯해 부대 소개, 38도선 돌파 기념사진, 부대를 빛낸 호국 인물 코너 등으로 꾸며져 있다. 부대 측은 "백골부대는 625전쟁 당시 38도선을 최선봉으로 돌파하고 휴전 이후에는 한번도 적의 침투를 허용하지 않았다."면서 "이런 선배 전우들의 조국애를 본받기 위해 명예의 전당을 설치하게 됐다."고 밝혔다. 〈연합뉴스〉

백골부대 표지석은 부산시 중앙동에 위치해 있다.

"강원도의 철책 부대 기념비가 고향인 부산에." 철책 부대 중 일명 '메이커 부대'로 알려진 강원도 철원의 백골부대 기념 표지석이 부산에 세워져 있다. 부산 중구 중앙동 교보생명빌딩 앞 화단에 백골부대 창설 기념 표지석이 세워져 있다. 백골부대가 부대 창설지인 중앙동에 창설 기념비를 설치하겠다고 건의한 것을 구청이 검토 후 결정한 것으로, 표지석은 높이 160㎝에 화강암과 대리석으로 만들어졌다.

표지석 건립을 부대에 최초 건의한 이는 625전쟁 당시 백골부대 진백골연대 6중대 부대원 160명 중, 유일한 생존자인 최수용(80·울산 울주군)씨다. 최 씨는 매년 전사한 나머지 부대원을 위해 추모제를 치르고 있다. 백골부대는 1947년 12월, 중구 중앙동에서 조선경비대 제3여단으로 창설됐으며, 1949년 5월 제3보병사단으로 승격했다.

백골부대 표지석에는 다음의 글귀가 새겨 있다. "제3보병사단은 1947년 12월 1일 동위부 일반 명령제 69호에 의거 이곳(부산 광역시 중구 중앙동 4가)에서 조선 경비대 제3여단으로 창설되었다. 625전쟁 시 한강방어 전투, 안강, 기계지구 전투 등 150여 회의 전투에서 백전백승의 신화를 창조하였으며, 1950년 10월1일 전군 최초로 38선을 돌파하여 '국군의 날' 제정의 기원이 되었고, 대한민국 최북단 혜산진, 백암, 부령까지 진격했다. 휴전 후 39회의 대 침투 작전에서 침투 및 도발한 적을 완전 격멸하여 '북괴군이 가장 두려워하는 부대로 현재에 이르고 있으며, 이를 후대에 기리고자 사단 창설 59주년을 맞아 기념석을 세운다." 2008.10.1.

뒷면에 새겨진 글귀이다. "必死卽生 骨肉之情"

7일간 한강 방어, 조국을 구하다.

서울특별시 영등포구 노들로 11, 양화인공폭포공원의 '한강 방어 백골부대 전적비'는 우리 역사의 현장일 뿐만 아니라 산책하는 시민들이 잠시 쉬어 가는 쉼터로 각광받고 있다. 해발 50m의 야트막한 쥐산 자락, 백골부대 전적비가 세워진 노들로(도로명 주소)는 노량진의 옛 이름인 '노들나루'에서 유래했다.

5,000년 역사를 고스란히 간직하고 있는 쥐산, 그 자락의 전적비는 625전쟁 당시 열악한 병력과 장비에도 불구하고 필사적으로 한강 양화교를 7일간 방어했던 장병들의 투혼을 기리기 위해 세워졌다.

이 전투로 유엔군의 625전쟁 참전 물꼬를 텄을 뿐만 아니라 현재 대한민국을 있게 한 결정적 계기가 됐다. 이런 역사적인 장소에 비가 세워진 것은 50여 년이 지나서였다. 지난 2003년 10월 1일, 당시 조국

수호를 위해 열세한 병력과 장비에도 불구하고 분전한 백골연대 장병들의 투혼을 기리기 위해 백골전우회가 마련한 것이다.

한자를 잘 모르는 요즘 학생들은 전적비 왼쪽 입간판을 읽어 보기 전에는 이 비가 어떤 의미로 세워졌는지 알지 못한다. 검은 대리석에 한자로 '한강 방어 백골부대 전적비'라고 씌어 있기 때문이다.

백골부대 전적비를 감싼 부조 하단에는 백골 형상과 백골부대 마크가 나란히 있고 가운데 충성이란 글자를 새겨 놓았다. 상단에는 백골부대 장병이 한강 남쪽에서 북한군을 향해 치열한 격전을 벌이고, 하늘에는 북한군이 발사한 포탄이 한강으로 쏟아지는 모습을, 오른쪽에는 선글라스를 낀 맥아더 장군이 전투 현장을 시찰하는 모습을 생생하게 묘사해 놓았다.

당시 전사를 살펴보면, 1950년 6월 25일, 북한군이 남침하자 서울 삼각지에 주둔해 있던 백골연대 3중대(중대장 김상덕 중위)는 전선으로 출전했고, 7월 4일까지 7일 간의 한강 방어 작전으로 미 지상군 투입 및 아군이 지연전을 펼치는 데 크게 기여했다. 이 전선이 무너졌다면 조국의 운명은 아무도 예측할 수 없었다. 백골부대가 조국의 운명을 지켜냈다.

"임들이 계셔 조국 대한민국이…"

국방일보의 기사이다. '여름 장마 날씨와 여자의 마음은 종잡을 수 없다' 는 우스갯소리를 실감이라도 하듯 햇살과 소나기가 번갈아 오락가락하는 가운데, 1950년 625전쟁 당시 의롭게 싸우다 계급도 군번도 없이 산화해 간 전몰 학도병을 추모하는 추념식이 거행되었다.

10일 오전 11시, 서울 동작동 국립현충원에서 이들 무명용사를 위한 진혼의 나팔소리가 장중하게 울려 퍼졌다. 육군 백골부대 주관으로 열린 제51회 전몰학도병 추념식에는 강대훈 대한민국 학도의용군 회장을 비롯, 유찬수 국가보훈처 남부보훈지청장, 임종훈 백골부대 부사단장과 주임상사단, 지역 내 현역 및 예비군 지휘관, 그리고 625 참전 학도병 전우 등 60여 명이 참석해 57년 전, 조국을 위해 살신성인한 동료 참전 용사들과 선배 전우의 희생정신을 기렸다.

소나기가 무시로 흩뿌리는 가운데 '무명용사 영현비' 앞에서 거행된 이날 추념식에서 강대훈 회장은 전우들에게 바치는 헌시에 앞서 인사말을 통해 "우리 학도병 5만여 명은 57년 전, 오직 조국을 지켜야 한다는 일념 하나로 책 보따리를 팽개치고 전선으로 달려 나갔다."고 당시를 회상하고는, "우리가 이렇게 고령이 되었음에도 덥건 춥건 이곳을 찾아와, 그날을 돌아보는 것은 조국의 앞날을 염려하고 생각하는 마음이 깊기 때문일 것"이라며 떨리는 음성으로 전우들에게 바치는 헌시를 낭독했다.

임종훈 백골부대 부사단장은 추념사에서 "포항 지구 전투에 참전한 이름도 없는 71명의 학도병들은 71명으로 최초 독립 중대를 편성해, 적 부대와 10시간이 넘게 대치하며 사투를 벌여 고귀한 희생을 함으로써 백골부대가 전열을 가다듬고 반격을 위한 결정적인 시간을 벌게 해 주었다."고 전사를 소개하고, "백골부대 장병은 선배 전우와 호국 영령의 불굴의 희생정신을 잊지 않고 있다."고 추모했다. 임 부사단장은 이어 "북한의 위협이 아직도 높고 자유와 평화가 위협을 받고 있으며 젊은이들이 북의 위협을 과소평가하고 있는 오늘의 상황이지만, 사단 장병은 다시는 이 땅에 625와 같은 비극이 되풀이되지 않도록 철저한 대비 태세를 유지하고 있다."고 강조했다.

유찬수 서울 남부 보훈지청장은 "학도병들은 조국의 장래를 짊어질 학생으로서 국가가 위난에 처하자, 꿈과 포부를 접고 '여러분 손에 조국의 미래가 달려 있으니 몸과 마음을 바쳐 전선으로 달려 나가자'는 구호 아래 계급도 군번도 없이 조국 수호에 앞장서 10개 사단에 편성돼 인천상륙작전, 한강 도하 저지 작전, 흥남 철수 작전 혜산진 전투 등 전 지역의 모든 전투에 참전했다."고 활약상을 전했다. 유 지청장은 또 "임들이 남겨 준 위국 헌신의 희생정신과 애국애족정신은 조국 통일로 승화되어 갈 것"이라며, "57년이 지난 지금 앳된 학생에서 백발이 성성한 사회 어른이 되셨지만 아직도 여러분의 나라 사랑 정신은 그대로 살아, 애국 혼은 소중한 정신적 유산이 되어 민족의 동력으로 살아 숨 쉬고 있다."고 덧붙였다.

이어 백골부대의 일원으로 적 5사단과 격전을 벌인 포항여중 전투에서 생환한 윤병국 씨는 전공사 보고를 통해, 나라를 위해 대가 없이 싸웠음에도 요즘 시대 상황을 보면 더욱 아픈 마음을 갖게 된다며 보훈 정책에 대한 쓴 소리를 잊지 않았다.

윤병국 참전 용사는 "국토 방위의 선봉에 선 국내 학도의용병에게는 고작 625 참전유공자에 머물고 있는 반면, 재일 학도의용군이나 419, 5·18민주화운동 가담자에게는 많은 포상 등이 주어지고 일제 징용자에게도 보상이 검토되어야 한다는 보도가 우리를 슬프게 하고 있다."며, "철저한 냉대와 무관심으로 일관하는 국가와 정치권에 배신감과 유감, 비감한 심정을 전하지 않을 수 없다."고 정부를 향해 뼈아픈 말을 쏟았다. 그는 또 당부의 말도 잊지 않았다. "여기 묻힌 48위의 충혼을 기리기 위해 세운 학도의용병 현충비는 가신 이의 넋을 위로하고 애국심 선양의 장이 되기도 했지만, 지금은 뜻을 기리는 인적도 드물고 철없는 젊은이들의 탈선과 놀이문화의 장으로 변하고 있다."며, 안타까운 심정을 토로하고, "여러분이 계시는 동안만이라도 관심과 애정으로 보살펴 현충비의 참뜻을 기리는 쉼터가 되도록 가꾸어 주셨으면 합니다. 우리는 가고 없어도 현충비는 영원히 남을 것이기 때문입니다."

고 말해 주변을 숙연하게 했다.

후세 사람들이 귀담아 듣고 받아들여야 할 수칙으로 생각되는 대목이라 하지 않을 수 없다. 그런데 전몰 학도 의용군회의 추념식은 매년 8월 11일, 육군 3사단 주관으로 현충원 무명용사탑에서 거행된다. 이는 1950년 8월, 김석원 장군이 지휘하는 육군 3사단에 71명의 학도병이 독립 중대를 편성해 북한군 5사단 후방지휘소인 포항여중 강당으로 이동, 8월 11일 새벽 4시, 적 척후병 20명을 사살하고 적의 선봉을 꺾어 많은 병력 손실을 입은 적이 후퇴하자, 그 사이 3사단이 보급물자와 탄약 등을 철수 예정지인 감포로 무사히 이동할 수 있게 해, 귀중한 시간을 확보할 수 있었던 전사에 빛나는 학도병 작전이다. 그러나 이 전투에서 학도병도 48명이 전사하고, 13명이 적의 포로로 붙잡히는 손실을 감내해야 했다. 한편 우리 전사에는 한국전쟁 기간 동안 5만여 명의 학도의용군이 계급과 군번도 없이 참전했으며, 이중 7천여 명이 전사했다.

국립현충원 현충탑 좌편에 화강암 석재로 건립돼 있는 무명용사탑에는, '이곳에 겨레의 영광인 한국의 무명용사가 잠드시다'고 적혀, 전국의 이름 모를 산야에서 오직 조국을 위해 싸우다 장렬히 산화하신 꽃다운 임들의 넋을 어루만져 주고 있다.

'학도병 유서'

1950년 8월, 무더운 날 포항여중 앞 벌판에서 한 소년병이 전사했다. 그의 주머니에서 글이 나왔다. 몽당연필로 쓴 '학도병 유서', 1950년 8월 10일, 포항지구 전투에서 제 3사단 학도병 이우근이 남긴, 어머니에게 드린 마지막 편지이다.

어머니,
나는 사람을 죽였습니다.
그것도 돌담 하나를 사이에 두고
10여 명은 될 것입니다.
나는 4명의 특공대원과 함께 수류탄이라는
무서운 폭발 무기를 던져 일순간에 죽이고 말았습니다.

수류탄의 폭음은 나의 고막을 찢어 버렸습니다.

지금 이 글을 쓰고 있는 순간에도

귓속에는 무서운 굉음으로 가득 차 있습니다.

어머니,

적은 다리가 떨어져 나가고,

팔이 떨어져 나갔습니다.

너무나 가혹한 죽음이었습니다.

아무리 적이지만 그들도 사람이라고 생각하니

더욱이 같은 언어와 같은 피를 나눈

동족이라고 생각하니 가슴이

답답하고 무겁습니다.

어머니,

전쟁은 왜 해야 하나요?

이 복잡하고 괴로운 심정을

어머님께 알려드려야 내 마음이 가라앉을 것 같습니다.

저는 무서운 생각이 듭니다.

지금 내 옆에서는 수많은 학우들이

죽음을 기다리는 듯 적이 덤벼들 것을 기다리며

뜨거운 햇빛 아래 엎드려 있습니다.

적은 침묵을 지키고 있습니다.

언제 다시 덤벼들지 모릅니다. 적병은 너무나 많습니다.

우리는 겨우 71명입니다.

이제 어떻게 될 것인가를 생각하면 무섭습니다.

어머니,

어서 전쟁이 끝나고 어머니 품에 안기고 싶습니다.

어제 저는 내복을 손수 빨아 입었습니다.

물 내 나는 청결한 내복을 입으면서

저는 두 가지 생각을 했습니다.

어머님이 빨아주시던 백옥 같은 내복과

내가 빨아 입은 내복을 말입니다.

그런데 저는 청결한 내복을 갈아입으며

왜 壽衣(수의)를 생각해 냈는지는 모릅니다.

죽은 사람에게 갈아입히는 수의 말입니다.

어머니,

어쩌면 제가 오늘 죽을지도 모릅니다.

저 많은 적들이

그냥 물러갈 것 같지는 않으니까 말입니다.

어머니,

죽음이 무서운 게 아니라,

어머님도 형제들도 못 만난다고 생각하니 무서워지는 것 입니다.

하지만 저는 살아가겠습니다.

어머니,

이제 겨우 마음이 안정이 되는군요.

어머니,

저는 꼭 살아서 다시 어머님 곁으로 가겠습니다.

상추쌈이 먹고 싶습니다.

찬 옹달샘에서 이가 시리도록

차가운 냉수를 한없이 들이키고 싶습니다.

아! 놈들이 다가오고 있습니다.

다시 또 쓰겠습니다.

어머니 안녕! 안녕!

아, 안녕은 아닙니다. 다시 쓸 테니까요

그럼

〈군사세계〉

태백중학교 학도의용군 참전

"처음에는 나라를 구하겠다는 생각뿐이었어. 그리고 쓰러져 간 친구들 얼굴을 떠올리며 주저 없이 포화 속으로 뛰어들었지…."

지난 2일, 육군 3사단에서 거행된 '태백중학교 학도의용군 참전 기념' 행사에 참석한 팔순 노병은 회고 끝에 눈가가 촉촉이 젖어 있었다. 625전쟁이 발발하고 중공군 참전 이후 아군의 전세가 어렵게 되고 있다는 소식을 전해들은 당시 강원 태백중학교 학생들은 "내 조국을 내 손으로 지키겠다."며 참전을 결심했다. 그리고 1951년 1월 9일, 새벽 학교 교정에서 박효칠 선생과 126명의 학도병들은 구국의 뜻을 결의했다.

솜바지에 개털모자, 그리고 옥수수쌀 전대를 허리춤에 차고 1월의 매서운 눈보라를 헤치며 행군하던 중 경북 봉화군에 주둔하던 육군 3

사단 23연대 본부를 찾아가 입대를 요청했다. 당시 연대장이었던 김종순 대령은 "20세 이하의 어린 학생들은 받아들일 수 없다"며 거절했으나 학생들은 키와 나이를 속이고 전원 입대를 끈질기게 요청했다. 결국 김 연대장은 학생들의 구국 의지에 감동해 입대를 허락했다. 이후 1월 14일, 녹전 전투를 시작으로 군번 없이 최전선에서 싸우던 학도병들은 우수한 전투 수행 능력을 인정받아 특공 중대로 재편성되고, 그해 6월 정식 군번을 부여받아 간성 쑥고개 전투, 가칠봉 전투 등 더 치열한 전투에 참전하며 전공을 쌓아 갔다.

입대 후 2년 6개월 만에 총성은 멎었지만, 임무 수행 중 전사해 생사를 달리한 고(故) 손길상 학우 등 18명의 학도병은 끝내 고향으로 돌아올 수 없었다. 생존한 태백중학교 학도병들은 산화한 전우들의 영령을 기리기 위해 '화백회'를 결성하고 매년 6월 1일 모교에서 기념행사를 가지고 있다.

부대는 2005년 사단사령부 안에 '태백중학교 학도의용군 기념비'를 세운 것을 계기로 해마다 6월 2일, 태백중학교 학도병 전우회와 유가족이 참석한 가운데 조국을 위해 산화한 학도병들의 고귀한 뜻을 기리고, 숭고한 나라 사랑 정신을 계승하는 행사를 열고 있다.

기념 행사에 참석한 이영도(81) '화백회' 회장은 "돌아가신 18명의 태백중학교 학도병 중에서 시신은 두 사람밖에 못 찾았다. 지금도 이름 모를 고지와 계곡에 묻혀 있을 그분들을 생각하면 너무 안타깝다"라면서 "다시는 이 땅에 이 같은 전쟁이 일어나지 않도록 우리 군이 굳건하게 지켜줄 것"을 당부했다. 〈국방일보〉

부하를 구하고 산화한, 임상택 소령

백골혼과 전우애를 온 몸으로 보여주며 산화해 간 지휘관이 있다. 로마가 하루아침에 이루어지지 않았듯이, 백골부대의 리더십이나 전우애가 형성되는 것도 마찬가지였다. 부하를 구하기 위해서 수류탄을 자신으로 덮쳐서 희생한 강재구 소령은 사람들이 많이 안다. 교과서에도 실렸기 때문이다. 월남전 참전을 위한 훈련 중에 발생한 사건이었다.

당시 월남전 참전으로 국가적 관심사가 컸기에 더 알려진 시기적 요인도 있었다. 임상택 소령의 부하를 구한 희생도 널리 전해지고, 그 정신이 계승되길 바란다. 부하를 사랑하고 희생한 리더십의 가장 원칙적인 면을 보였기 때문이다. 故 임상택 소령은 1968년, 월남 파병 귀국 후, 제3보병사단 18연대 8중대장으로 근무하던 중이었다. 그해 10월, 국가적인 상황은 625전쟁의 전범이며 민족사를 날조한 김일성 일당이,

울진, 삼척 지구에 무장공비 120명을 침투시켜 전군이 대 침투 작전으로 혼란한 시기였다.

그 당시, 故人은 사단 지역에 침투한 간첩 사살 유공으로 육군참모총장 표창을 받았다. 그런데 다음달 11월 1일, 사단 멸공 OP(강원 철원군 갈말읍 정연리)에서 중대원 7명과 함께 방책선 보강을 위한 부비트랩 작업 도중에 사건이 일어났다. 중대원 1명이 철책 옆에 있던 폐철조망을 끌어오다가 철조망 끝이 인계철선을 건드려, 수류탄이 폭파되기 직전의 급박한 상황이 발생했다. 중대장은 수류탄을 뽑아서 던지려고 하였으나, 말뚝에 매여 시간이 여의치 않자, 부하들에게 엎드리라고 외치면서 수류탄을 복부로 감싸 안았다. 장렬히 산화하여 많은 부하의 목숨을 구한 살신성인 영웅이다.

육군은 그의 투철한 책임감과 용기를 기려 일계급 특진과 충무무공훈장을 추서하고, 사단에서는 고인의 숭고한 희생정신을 기리기 위한, 추모 돌격 동상을 건립하여 매년 사단 자체 행사로 추모식을 거행해 왔다. 임 소령의 희생정신을 기리기 위해, 1968년 돌격상을 세운 백골부대는 그의 동기회(갑종 157기)와 함께 매년 추모식을 갖고 모범 중대장 1명을 선발해 돌격상을 수여하고 있다. 부대 측은 "임 소령의 살신성인 정신을 받들기 위해 제단과 동상을 세워 매년 추모행사를 갖고 있다."면서 "그의 고귀한 희생정신을 이어받아 조국을 위해 헌신하겠다."고 밝혔다. 〈연합뉴스 2007.11.1.〉

전투

핵심 역량,
현장에서의 승리의 법칙

영화 〈포화 속으로〉(차승원, 권상우, 탑 주연), 그 부대가 3사단이다. 그때 3사단 행정병 60여 명과 학도병들이 포항여중에서, 인민군 766 유격대와 11시간 동안 접전 후 시간을 벌어, 3사단이 재정비 후 인민군 2개 사단을 격파하고, 다시 진격한다. 그 이후로 철원에 배치되는 부대이다.

영화 〈태극기 휘날리며〉의 스토리의 핵심은 백골부대의 전투이다. 〈태극기 휘날리며〉는 한국전쟁을 배경으로 두 형제의 드라마틱한 운명을 그려낸 기념비적 흥행작이다. 625전쟁 당시 한국의 전투가 중심 줄거리이다. 영화의 내용 중에는 백골부대의 전투가 주를 이룬다. 백골부대는 한국과 만주의 접경지인 혜산진을 최초로 돌파했고, 통일을 눈앞에 두고 중공군의 개입으로 철수를 한 비극적인 역사의 장소가 바로 혜산진이다. 백골부대의 역사가 곧 한국전쟁사라고 할 만큼 역사의 중심에 있었다.

영화에 등장하는 북한의 '깃발부대'라고. 잔인한 부대를 알 것이다. 실제로 '깃발부대'는 북한에 있던 부대인데, 625전쟁 때 남한의 모든 부대와 싸워서 이겼다. 그러나 백골부대에게는 상대가 안 되고 패했다고 전해진다.

영화 〈DMZ 비무장지대〉는 이규형 감독의 자전적 체험을 토대로 만든 영화이다. 이 감독은 행정병으로 근무하다가 수색대를 자원해서 갔다고 한다. 3사단(백골부대) 수색대에서 79년부터 81년 초까지 군복무를 했다. 영화의 시대적 배경은 1979년 10월26일, 박정희 대통령의 사망부터 1979년 12월12일, 군사쿠데타로 전두환 정부가 출범하기까지로 그 47일간의 기록이다. 이 감독의 말이다. "우린 전쟁 나서 죽는 줄 알았다. DMZ는 전쟁 나면 30초 안에 죽게 돼 있다. 북한의 대남방송을 통해 중계방송처럼 흘러나오는 소식이, 정말 현실로 확인될 때마다 삶과 죽음의 경계에 서 있는 것 같았다. 작은 규모의 남북한 군 사이의 총격전을 비일비재하게 목격했다."

한 언론과의 인터뷰에서 이규형 감독이 한 말이다. "한두 가지가 아니지만 그런 절박한 순간에도 친구가 보내준 책 '영화감독 되는 법'을 읽고 있었다. 내가 여기서 죽지만 않으면 끝내주는 영화를 만들 텐데라는 '유쾌한 상상'을 하고 있었다. 당시 상사가 '왜 이곳으로 옮겨 왔냐'는 질문에 '군대 영화를 만들고 싶어 그랬다'고 대답해 죽도록 맞은 기억이 난다. 맞으면서 외운 군번 '64065702'를 절대 잊을 수 없다. 이 영화의 시나리오 초고는 군 생활 마지막 1년간 쓴 글이다."

'혹독하게 훈련시켜라'

'기민하게 움직여라'

'선제공격하라'

'적을 압도적으로 제압하라'

'적의 심리와 전장의 특성을 파악하라'

'결정적인 위치에서 지휘하라'

'임무를 완벽하게 완결하라'

백골부대의 실전 전투력은 막강하다. 이미 결과로 입증했다. 대통령 부대 표창 최상위 부대이다. 각종 전투력에서, KCTC(육군과학화전투훈련단, Korea Army Training Center)에서 실시한 훈련에서도 전군 최고의 전투력을 보여준 초특급 전투 부대이다. 국방부 간행물 〈HIM〉의 2012년 1월 5일자 기사에 의하면, 전군 중에서 도 가장 탁월한 전투력을 보여준 것으로 나타났고, 매년 최우수부대로 평가를 받았다. 2011년에는 KCTC훈련에서 23연대 11중대 1개 분대가 적 3참호까지 진출했다. 예비 연대 전투력도 육군 중에서 가장 우수한 부대이다.

전승의 4대 요소인 정신력과 체력, 전투 기술, 팀워크를 육성하기 위해 각개전투원들을 전투 프로그램과 5주간의 야외 종합 훈련을 통해 전투 수행 능력을 향상시키고 있다. 분대 건제 유지 활동 및 임무 분담제를 통해 부대를 조직화함으로써 골육지정의 전우애로 똘똘 뭉친 부대와 영이 확립된 최강 전투 부대를 유지하고 있다.

"휴전 후 지난 60년 간 백골부대는 철통같은 GOP 경계 임무를 수행해 오고 있으며, 적이 가장 두려워하는 부대이자, 국민이 가장 신뢰하는 부대로서 대한민국 최고의 전투 사단으로서의 위용을 과시하고 있다." 〈철원 인터넷 뉴스〉

개인 차원에서의 전투력이 있다. 개인 임무 분담제란, 개인에게 주어진 간단하고도 명료한 임무를 수행하여 장비, 물자, 시설을 항시 사용 가능토록 하여 24시간 전투를 준비하게 하는 작전 중 하나이다.

　군대 용어에 FM이라는 말이 있다. FM(Field Manual, 야전교범)은 야전 메뉴얼이라는 약자로 FM은, 말 그대로 '정해진 메뉴얼대로 하라'는 뜻이다. 변형된 방법인 'AM(Adult manual)'이 있다. 이 말은 융통성이 있게 하라는 말로 통한다. 라디오 주파수 용어인 동음이의어 FM(주파수변조)에, 빗대 AM(진폭변조)을 FM(야전교범)에 반대되는 뜻으로 통용되고, 해석한다. 백골부대는 FM을 능가하는 교육과 훈련 강도를 기본으로 하는 부대이다. 그래서 더 강하다.

한국전쟁 역사, 3대 패전

중국 춘추전국시대의 전략가 손자는 '손자병법'에서 "싸워서 이기는 것이 최하책이요, 싸우지 않고 이기는 것이 최상책이다."고 했다. 하지만 "일단 전쟁에 임하면 반드시 이기지 않으면 안 된다."고 했다. 왜냐하면 "전쟁은 나라의 중요한 일로 국민의 생사와 국가의 존망이 달려 있다."고 보았기 때문이다.

우리 민족 역사의 3대 패전은 칠천량 해전, 쌍령 전투, 현리 전투로 꼽힌다. 원균이 임진왜란 당시 칠전량에서 당한 칠전량 패전이다. 쌍령 전투(雙嶺戰鬪)는 병자호란이 진행되던 중, 1637년 1월 2일에 쌍령에서 벌어진 조선군과 청군의 전투이다. 이 전투에서 조선군은 청군에게 참패하였으며, 이는 결국 남한산성에서 항전하던 인조가 청나라에게 항복하는 계기 중 하나가 되었다. 625 전사를 살펴보자. 국군은 50년 10

월 25일, 국군 6사단 7연대가 압록강 초산에 도달하였고 6사단 2연대는 온정에, 국군 1사단 15연대와 미 1기병사단 8연대가 운산에 도달했지만 그들은 여태까지 보이지 않았던 힘에 의해서 막대한 타격을 입고 전진이 저지된다.

CBS노컷뉴스(2014.5.13.) 기사에 의하면 6사단이 압록강 물을 수통에 담아서 이승만 대통령에게 보낸 시점에 이미 중공군의 포위망 안에 갇힌 상황인 것으로 알려졌다. 그걸 국군만 모른 것이다. "인천상륙작전을 통해 전세를 뒤집은 유엔군은 평양마저 쉽게 점령하자 자만에 빠졌다. 이미 중공의 주은래 총리가 38선을 넘으면 참전하겠다고 경고했으나 이를 무시했다. 미 육군은 한국에 투입한 2사단을 유럽에 배치할 궁리를 하고 있었고, 미 8군의 워커 사령관은 탄약 공급을 줄여 달라고 요청할 정도였다. 이런 분위기에 휩싸여 모든 부대가 제각기 중국과의 국경을 향해 레이스를 펼쳤다. 그 선두는 국군 6사단이었다. 마침내 7연대가 1950년 10월 26일, 오후 2시 15분에 압록강에 진출했다. 만세를 부른 국군은 이승만 대통령에게 보낼 압록강 물을 수통에 담았다. 이때 사단본부에서 연락이 왔다. '포위됐으니 무조건 철수하라' 이 시간에 뒤를 따르던 제 2연대가 퇴로를 차단당한 후 순식간에 무너져 버렸다. 포위망에 갇힌 7연대는 형체도 없이 조각 조각난 후 제각기 뿔뿔이 흩어졌다."

국군 6사단은 중공군 118사단의 포위망에 걸려들었고, 중공군 120사단 역시 국군 1사단 15연대를 기습한 후 6사단 7연대의 퇴로를 차단하고 7연대를 궤멸시킨다. 중국 40군이 6사단 2연대를 온정에서 맹타를 가하자, 이를 구출하기 위해 달려온 국군 8사단 10연대와 6사단 19연대에게까지 공격을 가해 결국 국군 2군단(6사단, 7사단, 8사단)은 대혼란에 빠지면서 총체적인 붕괴 상황에 빠진다. 국군 1사단의 전진이 운산에서 저지되자 8군사령관 워커 장군은 미 1기병사단 8연대를 추가로 투입하였는데, 이는 적정을 제대로 알지도 못한 채 자진해서 호랑이굴로 들어간 형국이 되고 말았다. 11월 1일, 국군 1사단 15연대는 심각한 타격을 입고 철수하였고, 1기병사단 8연대 역시 운산에 포위된 휘하 3대대를 끝내 포기하고 후퇴하고 만다. 그러나 이 시점에서도 여전히 미군은 중공군의 전면 개입을 믿으려 하지 않았다.

중공군은 1차 공세를 통해 서부전선에서 유엔군의 북진을 일단 정지케 하는 데에 성공한다. 그리고 중국군의 공세는 여기서 일시적으로 중지된다. 중공군은 유엔군의 북진을 일단 저지하여 최악의 상황을 모면했을 뿐 아니라 아직 전면적인 반격 태세가 갖춰지지 않은 상황이었다. 현리 전투와 비교될 정도로, 현리 패배보다 더 앞서 패배한 국군 6사단의 "사창리 패전"이 있다. 한국군 제6사단은 51년 4월, 중국군의 4월 공세 시 강원도 홍천 사창리 일대에서 사단의 건제 유지를 잃은 채 사단 전체가 도망을 치면서 패배하였고, 뿔뿔이 분산 철수하였다. 이무렵 사단을 방문한 밴 프리트 미 제8군사령관은 장도영 사단장에게 "당신 전투를 할 줄 압니까?"라면서 장 사단장을 질책하였고, 장 사단장은 이 치욕에 그저 '예스'라고 답변할 뿐이었다고 전해진다. 현리 전투가 군단 지휘부의 무능과 책임이라면 사창리 전투는 사단급의 전투와 패배로 국군의 사기를 크게 떨어뜨리고, 이 전투로 인해서 국군 10개 사단의 창설이 지연된다. 이 패배의 트라우마는 현리 패배로 이어진다.

중공군 제9병단은 1951년 4월 22일 17시경, 4월 공세 계획에 의거 국군 제6사단 방어 진지 정면으로 대대적인 공격을 개시하였다. 국군의 전방 연대들은 사단장의 진지 고수 명령에도 불구하고 중과부적에다. 후방 지역에서 중공군의 출현이 확인되자 지난 해 북한 지역 온정리 전투에서 경험한 "중공군에게 포위되면 끝장이다."라는 강박관념 때문에 무질서하게 후방으로 철수하기 시작하였다. 하지만 이때 사단은 이미 후방으로 진출한 중공군에 의해 퇴로가 차단돼 통신마저 두절되어 혼란이 가중되고 부대의 통제도 불가능하였다. 제6사단은 철수 중 통신 장비를 유기하였기 때문에 중공군의 추격이 중지된 자정 무렵에도 지휘 통제가 곤란함은 물론 전방 연대의 상황 파악이 불가능하였고, 다음날(23일) 새벽에 겨우 2,500여 명 정도가 이틀 전 공격을 준비하였던 석룡산~화악산 후방에 집결할 수 있었다. 날이 밝아 중공군의 공격이 둔화되자, 미 제9군단장은 한국군 제6사단에 신속히 부대를 재편성하여 석룡산~화악산의 캔사스 선에서 적을 저지하도록 했다. 사단은 명령에 따라 부대를 배치하였으나 어둠이 깔리고 작전의 주도권을 장악한 적이 공격을 재개하자, 방어 진지를 고수하기 어려운 상황이었다. 이미 사기가 저하된 사단 장병들이 적의 파상 공격을 막아 내기에는 역부족이었다.

사단은 다시 가평 계곡을 향해 철수하여 영연방 제27여단의 엄호 하에 24일 아침 가평 남서쪽에서 부대를 재편하였다. 이때까지 사단은 소총 2,263정, 자동화기 168정, 2.36˝로켓포 66문, 대전차포 2문, 박격포 42문, 곡사포 13문, 그리고 차량 87대의 손실을 입었다. 사단을 화력 지원한 미 포병부대도 105밀리 곡사포 15문을 비롯하여, 4.2

인치 박격포 13문과 242대의 무전기, 그리고 차량 73대의 손실을 입었다. 그러나 다행히 낙오한 병력들이 계속 부대로 복귀하여 4월 25일에는 6,313명이 집결하였다. 전열을 정비한 6사단은 용문산 전투(51.5.17.~21.)에서 한국 지리를 잘 모른 중공군의 작전상 실수로 크게 이긴다. UN군과 국군의 포병들의 집중 포화가 시작되었다. 이에 중공군은 많은 전사자를 냈고, 잔존한 중국군은 5월 21일, 새벽 서둘러 퇴각을 하였다. 6사단은(2,7,19연대) 곧바로 추격하였다. 가평과 춘천을 거쳐 화천 발전소까지 60여km를 진격하며 중공군을 격퇴하였다. 이 과정에서 중국군은 큰 손실을 입었다. 그리고 중국군은 화천호에 이르렀는데, 이로 인해 퇴로가 막혔다. 6사단은 그대로 중공군의 후미를 들이쳤고, 미군과 연합군 전투기 공격은 90% 이상의 승리 요인이었다. 그 결과 대부분 화천호(이승만 당시 대통령으로부터 오랑캐를 무찌른 호수라는 뜻의 '파로호(破虜湖)'라는 친필 휘호를 받았다.)에 수장되거나 6사단에 의해 격멸 당했다.

국군의 전술을 보자. 제6사단은 중공군 5월 공세 시 5월 18일부터 20일까지 용문산 일대의 주저항선을 방어하던 중 경계부대로 전방에 배치한 제2연대가 축차진지로 전환하면서 효과적인 전면 방어를 한다. 국군 6사단 2연대는 미군의 공중 지원으로 어렵게 버티던 상황이었다. 미군의 공중 지원이 없었다면 2연대가 오히려 전멸당하고 남은 719연대도 위험에 처할 수도 있었다. 용문산 주변의 북한강은 춘천-화천-양구로, 남한강은 여주-충주로 이어지는 뱃길이었고, 이곳은 홍천-인제 방면과 횡성-원주 방면의 도로가 교차하는 육상교통로의 요지이므로 중공군은 이곳을 점령하면 여러 방향으로 진출이 용이한 반면에 아군의 입장에서는 방어할 곳이 더 많이 생기게 되는 전략적인 요충지였다. 6사단 2연대가 전초를 맡아 방어진을 구축하였고, 대규모의 중공군 공세에도 후퇴는 하지 않고 진지를 지키며 항전한 상황이었다. 중공군은 중대한 착각을 했다. 이 2연대를 여러 방향에서 집중 공격을 하느라 719연대가 배후로 돌아오는 것을 눈치 채지 못했고 이미 알았을 때에는 주요 기동로를 상실해 혼란과 공포가 극에 달해 전멸한다. 필사적으로 저항하던 2연대가 6사단 주력 부대로 알았고, 이 2연대에 중공군 제63군은 187, 188사단 2개 사단에 63군 예비인 189사단까지 투입해 총공격하였다. 중공군 63군이 2연대에 한눈이 팔려 있을 때 6사단 주력인 719연대가 중공군의 배후로 돌아서 총공격, 중공군은 포위가 되어 결국 파로호에 몰려서 몰살당한다.

이로써 6사단은 한 달 전 사창리 전투에서의 패배를 설욕하였다. 이 전투의 승리를 계기로 UN군 및 국군은 전선을 형성하게 되고 대대적인 반격 작전을 실행한다. 중공군의 대패는 이 시점부터 휴전 협정의 계기가 된다.

현리 전투,
전략과 대규모 협동 작전의 중요성

현리 전투(縣里戰鬪)는 1951년 5월 16일~5월 22일 동안, 강원도 인제군 현리에서 중공군과 북한군, 한국군 사이에서 벌어진 한국전쟁 중의 전투다.

역사는 보통 승자의 역사라고 한다. 꼭 승자가 아니더라도 쓰디쓴 패배의 기억은 최대한 감추고 싶어 한다. 승전과 패전에 대한 원인과 결과를 엄밀히 분석하고 대안을 세우는 작업은 중요하다. 현리 전투의 패인은 여러 가지로 분석된다. 미군의 전술상의 문제이다. 미군은 횡성 전투에서 국군 8사단을 희생타로 돌출시켜 적을 유인한 전례가 있었다. 이 유인작전으로 8사단은 막대한 손실을 입었으나 상부에서는 성공한 작전으로 보고 있다.

현리 패배는 중공군이 야간에 기습을 하여, 수십 km를 이동, 한국군의 후방인 오마치(오미재)고개를 순식간에 점령한 것이 결정적인 패인이었다. 퇴로를 차단하고 지형상으로 가두어두고 협공한 것이다.

3사단은 이 현리 전투에서 7사단, 9사단과 함께 참여한다. 현리전투 패전을 두고, 일부 전쟁사에 무지한 자들이 3사단도 일부가 패한 것처럼 주장하나, 전투사를 안다면 무능, 무모한 작전의 피해자, 어이없는 희생자였음을 알 수 있다. 그래서 3사단과는 무관한, 중공군의 참전을 예측 못한 유엔군 지휘부나 현리 전투 시 대응에 실패한 미군, 3군단 지휘부 등, 상부의 판단 착오의 영향이 컸다는 점에서, 백골부대의 '백전백승'의 전설이 손상되지는 않는다. 지휘관들의 지휘 능력부재인 상태에서도 3사단은, 당시에 전투 경험이 많은 부대원이 있어서 전술적으로 철수를 했지만 일부는 희생을 감수해야 했다. 18연대 같은 경우에는 전장의 작전상 질서 있는 철수를 했다고 한다.

중공군 공세의 종합판이라고 할 수 있는 현리 전투는 중공군의 제2차 춘계 공세(5월 공세) 당시 인제 남방 관대리에서 가리봉(해발 1,519m)간을 방어하던 국군 제3군단(제3, 9사단)이 중공군 2개 군(제1, 27군)과 북한군 3개 사단(제6, 12, 32사단)의 공격을 받고 방어에 실패한 후 하진부리 부근까지 후퇴한 된 철수 작전이다. 5월16일 오후, 6시쯤 중공군은 제7사단 지역에 대한 공격을 감행해 2개 연대를 붕괴시킨 후 계속 진출, 국군 3군단의 퇴로가 되는 오마치를 점령하기에 이르렀다. 중요한 사실은, 현리 전투의 경우에도 3군단의 목줄인 오마치의 중요성을 알고 병력을 배치해 놓았는데, 미 10군단장 알몬드의 고집과 주도권 다툼으로 오마치가 공백이 되었다. 이를 알아챈 중공군이 기습해서 점령해 버린 것이다. 3군단 좌측의 미 10군단은, 당초 한국군 3군단이 보급로이자 퇴로인 오마치 고개를 군단 예비 연대로 직접 통제하려 했을 때, 전투지경선 침범이라면서 강력히 거부해 놓고 아무런 조치 없이 방치하였다. 중공군의 침입-우회-매복 전술에 당한 것이다. 상대방 방어선에 공포를 확산시키고, 지휘 체계와 통신선을 마비, 상대방의 전투 의지를 상실하게 해서 승리를 거두는 전술이다. 연합군의 방어 전선과 한국군의 가장 약한 접경 지역을 집중 공격해서, 돌파구를 만든다. 아군 지역으로 소규모 기동 병력이 침투한다. 우회, 후방 퇴로 및 보급로를 차단함으로써 공포감을 조성한다. 이후에는 지휘 체계가 무너진 부대를 각개 격파한다.

7사단이 무너지고, 9사단이 후퇴중인 걸 안 3사단도 오마치가 점령당한 걸 알자 부대에 후퇴 지시를 내렸다. 한국군 7사단은 밀려 나는 와중에 오마치가 점령당한 걸 알게 되었지만, 이들은 3사단이나 9사단에게 이 중요한 사실을 전하지도 않고 후퇴해 버렸다. 3사단 병력까지 도달해 5월 17일, 정오 무렵엔 3군단 전 병력이 현리에 모여들었다.

결국 3군단 쪽에서 오마치가 점령당했단 사실을 안 건 17일. 그날 새벽에 부대 차량들을 혹시나 하는 상황을 대비해 철수시키는 시점으로, 오마치에서 총알 세례를 받은 다음이었다. 한편 옆 동네 7사단의 방어선이 뻥 뚫리고 오마치 고개도 차단당한 사실을 안 9사단장 최석은 사단에 대한 전면 공격은 없었지만 포위를 우려해 휘하 부대들에게 후퇴 지시를 내렸고, 9사단도 후퇴하자 3사단장 김종오도 후퇴 지시를 내렸다. 그렇게 해서 3사단과 9사단은 전력을 온존히 보존한 채 현리로 모여들었다. 5월 17일, 새벽에 양 사단의 유일한 퇴로가 지나는 오마치 고개가 중공군에 우회 점령되자 2개 사단 약 2만 병력과 수백 대의 차량이 전방 방어선을 포기, 현리—용포리 부근으로 집결했다. 밀려든 병력과 차량으로 폭 5m도 안 되는 좁은 길이 심한 교통 체증을 빚었다. 이날 오후 최석 9사단장은 30연대로 하여금 오마치 고개를 탈환, 활로를 뚫도록 명령했다고 한다. 30연대(연대장 손희선 대령)는 그 일주일 전에 중공군으로부터 매봉산, 한석산을 탈환한 전투력이 강한 부대였다.

17일 오전 7시쯤, 처음 1개 중대 규모였던 중공군의 오마치 점령 부대는 계속 증강돼 오전에는 대대 규모, 오후에는 연대 규모, 야간에는 1개 사단 규모로 확대됐다. 이러한 중요한 국면에서 비록 지휘망이 혼란스러웠다지만 당시 이들이(정찰이나 고개 돌파 같은 시도조차 않고) 왜, 꾸물대기만 했는지는 미스터리다. 뒤늦게 3군단장 유재흥은 연락기를 타고 현리로 와서 9사단장 최석과 3사단장 김종오를 모아 작전 회의를 열었고, 여기서 각 사단에서 1개 연대씩을 차출해 오마치를 돌파한다는 작전이 세워졌다. 군단 병력이 멀쩡해서 오마치 돌파는 문제없을 것이라 생각한 유재흥은 연락기를 타고 다시 군단 본부로 돌아갔다. 군단장 유재흥이 연락기L-19(2인승)를 타고 군단 본부로 돌아가는 걸 본 병사들 사이에서 3군단장이 도망쳤다는 소문까지 돌았다. 이후 작전 회의에는 불참했다. 실제로 도망을 했다는 주장도 다수이다.

9사단 30연대와 3사단 18연대로 오마치 돌파 작전이 시작된 건 5월 17일, 밤 9시이다. 7사단이 방어해야 할 오마치가 점령된 걸 안 시간은 하루 정도가 지나서였다. 오마치 돌파 작전을 시도했으나 실기(失機)한 공격은 실패할 수밖에 없었다. 9사단의 30연대, 1개 연대가 먼저 공격을 시도하고, 오마치에서 3사단 18연대가 결정적인 공격으로 돌파하기로 한다. 그러나 9사단은 임의대로 도피를 해 버린 것이다. 결국 3사단은 최후에 불가피하게, 전략적으로 질서 있는 철수를 결단할 수밖에 없는 상황이었다. 이런 혼란한 전장에서 아군이 막대한 피해를 입는다.

국방부의 〈한국전쟁사〉는 '17일 밤 적이 사격하는 포탄이 용포리~현리 간의 도로에 낙하하기 시작하자 혼란이 일어나 어떤 영문인지 30연대의 1대대, 2대대는 오마치 고개를 공격하지 않고 방대산으로 철수했다. 다리골과 구만동 선에서 진지를 점령하고 있던 3대대는 다음날 새벽이 되어도 상부의 지시가 없어 연대 본부에 사람을 보냈더니 철수하고 없었다'고 적고 있다. 3대대 예하 10중대원들은 철수 통보를 받지 못한 채, 개인호를 파고서 모두 잠들었다가 중공군에게 포로가 되었다. 30연대장 손희선(육본 인사참모부장, 국가안전보장회의 상임위원 역임)은 이 기록을 반박한다. "저는 오마치 돌파 명령을 사단장으로부터 받은 적이 없습니다. 오마치 고개 북쪽 고지에 배치되어 군단의 철수를 엄호하도록 명령받았을 뿐입니다."

최석 사단장이 과연 30연대장에게 오마치 고개 돌파 명령을 확실하게 내렸는지는 애매하다. 그는 생전 증언에서 유재흥 군단장으로부터 돌파 명령을 받았는지도 확실치 않다고 했을 정도이다. 9사단 30연대를 엄호하여 오마치를 돌파하기로 되어 있었던 3사단 18연대(연대장 유양수)는 30연대의 공격을 기다렸으나 공격 개시 시각(밤 9시)이 지나도록 소식이 없자, 수색중대를 30연대 쪽으로 보냈다. 30연대를 포함한 9사단이 방대산 쪽으로 철수하고 있다는 보고가 들어왔다. 그래서 질서 있게 철수를 결단했다.

최석 사단장을 수행하고 있었던 김재춘 군수참모는 "주변에서 소총 소리가 들리니까 사단장은 지휘를 포기하고 방대산으로 올라갔다. 그때 최석 준장은 제정신이 아니었다."고 증언했다. 독전해야 할 사단장이 무질서한 후퇴를 선도한 셈이다. 9사단 28연대 부연대장이던 염정태 중령은 이렇게 말했다. "유일한 후퇴로가 막혀 버려 아군이 중공군의 포위망에 들어갔다는 사실이 알려지자 현리, 용포리에 모여 있던 장병들 사이에는 공포감이 확산되었습니다. 밤이 오고 오마치 돌파에 실패하자 순식간에 집단적인 공황 상태가 빚어졌어요. 아직은 중공군이 현리 쪽으로 집중 사격을 하고 있지 않았는데도 장병들은 뿔뿔이 방대산으로 기어올라 철수하기 시작했습니다. 지휘 체계가 무너져 버린 것은 적의 공격 때문이 아니라 공포감 때문이었습니다. 지금 생각해도 참 부끄러운 일이었습니다."

3사단 18연대 장병들의 말에 의하면 "공격 준비를 하고 있는데 갑자기 30연대 병력들이 도망치기 시작하더니 현리에 있던 병력이 전부 도망했다. 자신들도 그 상태론 공격을 계속할 수가 없었다. 그래서 후퇴한 것이다."고 전해진다.

9사단장 최석의 말에 비추어 어느 정도 수긍하는 입장이다. "9사단에 돌파 임무를 준 것에 대하여는 잘 기억이 안 난다. 그러나 돌파하라는 것은 상식에 속하는 문제가 아니겠는가."

9사단의 전장 이탈과 도피, 군사적 책임 회피였음이 명백히 드러나고 있다. 그렇다면 3사단은 현리 전투 시작부터, 과정, 결과에 이르기까지 재평가되어야 한다. 현리 전투에서 미군과 군단의 책임, 7사단과

9사단의 책임 문제로 인해서 결과적으로 3사단은 아군의 과오로 인한 수많은 피해를 본 것이다. 현리 전투를 재조명하면 3사단은 패전으로부터 무관하다. 오해를 벗어나서 현리 전투 패배로부터 자유롭게 평가되어야 한다. 적군과의 전투가 아닌 아군의 배신과 도망, 자중지란으로 제대로 싸워 보지도 못하고 야간에 1천 미터 이상의 고지를 넘어서 철수를 하다가 숨져간 3사단의 영혼들을 위로해야 하는 것 아닌가. 결과적으로 3사단은 아군의 과오와 이에 따른 불가피한 작전상 철수 과정에서 일부 병력의 피해로 현리 전투의 패전 책임은 1%도 없다고 규정해도 무방할 것이다.

현리 전투,
고위급 전투 지휘 리더십 문제

유재흥 장군의 회고록을 보면, 현리 전투 패전에 대한 회한의 기록이 있다. 특히 '오마치 고개'를 무주공산으로 두었던 점에 대해 두고두고 후회를 하였다. 미 10군단과의 관할 문제에서 밀린 점, 예비대를 인근에 배치하여 선점하지 못하였던 점, 중공군 선발대의 급속 침투를 예상하지 못하였던 점등을 언급하였다. 결국 오마치 고개를 쉽게 피탈당하는 직접적인 원인을 제공하였다. 오마치 고개 피탈 자체가 전적으로 10군단 책임이라 할 수 있다. 사실상 3군단은 그로 인한 피해를 뒤집어썼을 뿐이다. 그리고 전투 개시 후에도 7사단이 철수한 것을 상급부대인 10군단에서 파악하지 못하고, 전선에 이상 없다고 잘못된 상황전파를 하여 3군단의 대처가 더 늦어졌다고 한다. 결국에는 현리 전투의 전적인 책임은 군단장에게 있다고 규정하는 것이 대부분 한국군의 전사이다.

결론은, 미군, 군단의 작전 실패, 지휘관 도망, 보급로 차단 등, 지휘 공백으로 지휘 체계상의 과오로 불가항력적인 전장의 여건에서 3사단은 철수가 불가피했다. 멀쩡한 부대만 일부가 희생당한 것이다. 정식 전투가 아닌 작전상 철수는 패배가 아니다. 6사단장으로 개전 초기 춘천-홍천 지구 전투에서 북한군을 막아내어 한국군 최초의 승리를 만든 김종오 장군이, 준장 진급 후에 3사단장이었다. 이 현리 전투를 거친 김장군은 나중에 9사단을 이끌고 '백마고지'전투에서 승리를 한다. 이듬해 10월 백마고지 전투에서 중공군 38군 소속 3개 사단과 맞서 백마고지를 방어함으로써 전쟁 영웅으로 육군 대장까지 오른다.

3사단은 더욱 강해져서 수많은 전투에서 혁혁한 승리를 거둔다. 아무리 탁월한 지휘관이나 전투 부대여도 상급 지휘관의 무능력, 연합 작전의 실패는 아군에게 치명적인 결과를 가져온다는 것이 현리 전투의 역사적 교훈이다. 1950년 11월, 인천상륙작전의 여세를 몰아 북진을 거듭하던 연합군은 크리스마스 이전에 전쟁을 끝내자는, 희망찬 전망 아래 전장에서 과감하고 치열한 공세를 펼치고 있었다. 그때 압록강을 건너 한반도로 들어와 있던 중공군이, 덕천 일대에서 한국군 2군단의 6, 7, 8사단을 포위 공격하여 치명타를 안겨 준다. 중공군의 2차 대공세(1950년 11월 25일~12월 14일)이다.

중공군의 전면전 개입 징후가 보였음에도 불구하고 여전히 미 8군과 유엔군사령부는 이를 2개 사단 규모로 과소평가하고 있었다. 하지만 워커 8군사령관은 불안의 징후를 감지했다. 그는 특히 자신이 지휘권 밖에 있는 10군단과의 연결이 유지되면서 진격이 이뤄질 것을 희망했지만 10군단(3사단,7사단,1해병사단)은 독자적으로 빠르게 북진한다. 그 결과 두 부대사이의 간격은 더더욱 벌어졌다. 10군단 예하 7사단의 선두가 혜산진을 향해서 국군 1군단 역시 청진과 길주로 향하고 있었다. 원산에 상륙했던 미 해병 1사단은 북한의 임시 수도였던 강계를 조속히 점령하라는 임무를 부여받았다. 결국 10군단과 동부 측면 국군 1군단(수도 사단, 3사단)의 쾌속 전진에 고무된 맥아더 유엔군 사령관의 독촉으로 미 8군은 다시금 불안한 전선으로 전진할 수밖에 없었다. 11월 24일, 일명 크리스마스 공세로 명명된 이 공격에서 미8군은 맨 서측의 미 제1군단(1기병사단,24사단, 국군1사단, 영 27여단)이 신의주와 수풍댐을 향하여 중앙의 미 9군단(25사단, 2사단, 터키여단)이 초산, 맨 우측의 국군 2군단(6,7,8사단)이 강계 방향으로 전진했다. 이 시점에서 이미 1차 공세를 통해서 상대방의 약점을 파악한 펑 더화이 사령관은 송시륜의 9병단까지 배치를 완료한 채, 흡사 유령처럼 적유령의 깊은 삼림 속에서 포위망 안으로 들어오는 유엔군을 기다리고 있었다. 13병단은 맨 서측에서부터 50군, 66군, 39군, 40군, 38군, 42군순으로 배치되어 있었고 강계 지역에 위치한 9병단은 서측에서부터 20군, 26군, 27군순으로 배치되어 있었다.

이들의 선 타격 목표는 적정을 전혀 모른 채 전진하던 미 8군의 우측에 위치한 국군 2군단 그리고 중국 9병단 정면으로 돌진해 오고 있는 10군단 예하 미 해병 1사단이었다. 중공군 9병단이 강계 지역으로 진입함에 따라 13병단 예하 중공 42군과 38군이 남서진하면서 국군 2군단의 측면을 치고 들어왔다.

11월 26일, 38군은 덕천의 국군 7사단에게 심대한 타격을 주었고

42군은 영원에서 국군 8사단을 궤멸시킨다. 11월 28일 38군의 선봉 113사단은 군우리 후방 삼소리를 점령하여 미 9군단 2사단의 퇴로를 차단하는 데에 성공한다. 북진하던 미 8군 예하부대들은 또 한 번 기습을 당하고 2차 대공세는 1차 때보다 훨씬 더 거셌다.

국군 2군단과 미 9군단은 도미노 현상을 일으키면서 우측면에서부터 붕괴하고 말았다. 8군 담당 지역 맨 우측면을 담당하던 국군 2군단 예하 6, 7, 8사단이 참패로 완전히 분산되면서 미 9군단의 측면이 노출되었고 9군단은 전진을 멈추고 우측면의 공격에 맞섰지만 북쪽에서의 거센 압박과 38군에 의해 배후가 차단되면서 포위되고 만다. 전선 붕괴의 단초를 제공했던 국군 2군단(6, 7, 8사단)은 치욕적인 해체를 명령받았고 일정 기간이 지난 후에야 재창설된다.

현리 전투,
전시 작전권 박탈과 국군

　연합군은 더 이상의 공세적 군사 작전을 유지하지 못하고, 후퇴를 결심하지 않으면 안 되었다. 이때 2군단장이던 유재흥은, 중공군이 공세를 취하기 전까지 그러한 사실을 전혀 알지 못했고, 포위를 당하고서도 제대를 유지하는 데 실패한다. 3사단과, 후일 백마고지의 승전 부대가 되는 9사단은 한국군 3군단 소속이었다. 이들은 미군 10군단에 배속된 5사단과 7사단과 함께 중동부전선, 즉 현리 북방을 지키고 있었다. 중공군은 위장 공격으로 미군을 묶어 두면서 북한군과 합세하여 한국군 네 개 사단과 동부전선의 수도 사단, 11사단까지 완전히 분쇄할 계획을 세웠다. 작전대로만 된다면 전선의 한쪽에 전열의 손실이 크게 나는 것이고 서부전선의 한국군과 UN군을 일거에 제압해 버릴 수 있었다. 1951년 5월 16일 오후 4시, 중공군은 격렬한 포격과 함께 작전을 개시한다.

1951년 5월 16일, 저녁 중공군은 동부전선에서 대공세를 펴면서 인제, 현리, 오대산, 설악산 일대에 배치되어 있던 3군단 소속 3, 9사단, 미 10군단 소속 5, 7사단을 집중적으로 공격했다. 중공군에 의해 미 10군단에 속해 있던 한국군 5사단과 7사단이 돌파당하면서, 중공군 한 개 대대에 의해 3군단의 보급로이자 퇴로이던, 오마치 고개를 점령당한다. 바로 이때부터가 문제였다. 결국 이 현리 전투의 패배로 말미암아 이미 전 해 2군단이 와해된 데 이어 3군단까지 해체되어 3사단은 미 10군단 예하로, 9사단은 국군 1군단 예하로 편입됨으로써 한국군에는 1군단 하나만이 남는 치명적인 결과를 가져 왔다. 1951년 현리 전투에서 중공군을 맞이한 것은 한국군 3군단이었다. 현리 대패는 오마치 고개를 확보하지 못했기 때문에 일어났다. 그때 전방 산악지대에 배치된 3, 9사단에 대한 유일한 보급로가 이 오마치 고개를 지나고 있었다. 이 고개를 적이 차단하면 2만 명의 병력이 전방에 고립되는 상황이었다. 중공군은 지도상으로 23km이지만, 실제 거리는 30km를 넘는 험준한 산중을 8시간 만에 신속한 야간행군으로 돌파하여 오마치 고개를 점령한 것이다.

유재흥 3군단장은 9사단 29연대의 1개 예비 대대를 이 고개에 배치했다. 그런데 미군 측 앨몬드 10군단장은 앞서 전투 지경선을 조정하면서, 이 오마치 고개를 3군단이 아닌 미 10군단 예하 7사단 관할로 변경해 버렸다. 앨몬드는 자신의 전투 관할 지역에 다른 부대가 들어와 있는 것을 참을 수 없다면서 상급인 8군 사령부에 항의, 9사단 병력을 철수시켰다. 이렇게 무인지경이 된 이 요충지를 중공군이 기습

장악해 버린 것이다. 오늘날 중국 측 공간사의 기록이다. "미 원조지원군 20군 60사단은, 신속하게 적의 중심을 향해서 진격하여 5월 15일 새벽 3시에 오마치 일대를 점령, 한국군 3, 9사단의 철수로를 차단했다." 중공군 전사에는 그 당시 상황을 이렇게 정리하고 있다. "78연대 2대대는 이번 우회 작전에서 4, 6중대가 길을 잘못 들었지만 신속하게 5중대를 첨병대로 재정비하고 맹렬히 진격했다. 민첩하고 유능한 5중대장은 2대대를 12시간 동안, 13회 전투로 약 30km 전진하여 선봉 부대장의 역할을 충분히 했다. 이는 연대와 사단의 진로를 열어 주었을 뿐만 아니라 적시에 예정 지역을 점령하고, 한국군 3, 9사단의 침교 방향 퇴로를 차단하여 적을 물리칠 수 있는 유리한 여건을 만들었다." 후방의 한국군은 포위망에 갇히었다. 이 시점에 유재흥이라는 지휘관이 정찰기를 타고 사라져서 작전 회의에도 불참했다는 점이다. 지휘관의 실수나 오판으로 한국군은 희생당한 것이다. 5월 23일, 유엔군은 반격을 개시, 실지를 회복했다. 전선을 간신히 마무리 지은 밴 플리트장군은 현리 전투 패배의 책임을 물어, 5월 26일부로 국군 3군단을 해체하고 국군 9사단을 미 10군단에, 국군 3사단을 국군 1군단에 각각 배속시켜 버린다. 이로써 한국군 군단은 1군단만 남았다. 국군 제1군단에 대해서도 육군 본부를 거치지 않고 직접 통제하는 조처를 취했다. 결국 현리 전투 이후, 실질적으로 작전권이 미국에 다 넘어가는 결정적인 계기가 되었다. 3군단은 1953년 5월 1일, 20사단, 22사단을 예속 받아 강원도 인제군 관대리에서 재창설되었다. 이러한 배경으로 산악 부대가 탄생한다. 이 사건은 미군 지휘관들이 한국군 장교의 작전 지휘 능력을 철저하게 불신하게 된 계기였다. 당시 밴 플리트 미8군사령관은 한국군의 제1군단을 제외한 모든 군단 사령부를 해체하고, 일체의 작전 지휘권을 미군 장성들에게만 부여하였다. 1군단 또한 육군 본부를 지휘선상에서 제외하고 미군 사령부에서 직접적인 지휘를 받도록 하여서, 이 시점부터 모든 한국군의 작전 지휘권이 상실되었다.

현리 전투의 경우에도 어느 지휘관은 V작전이라고 단언하고 있다. 즉 군단을 노출시켜 적을 유인한 다음 강력한 화력으로 격파하려는 기도였다고 한다. 대를 얻기 위해 소를 희생시켜서라도 승리를 얻기 위함이었다.〈한국전쟁의 허와 실〉, 안용현. 그러나 당시의 전황을 보면, 전 전선에서 중공군의 공세를 막기에 바빴고, 돌출된 전선을 절단할 만큼 압도적인 예비대를 UN군이 운용하지 못하였던 상황이라 이 주장은 설득력이 떨어진다. 병력과 장비를 거의 망실한 3군단을 즉시 해체 할 만큼 밴 플리트의 분노가 대단하였다는 사실로 볼 때, 일부러 중공군을 내륙 깊숙이 끌어들였다는 주장은 받아들이기 힘들다.

현리 전투,
백골부대 작전상 철수로 무패

결국에 3사단, 9사단은 현리 전투의 교훈 삼아서 이후 실전을 통하여 정예 부대로 거듭난다. 3사단의 전투력은 백골만 보면 적들이 치를 떨게 만들었고, 9사단의 백마고지 복수전은 고지 전투의 백미로 두고두고 회자되고 있다.

전장에서 수세적 위치에 있는 사령관의 가장 중요한 임무는, "적 부대의 공세 시기와 주력의 지향 방향을 예측하여 대응 조치를 강구하는 것이다."고 할 수 있다. 이 같은 관점에서 볼 때, 미 8군 사령부는 중공군의 6차 공세를 앞두고 5월 중순에 중공군의 새로운 공세가 있을 것이라는, "공세의 시기"에 대해서는 정확하게 예측했다. 그러나 더욱 중요한 '주력의 지향 방향'을 판단하는 데에는 오류를 범하고 말았다. 나아가 오류를 범한 것이 아니라, 어차피 있을 중공군의 공세를 결정적인 서울을 피하여 동부 지역으로 유도한 것과 같은 흔적이 곳곳에서 발견된다.

결과적으로 중공군의 5월 공세에서 중공군이 지향하는 최종 목표, 즉 국군 3군단이 현리 지역에서 포위된 가장 큰 원인은 미 8군 사령부의 판단 착오 내지는 유인작전에 의한 것이었다고 할 수 있다. 〈625전쟁 전쟁의 실패 사례와 교훈〉

오마치 고개가 점령되어 포위된 상황에서도 3군단의 병력과 장비는 대부분 그대로 유지되었다. 그런데도 3군단은 군단 지휘부와 사단 지휘부가 먼저 도주를 하면서 전 군단이 일시에 오합지졸이 되고 말았다. 당시 9사단장 최석 등 일부 고위 장교들은 수치스럽게도 계급장을 떼고 도주하였으며, 군단장 유재흥 역시 연락기를 타고 사라져, 중공군이 온통 포위한 사지에 부하들을 내 버렸다.

중공군이나 인민군이 현리에 있는 병력에게 제대로 공격을 가한 일도 없었다. 하지만 제대로 된 전투도 없이, 현리에 있던 한국군 전 병력은 병사부터 장군까지 한순간에, 부대 체계고 뭐고 없는 채로 산속으로 도망치면서, 수만 명의 낙오병으로 전락했다. 방대산(해발 1,436m)은 험준한 산악이었다. 무기도 버리고 복장도 제대로 못 갖춘 채 철수를 해야 했다.

현리 전투의 치열한 전장에서 새롭게 돌파를 시도하고, 용감하게 군인들이 싸우려 했지만, 군단을 지휘할 지휘관들은 전투력과 의지를 상실하고 피하거나 탈출해버렸다. 병사들과 하급 지휘관들만이 남은 상황이 되어 버린 것이다. 그런 상황에서는 도저히 전투를 수행할 수가 없다. 결국 국군 제 3군단 예하 병력들은 지휘관조차 없이, 체계적인 지휘조차 받지 못한 채, 지리멸렬 와해되어 사흘 동안 무려 70km를 퇴각해야 했고, 모든 장비를 버리고 몸만 빠져나온 것이다.

한국군의 전투력 미흡이 아니었다. 완전한 패배는 아니었다. 국지전이었고, 철수가 이어졌고, 10여 일 후에는 병력의 70% 이상의 전열이 정비되었다. 3군단은 그 충격으로 일시 해체됐다가 나중에 다시 만들어진다. 지휘 체계의 혼선과 붕괴가 오는 바람에 그 타격이 더 커진 전투이다. 당초 현리 지역의 3군단은 두 배 우세한 정면의 적의 공세에 대하여 주저항선을 유지했었다.

5월 23일부터 반격 작전이 시작되자 그때까지도 굶어 가며 산속을 헤매던 한국군 낙오병들이 대규모로 수습되었고, 그 결과 27일까지는 병력의 약 70%와 장비의 30%를 수습할 수 있었다. 나머지는 모조리 사망하거나 포로가 되어 북한군 소속으로 전선에 투입되었다.

전쟁에서 '승패병가지상사(勝敗兵家之常事)'라고 한다. 이기고 지는 것은 병가(兵家)에서는 늘 있는 일이다. 즉, 전쟁이란 늘 이길 수만은 없으며, 질 때도 있는 것이다. 이런 뜻이다. 이 말은 손자병법(孫子兵法)에 나오는 말이다. 그러나 현리에서의 패전은, 이길 수 있는 조건이었음에도 불구하고 패한 것이다. 지휘관들의 지혜와 용기, 위기관리, 리더십과 작전이 얼마나 중요한지를 깨닫게 해 준다. 그리고 군인의 기본자세인 임전무퇴의 책임감의 중요성이다.

군사 전문가들은 이 전장에서 완전한 지휘 체계였고, 처음부터 전투력이 가장 막강한 3사단이 돌파했다면 전투의 결과는 충분히 승리를 했을 것이라고 분석한다. '오마치' 돌파와 철수 작전도 9사단 1개 연대의 돌파만 믿고 중요한 기지를 지키던 3사단은 밤중에 아군의 낌새가 이상해서 수색대를 보내서 전장을 탐색한다. 돌파하기로 한 아군이 전부 도망친 상황을 파악해서 알게 된다. 한밤중에 1천 미터가 넘은 험준한 산을 넘어서 철수를 감행하다가 중공군에 일부가 희생을 당한 것이다. 전장의 상황 상 3사단은 질서 있는 철수를 할 수밖에 없었다.

현리 전투는 3사단 단독 작전이 아니었다. 군대의 특성상 지휘부가 부재중인데 임의대로 작전을 펼칠 수도 없다. 전쟁에서 작전상 철수는 패배로 규정을 안 한다는 것은 기본 상식이다. 그래서 3사단의 충정과 희생이 오히려 돋보일 뿐이다.

결론적으로, 3사단 단독 작전으로는 '백전백승의 전설'이 맞다.

금화지구
'저격 능선'(Sniper Ridge) 전투

　백골부대가 위치한 지역에 저격 능선 전적비가 있다. 유래는 이렇다. 한국의 625전쟁 중, 가장 큰 전투였던 현장이 있다. 바로 저격 능선이다. 저격 능선 전투는 지난 1952년 10월 14일부터 11월 17일까지 철원 평야 일대를 확보하기 위한 교두보인 철원군 금화 지역 능선에서 벌어진 전투로 수도고지 전투, 백마고지 전투와 함께 대규모 전투였다.

　저격 능선 전투(狙擊稜綫戰鬪, 영어: Battle of Sniper ridge)는 1952년에 중부전선의 김화(현재의 철원군 김화읍 주변) 지역에 배치되어 있던 국군 제2사단이 중공군 제15군에 맞서, 6주간에 주저항선 전방의 전초 진지를 빼앗기 위한 공방전을 벌인 것이다. 이 전 지역은 김화 북방 7km 지점에 위치한 철의 삼각지대 중심부에 자리 잡은 오성산에서 우단의 김화 지역으로 뻗어 내린 여러 능선 가운데 하나이다. 남대천 부근에 솟아올라 그 해발고도는 590m 정도이고, 능선의 크기는 1㎢ 정도의 장방형 무명 능선이었다.

저격 능선이라는 명칭은 1951년 10월, 노매드(Nomad)선을 목표로 진격 작전을 전개한 미군 제25사단이, 김화지역으로 진출하여 중공군 제26군과 대치할 때, 이 능선에 배치된 중공군이 538고지로 진출한 미군을 저격하여 상당한 피해를 입혔다. 그러자 미군 병사들은 이 무명 능선을 가리켜 '저격 능선(Sniper Ridge)', 또는 '저격병 능선'이라고 부르게 되었다. 〈위키백과〉

저격 능선은 강원도 철원군 오성산 남쪽에 있는 590고지로서, 능선의 규모가 작아서 능선 위에서는 소대 단위의 기동이 가능할 뿐이다.

한탄강의 발원지인 오성산은 사방 각 5km에 걸쳐 있으며 중앙에 오성산 본봉(本峰:1,062m)이 쌍두봉(雙頭峰)을 이루고 있으며 동봉(東峰:927m)·서봉(西峰:1,050m)·남봉(南峰:781m)·북봉(北峰:920m) 등이 둘러싸고 있다.

전투가 벌어진 시기는 북한 공산군 측과 유엔군 측 사이에 진지전이 전개되던 때로서, 중공군이 먼저 유엔군의 주요 진지에 대하여 공격을 가하였다. 이에 따라 한국군 제2사단은 저격 능선을 선제공격하여 이 고지를 점령하였던 중공군을 물리쳤다.

중공군은 빼앗긴 고지를 찾으려고 계속 공격해 왔으나 한국군은 이 능선의 지형지물을 이용하여 끝까지 지켜 냈으며, 2개 연대의 병력을 잃은 중공군은 오성산 북쪽으로 철수했다.

이 전투에서 한국군도 1개 연대 병력의 사상자를 내어, 이 전투는 백마고지 전투와 함께 625전쟁 사상 2대 격전으로 불리었다. 이 전투의 승리로 인하여 금화~금성 간의 도로망 확보와 군사분계선 설정 시 유리한 지형을 차지할 수 있게 되었다. 〈한국전쟁사, 국방부〉

1952년 10월 14일, 한국전 사상 매우 치열한 전투 중의 하나로 꼽히는 '금화(金化)지구 전투'가 시작되었다. 중국은 이를 '상간링 전투(上甘嶺 戰役)'라고 부른다. 연합군이 공세를 취함으로써 시작된 이 전투는 오성산(五聖山) 남쪽의 중공군 관할 지역을 회복하는 데 목적을 두고 있었다. 군사적으로는 남쪽으로 돌출된 전선을 뒤로 후퇴시킴으로써 연합군의 방어 상황을 개선하고 정치적으로는 교착 상태에 빠진 휴전 협상에서 유리한 고지를 차지하기 위해서였다.

휴전 협상은 이해 7월 이후 포로 교환 방식을 놓고 북한과 중국의 '무조건 전원 교환'과 연합군 측의 '자유의사에 따른 교환'이 맞서, 진척을 보지 못하던 끝에 10월 8일, 무기한 휴회에 들어갔다. 거의 1년에 만에 이루어진 연합군의 최대 공세로 연합군 측은 6만의 병력과 대포 300여 문, 탱크 170여 기를 동원했으며 전폭기가 3,000여 회 출격하였다. 연합군 측은 중공군 4만 명이 장악하고 있던 3.7㎢ 지역에 대해 포탄 190여 만 발과 5,000여 개의 공중 투하 폭탄을 쏟아 붓는 등 전투는 사상 유례없이 치열한 것이었다. 특히 포병의 화력 밀도는 2차 세계대전 수준을 초과했다. 산의 표고가 2m 가량 깎여 나갈 정도였다.

이 전투는 43일간 계속되었으며 진지를 59차례 뺏고 빼앗겼다. 결국 밴플리트 미군 8군 사령관이 직접 지휘한 이 공세는 오성산 진지 확보라는 군사적 목표를 달성하는 데에는 실패하였다. 중국 측은 900여 차례의 연합군의 공격을 격퇴하여 진지사수 전투의 새 역사를 기록했다고 평가하고 있다. 전투기 270대를 격추하거나 타격을 입혔으며 탱크 14대, 그리고 대포 60여 문을 파괴하였다고 주장한다. 연합군 측의 사상자는 2만 5,000명에 달했다고 중국 측은 주장한다.

당시 AP통신은 "이번 금화 전투는 현재까지의 한국전쟁 중 가장 치열한 전투였다. 사상자의 수와 물질상의 손실로 볼 때 1950년도 겨울 북한에서 당한 참패의 경우를 제외하고는 연합군은 전례 없는 심각한 손실을 기록했다."고 보도했다. 결국 이 전투는 연합군과 중국 모두에게 상대방을 군사적으로 제압할 수 없다는 사실을 확인시켜 주었다. 양측은 협상 테이블에 다시 앉지 않을 수 없었다.

기계·안강·영덕·포항 전투

'백골부대원은 유서 쓰고 손톱을 유품으로 남기고 출전'

동해안은 태백산맥이 바다에 바짝 다가선 지형인 만큼 피아 모두가 기동에 어려움을 강요당하고 있었다. 해안을 따라가는 도로는 끊어지기 쉽고, 그것과 험악한 태백산맥 중의 전선을 어떻게 연결할 것인가가 국군 수뇌부가 고민했던 점이었다. 국군은 동해안에 육본 직할의 제3사단을 배치하고, 태백산맥 중에 제1군단(김홍일 소장) 예하의 수도사단(백인엽 대령)과 제8사단(최덕신 대령)을 병렬하는 태세로서 부산 원진(釜山圓陣)의 일부를 형성하고 있었다. 그러나 동해안의 제3사단과 태백산맥 중의 제1군단 사이에 큰 틈새가 생겼다. 부산 교두보전이 시작된 직후부터 북한군은 이 틈새에 적 제12사단, 제5사단 일부, 유격대인 제766부대를 침투시켜 남하를 계속하고 있었다. 8일, 북한군 제12

사단은 돌연 청송 남방 30km의 立岩里(입암리)로 진출하여, 부산 교두보의 동북부 전선에 큰 구멍이 생겼다. 미 제8군은 경악했다. 국군은 편성중인 제25연대를 급파했지만, 북한군에게 격퇴되고 말았다. 10일, 북한군은 기계에, 다시 일부는 흥해에 진출, 흥해 북쪽인 영덕에 있던 국군 제3사단의 후방을 차단했다. 이리하여 8월 중순, 부산 교두보에 최대의 위기가 닥쳤다.

제8군은, 미 제9연대 3대대를 기간으로 하는 브래들리 지대를 편성, 포항 남쪽 연일비행장의 확보를 명했다. 연일비행장은 지금의 송장동 포항공항이다. 미 제5공군기의 발진 기지이며, 미 항공모함 함재기에게는 사활적인 비행장이었다. 특히 피탄(被彈) 함재기는 항공모함으로 귀함(歸艦)할 수 없기 때문에 작전 지역의 부근의 육상 비행장으로 불시착해야 했던 것이다. 바로 이때 국군 병사들은 적의 연일 비행장에 접근 저지를 위해 그 길목인 형산강에 들어가 목만 내놓고 매복, 수중 격투에 대비하기도 했다. 태백산맥을 돌파한 북한군은 2개 제대로 나눠 하나는 포항으로 진출하고, 다른 하나는 기계로부터 안강으로 진출했다. 국군은 포항 지대를 급파, 북한군을 저지하려 했지만, 포항 서쪽 산악 지대로부터 흘러들어온 북한군에게 포항을 점령당하고 말았다. 그때 건재한 것은 안강에서 고군분투하던 17연대뿐이었다. 이에 정일권 참모총장은 수도 사단을 기계로 전용한다는 중대 결심을 했다. 수도 사단은 주력을 안강 정면으로부터 북쪽으로 진격시키고, 또 제18연대(임충식 대령)를 도평-입암을 따라 적중을 돌파, 배후로부터 남진시켜 남북으로부터 끼고 친다는 계획을 세웠다. 이때 적중 돌파를 감행한 제18연대의 장병은 모두 유서를 쓰고 머리카락과 손톱을 모아 사령부에 맡겼다고 한다. 전사에 대비한 비장한 조치였다. 이후 제18연대엔 '백골부대'라는 별호가 붙었다.

또 포항에서는, 미 제5공군의 항공기가 연일비행장을 포기하고 일본으로 물러나버렸다. 국군은 2개 대대를 기간으로 하는 민기식 지대를 편성, 포항의 탈환을 명했다. 민 지대는 브래들리지대와 함께 공격을 개시, 18일 포항 시내에 돌입했다. 미 해군은 이미 해상으로 포항 시내를 초토화하여 적의 사기를 꺾었다. 한편 동해안의 국군 제3사단(김석원 준장)은 7월 17일 이래 영덕 부근에서 북한군 제5사단을 저지하고 있었지만, 8월 8일 야간에 감행된 적의 파상 공격으로 방어선이 와해되어 남쪽으로 철수했다. 이때 제22연대장은 임의로 오십천교를 폭파함으로써 많은 인명 피해가 발생했고, 이에 따라 영덕−강구 전투도 종료되었다.

제3사단은 제23연대로 오십천 남안에 방어선을 형성하고, 제22연대를 남호동으로 철수시켰으나 앞에서 쓴 것처럼 8월 10일 적이 태백산 줄기를 따라 내려와 흥해를 점령하자 퇴로가 차단되어 장사동 부근의 좁은 지역에 갇히고 말았다. 미 해군과 공군은 바다와 공중으로부터 엄호했지만, 진지는 점차 축소되어 탄약도 바닥을 치고 있었다.

미 제8군은 제3사단을 해상을 통해 철수시키기로 결의했다. 제3사단은 그런 기도를 감추고 8월 16일 밤부터 17일 아침에 걸쳐 독석동 해변에서 LST(전차양륙함) 4척에 분승하여 포항 남쪽 포항 동남 구룡포로 철수한 뒤 바로 전선에 가입했다. 19일에는 포항을 탈환했다. 〈조순태의 625전쟁 남침 이야기〉

학도병, 포항여중 전투

2010년 영화로 만들어진 〈포화 속으로〉는 실제 역사이다. 포항여중 전투는 포항으로 기습 침투해 온 북한인민군 제12사단의 1개 연대를 학도병을 중심으로 편성된 2개 소대가 저지하기 위해 벌인 전투이다. 전투 시기는 1950년 8월 10일부터 8월 11일까지이다. 당시 후방사령부의 행정병들과 학도병들이 적의 진격을 지연시키기 위해 포항여중에서 전투를 치렀다. 군복도 지급받지 못하고 무장도 빈약한 상태여서 실탄을 모두 소비하자 백병전에 돌입하게 되었고, 결국 71명 중 40명 이상이 전사하기에 이르렀다. 그러나 이들은 수적·화력적인 열세에도 불구하고 장장 12시간 동안 적의 진격을 지연시켰다.

학도병의 포항여중 전투의 개요는 다음과 같다. 8월 초에 북한군 제12사단은 안동 동남쪽 산악 지대를 이용하여 기계, 안강 지역으로 침투하였다. 유격대인 북한군 제766부대는 영덕에서 안강 지역을 향해 서남쪽으로 진출했다. 그리고 동해안의 북한군 제5사단은 영덕에서 해안 지대를 따라 계속 남진을 기도했다.

동해안에서 적의 남하를 힘껏 막아 오던, 아군 제3사단은 영덕 지역에서 남쪽 10km 지점인 장사동 일대로 전진하여 북한군 제5사단과 대치중이었는데, 8월 11일 04.00경에 적 일부 병력이 포항에 침입해 옴으로써 이 사단은 후방이 차단되었다. 또한 측면으로부터의 적의 위협에 직면했다. 이에 아군은 포항을 지켜내고 형산강을 도하하여 적을 물리침으로써 반격을 개시했다. 이러한 포항 일대 전투에서 학도병들의 활약도 두드러졌는데 특히 제3사단의 후방 지휘소가 주둔했던 포항여중에 예기치 못했던 전투에서 학도병들의 행동이 대표적이다.

8월 10일에는 포항에는 제3사단의 후방 지휘소가 포항여자중학교에 위치하여 후방 지원 임무를 수행하고 있었다. 이 밖에도 해군 경비부의 본부 요원 300명과 공군 포항지부대 1개 중대 및 경찰과 청년방위대 병력이 있었다. 그리고 제3사단 후방 지휘소에는 수도 사단에 종군한 바 있던 학도병 71명의 비무장 병력이 의성 지구로부터 8월 9일 저녁에 도착하여 대기하고 있었다. 안강 전투 당시 수도 사단에는 김석원 준장의 명성을 듣고 모여든 수백 명의 학도병이 종군한 바 있었다. 김석원 준장이 제3사단으로 전임하자 이들은 김석원 준장 휘하에 가서 종군하겠다고 희망하였다. 수도 사단에서는 이들 학도병의 무장을 거두고 임의대로 행동해도 좋다고 하였으니, 희망자 중 71명은 그들이 선출한 김용섭 중대장의 지휘 아래 포항으로 김석원 준장을 찾아온 것이다. 제1소대장에는 유명욱(배재중), 제2소대장에는 김일호(서울 중앙대)가 있었다. 제3사단 후방 지휘소의 작전처에서는 10일에 영일 비행장에 있는 미 해병대에 가서 M1 소총을 수령하여 이들에게 지급하였다. 포항시의 경비는 경찰대가 외곽선을 담당했으나, 포항시의 군경 부대는 8월 10일까지도 적이 포항 북쪽에 진출하고 있다는 정보를 얻지 못했기 때문에 대책이 마련되지 않았다.

8월 11일에 제3사단 후방 지휘소의 뒷산에서 새벽 4시경, 6발의 예광 신호탄이 올라터짐과 동시에 일제히 총성이 시작되었다. 후방 지휘부에서는 곧 비상을 걸고 우선 학도병 2개 소대를 지휘소의 외곽에 배치시켜 대비토록 하였다. 날이 새면서 시야가 분명해질 무렵에 학교 정문 앞으로 북한군의 행군 종대가 다가오는 것이 눈에 띄었다. 북한군의 행렬이 50m 전방에 이르렀을 때 대기하던 학도병들은 일제히 사격하였다. 적의 대열은 순식간에 무너지고 약 20명이 쓰러졌는데, 잠시 후 흩어졌던 적은 증원을 받아 철로를 사이에 두고 다시 사격을 가해 왔다. 이때 북한군은 학도병들에게 감언이설로 항복할 것을 종용했으나, 젊은 학도병들은 이를 물리치고 실탄이 소진할 때까지 응전하였다. 실탄이 소모되자 학도병 한 명이 실탄창고의 문을 부수고 그 안에 남아 있는 실탄과 수류탄 약간을 가져와 계속 사격하였으나, 얼마를 지탱하지 못하고 실탄이 바로 바닥났다.

이 순간 북한군은 장갑차 5대를 앞세우고 또 다시 전진하여 왔으며 그중 2대가 학교 정문으로 돌입하면서 기관포를 난사하였으며 적병들은 10미터 전방까지 육박하였다. 이제 맨 주먹이 된 학도병들은 적의 수류탄을 받아 던지는 혈전을 전개할 수밖에 없게 되었는데 이 근접전에서 학도병은 적 50~60 명을 사살하였으나 아깝게도 학도병도

47명이 장렬한 전사를 하였다. 한편 제3사단 후방 지휘소는 적의 침입이 있자, 전투 병력이 없는 관계로 우선 군수품 등을 철수하기로 방침을 세웠다. 병참부에서는 군수품을 대부분 민간 선박에 싣고 있었기 때문에 피해 없이 철수할 수 있었으며, 병기부는 보유하고 있던 많은 노획 무기를 일부는 땅에 묻고 나머지는 휴대하여 구룡포를 향해 후퇴하였다.

포항은 조선 인민군의 수중에 들어갔지만, 포항 시내에 있던 한국군 제3사단 후방 사령부를 포함한 경찰 병력이 구룡포로 퇴각하여 반격의 준비를 할 수 있었다. 포항여중 전투 결과 학도병은 48명이 전사하고 23명이 부상을 입거나 행방불명 또는 포로가 되었다. 포항여중 전투의 결과로, 이들 학도병의 장렬한 최후에도 불구하고 포항시는 거의 무방비 상태에 빠지고 뒤이어 '독석동 철수작전'으로 이어졌다. 그러나 민기식 부대 등의 활약으로 포항을 되찾았다. 2010년 EBS를 통해 방영된바 있는 '어머니께 보내는 편지'는 당시 이 전쟁에 참전 했던 이우근 학생이 직접 쓴 것이며 당시 상황을 생생하게 전달해 준다. 16살 소년의 눈을 통해서 본 전쟁의 비극적인 참상과 적을 향한 두려움, 마지막까지 희망을 잃지 않는 용기 등이 가슴 절절하게 녹아 있다. 이 학도병은 끝내 어머니의 품으로 돌아가지 못했고 후일 시신을 수습된다.

피의 능선 전투

1951년 8월 16일부터 9월 5일까지 강원도에서 벌어진 전투로 한국전쟁의 일부이다. 피의 능선 전투는 19일간 국군 3, 5, 7, 8사단과 미군이 북한군 1, 27, 6사단을 맞아 펼친 전투이다. 피의 능선(983고지-940고지-773고지) 전투를 말한다. 983고지를 피의 능선이라고 부르게 된 까닭은 당시 전투 상황을 목격했던 미군 성조지(the Stars and Stripes)의 종군기자들이 '피로 얼룩진 능선'이란 뜻에서 983고지의 격전 상황을 '피의 능선'으로 보도하면서 붙여졌다. 이 전투에서 미2사단은 하루에 가공할 만한 포탄을 퍼부었다. 피의 능선 전투 기간 중 미제2사단의 포병단은 하루 평균 105미리 및 155미리 포탄 3만여 발을 북한군 진지에 발사했다. 전투 기간 중 발사된 포탄은 105미리 32만여 발, 155미리 9만여 발이고, 이를 2.5톤 트럭에 적재하면 5,000여 대의 분량으로 포진지 주변이 장약통 껍질의 바다를 이루었다 한다.

이 전투에서 한국군 제36연대는 전사 및 실종 307명, 부상 899명이 발생했으며, 미군은 전사 및 실종 740명, 부상 2,000여 명이 발생했고, 북한군은 만 오천 명의 인원이 손실된 것으로 전해진다. 미국의 역사학자 티알 페렌바크가 이 피의 능선을 두고 이렇게 말했다. "전선을 따라서 자리 잡고 있는 몇 백 개의 고지 중에서 보잘 것 없는 이 둥근 언덕 세 개를 차지하기 위해 4천 명도 더 되는 아군 병사가 목숨을 바쳤다." 백골부대는 이 전투에 참여한다. 수많은 전투 참가자 가운데 두 명의 특출한 지휘관이 무공을 인정받는다. 김갑태 육군 중령은 1949년 5월, 육군사관학교 8기로 졸업하여 소위로 임관되었고, 1951년 중공군의 1,2차 춘계대공세 당시 강원도 한석산–가리봉 전투와 현리 전투 등 수많은 전투에 참가하여 전공을 세우는 등의 활약을 펼치고 있었다. 김갑태 육군 중령은 1952년 4월, 제3사단 22연대 1대대 1중대장으로 부임하여 이후 강원도 인제군 서화 북방, 우두산 일대의 방어 임무를 수행했다. 김갑태 육군 중령이 있던 이 당시 우두산 일대의 748고지(피의 고지)와 572고지(독수리 고지)는 전략적으로 매우 중요한 지역으로 이를 확보하지 못할 경우에는 사단의 주저항선까지 위협받을 수 있어 국군은 중공군과 치열한 고지 쟁탈전을 벌이고 있었다. 김갑태 육군 중령도 이에 참여하여 1952년 10월 2일에는 1중대장 겸 1대대장 대리 임무를 부여받아 일시 피탈당한 748고지 탈환을 위해 2개 중대로 중공군에게 기습 공격을 감행했다. 그러나 중공군 역시 고지를 빼앗기지 않기 위해 강력한 저항을 계속하였고, 이에 전진이 불가능하다고 여긴 김갑태 육군 중령은 예비 병력이었던 1개 중대를 추가 투입하고 본인이 선두에서 직접 공격을 지휘하며 전투를 계속해 나갔다. 대대원을 이끌며 용감히 선두에서 전진을 외치던 김갑태 육군 중령은 적들의 공격에 끝내 가슴에 적 포탄의 파편을 맞고 쓰러졌다. 대대원들은 이에 분기탱천하여 중공군에게 달려든 끝에 748고지를 탈환하였으나 김갑태 육군 중령은 이 부상으로 인해 3일 만에 전사하고 말았다. 정부는 고인의 전공을 기려 2계급 특진과 함께 을지무공훈장을 추서했다.

김왕호 육군 소령은 1928년 7월 26일, 평안남도 안주에서 출생했다. 이후 안주 공립중학교를 졸업하였고 625전쟁 전쟁이 한창이던 1950년 10월, 육군 소위로 임관되었다. 1951년, 중공군이 전쟁에 참여하여 1,2차 춘계 공세를 시작하자 김왕호 육군 소령은 전장에 바로 투입되어 강원도 가리봉, 현리 전투에서 혁혁한 전공을 세웠다. 1952년 4월에는 국군 제3사단 22연대 1대대 3중대장으로 부임하여 강원도 인제군 서화 북방, 우두산 일대에서 방어 임무를 수행했다. 우두산 일대는 전략적으로 매우 중요한 지점으로 여겨졌는데 특히 사단의 전초 기지인 748고지, 즉 피의 고지는 이곳을 빼앗길 경우 사단의 주저항선이 위협받을 만큼 국군에게 매우 중요한 고지 중 하나였다. 중공군은 피의 고지의 중요성을 간파하고 1952년 9월 28일, 우세한 병력으로 파상 공격을 감행하여 인접 중대 인 제 1대대 1중대의 방어 진지선을 돌파하고 피의고지를 탈취하고 말았다. 국군은 이를 재탈환하기 위해 3개 중대의 병력을 2차에 걸쳐 투입했으나 모두 실패하고 김왕호 육군 소령이 있던 3중대에 역습 임무를 부여했다. 김왕호 육군 소령은 수적으로 밀리는 상황에서 정상적인 공격으로는 탈환이 불가능하다고 판단하여 적 2개 중대가 방어하는 주진지의 배후로 목숨을 건 기습공격을 감행하였다. 이와 함께 국군은 정면으로 공격했고 피의 고지를 재탈환할 수 있었다. 김왕호 육군 소령은 승리에 결정적인 역할을 담당했다. 이후에도 김왕호 육군 소령은 수많은 격전지를 누비며 전공을 세웠으나, 1953년 6월에 있던 강원도 금화지구 전투에서 적의 대규모 공격을 저지하다 그곳에서 산화했다. 정부는 고인의 전공을 기려 1계급 특진과 함께 충무무공훈장을 추서했다.

김일성 고지, 가칠봉 전투도 유명한 전투이다. '김일성 고지'로 더 잘 알려진 1,052고지 탈취 작전에 제22연대가 투입된 것은 1951년 10월 27일이었다. 백골부대는 김일성 고지 전투, 가칠봉 전투에서도 혁혁한 전투력을 발휘했다. 동부전선에는 해안 분지(일명: 펀치볼,Punch Bowl)가 있다. 펀치볼의 유래이다. 정식 명칭은 해안 분지(亥安盆地)이지만 '펀치볼'로 더 잘 알려져 있다. 한국전쟁 때의 격전지로, 외국 종군기자가 가칠봉에서 내려다 본 모습이 화채 그릇(Punch Bowl)처럼 생겼다 하여 붙인 이름이라고 한다. 가칠봉·대우산·도솔산·대암산 등 해발 1,100m 이상의 산에 둘러싸인 분지이며, 남북 길이 11,95km, 동서 길이 6,6km에 면적은 44.7㎢로 여의도의 6배가 넘는다. 해발 고도는 400~500m이다. 차별 침식 분지라는 주장도 있고, 운석 충돌 분지라는 주장도 있다. 분지 안에는 펀치볼 마을(양구군 해안면 만대리·현리·오유리)이 있다. 전방의 전선에는 유명한 백마고지가 있다. 전방에는 피의 능선과 김일성 고지(고암산 780m), 오성산, 저격능선, 낙타고지 등이 산재해 있다. 그리고 625전쟁에서 이름난 924m를 '김일성 고지', 1,026m를 '모택동 고지', 가칠봉 고지(1,242m), 대우산(1,178m), 남쪽의 도솔산(1,304m), 크리스마스 고지, 918고지, 동쪽의 달산령, 795,908고지 등으로 명명된 한국의 고지들이 있다.

민족 분단의 기원과 전개 과정

국가의 3대 요소를 국민, 주권, 영토라고 한다. 통일 한국은 이 3대 요소의 회복을 말한다. 1국가 1민족 1체제를 말한다. 그리고 한민족의 모든 감정과 정서는 치유되어야 한다. 민족 분단의 원인과 과정, 그리고 영향에 대해서 근원적, 역사적으로 조명해 보기로 한다. 한민족은 동일한 언어·문화·혈통, 공동체의식을 바탕으로 통일국가 전통을 유지해 왔으나 8.15 해방을 기점으로 분단이라는 비극을 겪는다. 해방된 나라가 분단으로 이어지는 역사의 아이러니다.

우리나라는 현재 국민, 주권, 영토의 분단이 유지, 고착화되어 가고 있다. 첫 번째 국토(영토)의 분단이다. 1945년 8월 15일, 한국은 일제 강점기 35년 치하를 마감한다. 그러나 한민족에게 일제식민지에서의 해방의 환희와 함께 국토의 분단이라는 비극을 동시에 겪었다. 세계적 갈등 구조가 우리에게 강요한 분단이다. 이것은 해방이 우리의 주체적 역량에 의하여 획득된 것이 아니라 외세에 의존했기 때문이다. 독립과 국토의 분단 과정은 카이로 회담(1943, 한국 독립 결의), 포츠담 선언(1945, 재확인)에서는 한국의 독립 국가를 약속한다. 그러나 제2차 세계대전이 막바지로 치닫던 1945년 2월, 소련의 얄타에서 미국의 루스벨트와 영국의 처칠, 소련의 스탈린이 모여서 회담을 연다. 이른바 '얄타회담'이다. 여기서 소련은 전쟁에 참여하기로 결정하고 같은 해 8월 9일, 일본에 선전포고를 한 뒤, 11일 군대를 이끌고 한반도의 북부 지역을 점령한다. 분단의 단초가 된다. 1945년 8월 15일, 이후 일본군 무장 해제를 위해 연합국이던 미국과 소련이 38도선을 경계로 분할 점령하는데, 38도선은 어디까지나 만주와 한반도 내 일본군의 항복을 담당하여 받기 위한 일시적인 경계선이었지 분단 고착화를 확정짓는 것은 아니었다. 45년 8월 11일, 소련이 무력으로 한반도 전체에 대한 영향력을 행사할 것을 우려한 미국은 북위 38도선을 경계로 한 한반도의 분할 점령을 소련에 제안하고 '분할통치(divide and rule)'를 실행에 옮겼다. 미군정은 1945년 일본의 항복으로 삼팔선(한반도 북위 38°선) 이남 지역에 미군이 진주하여 9월 8일부터 1948년 8월 15일, 남한 단독 정부가 수립되기까지 3년 동안 실시한 군사 통치 시기를 말한다.

1945년 8월 24일, 소련 군대 평양 점령, 8월 25일 미국-소련, 한반도 38선으로 분할 점령을 발표한다. 이어 맥아더 사령부가 미군에 의한 남한 분할 점령 정책을 발표함에 따라 9월 8일, J.R.하지 중장 휘하의 미군이 인천에 상륙함으로써 향후 3년간의 미군에 의한 남한의 군정이 시작되었다. 같은 해 9월 11일, 하지 중장의 미군 시정 방침 발표와 아놀드 소장의 미군정 장관 취임에 이어, 19일 '재조선(在朝鮮) 미 육군사령부 군정청'이라는 공식 명칭으로 발족하여 남한의 통치에 들어갔다. 모스크바 3상회의는 1945년12월 16일에서 25일까지 모스크바에서 개최된 미국. 영국. 소련 3국의 외상이사회에서 체결된, 제2차 세계대전의 전후 문제 처리에 관한 협정이다. 한국에 대해서는 임시 민주주의 정부 수립, 최고 5년간 미.영.중.소의 신탁 통치, 미소공동위원회 설치였다. 국내 영향과 파장은 컸다. 우익은 신탁 통치 반대 운동을 일으키고, 좌우익 세력의 대립이 심화된다. 모스크바 3상회의(미,영,소) 결과 미소공동위원회 개최, 임시정부 수립, 신탁통치 실시가 결정되었는데, 언론에 보도되는 과정에서 동아일보가 오보를 한다. 동아일보는 1945년 12월27일자 1면 기사에서 '소련은 신탁통치 주장, 미국은 즉시 독립 주장'이라고 보도했다. 3상회의의 핵심 사항은 임시정부 수립이었는데 신탁통치를 부각시켰다. 신탁통치를 처음 주장한 것도 미국인데 소련이 먼저 주장한 것처럼 보도한다.

동아일보는 친일지주계열과 연결되어 있었는데, 해방 후 친일파들은 자신들의 입지를 위해서 반소(반공)를 부축인 것이다. 국내에 처음 알려졌을 때 모든 세력이 반탁을 주장한다. 3상회의에 대한 진의를 알게 된 좌익 측에서는 3상회의에 대한 전면적 지지로 입장을 변경한다. 우익 성향의 동아일보 보도 이후 한반도는 찬탁, 반탁으로 갈라졌고, 미소공동위원회의 실패를 초래했으며 한국전쟁과 분단으로 이어졌다. 이때부터 일제시대 이래 민족, 반민족(친일)의 대립이 찬탁, 반탁의 대립, 곧 친공, 반공의 대립으로 전환된다.(전자가 좌익, 후자가 우익과 친일파 포함) 미소공동위원회가 개최되었는데, 소련은 3상회의를 지지하는 정당, 단체(즉 좌익)만 임시정부 수립 문제 협의 대상에 포함시키자고 주장한 반면 미국은 표현의 자유를 내세우며 반탁 세력(우익)도 포함시키자고 한다. 좌익 성향만이 주도할 경우 수립될 한국 정부는 친소 정권이 될 우려 때문에 미국은 적극적으로 소련 입장에 반대해서. 결국 양측 입장 차이로 결과적으로 미소공동위원회는 결렬되고 만다. 국내 정파들의 반응이다. 이승만 계열의 대한독립촉성국민회, 김성수 계열의 한민당(한국민주당)은 우파 세력으로 신탁통치 반대 입장, 남한만의 단독 정부 수립을 지향했다. 김구 계열로, 대한민국 임시정부 계열은 우파 세력으로 신탁통치반대 입장, 남북 통일 정부 수립을 지향했다. 박헌영 계열의 조선 공산당 등은 좌파 세력으로 신탁통치찬성 입장, 남북 통일 정부 수립을 지향했다. 여운형, 김규식, 안재홍 등 중도파 세력(중간파)은 신탁통치 문제에 대해서는 신중한 입장이었고, 좌우합작운동과 미소공위 재개를 통해 남북 통일 임시정부 수립을 지향했다.

좌익과 우익을 모두 포함시키는 중도파인 건국준비위원회가 1945년 8월 10일, 비밀리에 발족됐다. 약칭하여 '건준'이라고도 한다. 8월 15일 광복절 날 조선건국준비위원회를 발족을 발표하였다. 8월 17일에는 건준의 중앙 조직이 발표되었는데, 여운형이 위원장이 되고, 부위원장 안재홍이었다. 건국준비위원회(건준)는 출범 한 달 만에 남한 145개 시군에 지부를 결성할 만큼 국민의 폭발적인 지지를 받았다. 이렇게 여운형의 건준은 발 빠르게 국내 치안권을 인수하고 신문과 방송 등 언론 기관을 접수하여 건국을 준비하겠다고 나선 것이다. 그러나 건준이 지나치게 좌익 진보 세력으로 조직되자 민족주의계 인사들이 이에 반발하여 탈퇴하였다. 건준과 민족주의계열의 협상이 결렬된 상황에서 8월 31일 여운형은 사직을 선언하고, 안재홍도 건준에 사표를 제출했다. 결국 9월 4일, 위원회 전체회의가 열려 집행위원회 개편을 단행하였고 9월 6일에는 600여 명으로 구성된 전국 인민대표자회의를 소집하였다. 경기여자중학교에서 열린 이 회의에서 '조선인민공화국 임시조직 법안'이 통과된 뒤 조선인민공화국 수립을 발표하였다. 따라서 건준은 9월 7일 해체되고 9월 11일 조각을 단행하였다. 이승만, 여운형, 허헌, 김규식, 김구, 김성수, 김병로, 안재홍, 이강국, 신익희, 조만식 등 55명의 대표위원과 오세창, 권동진, 김창숙, 이시영 등 12명의 고문위원을 선발하고 주석에 이승만, 부주석에 여운형, 총리에 허헌이 각각 추대, 임명되었다고 밝혔다. 처음부터 건준을 반대하고 임시정부의 귀국을 기다리던 김성수, 송진우, 장덕수 등, 우익 진영은 이들 조직을 '벽상조각'이라고 비난하였다. 그 후 해외 독립운동지도자들이 귀국한다.

미군정은 10월 10일 조선인민공화국을 부인하는 성명을 발표하였다. 또한 환국한 이승만도 주석 취임을 거절하는 성명을 발표함으로써 자연적으로 해체되었다. 1949년 6월26일, 김구가 암살당한다. 그리고 1950년, 한국전쟁이 발발한다. 한국전쟁의 도발 배경에는 한국군의 준비태세 미비에 의한 기습 남침과 '에치슨 라인' 발표를 든다. 1950년 6월 23일, 625전쟁이 일어나기 전 우리 국군은 비상경계령을 해제했고, 군 병력의 30% 이상이 외출을 갔다. 휴일이었던 6월 25일 새벽, 북한 공산군은 불법 남침을 시작한 것이다. 발단은 애치슨 라인 선언(Acheson line declaration, 애치슨 선언)이다. 1950년 1월 12일에 미국의 국무장관이었던 딘 애치슨에 의해 발표된 선언으로 1950년 1월 10일, 미국 상원 외교위원회의 비밀 회담에 참석한 애치슨은 미국의 극동방위선이 타이완의 동쪽 즉, 일본 오키나와와 필리핀을 연결하는 선이라고 말하였다. 이틀 후(1월 12일), 외교위원장 톰 코널리는 이를 대외에 발표하였다. 여기서 애치슨 라인(Acheson line) 선언에서 발표된 내용은 '미국의 아시아태평양 방위선에서 한국을 배제'한다고 했다. 이는 김일성은 남침을 감행해도 미국이 개입하지 않을 것이라는 판단과 남침을 모의하던 스탈린, 마오쩌둥에게는 더할 수 없는 청신호로 받아들여졌다. 심리적 균형을 무너뜨리고 오판하게 만들어 도발하게 한 충분한 이유가 된다. 두 번째는 주권의 분단이다. 한반도 내의 갈등과 대립이 남과 북으로 나뉘어 지역적 분할 양상을 보이는 상황에서 1948년 5월 10일에 남한 지역에서 510총선거로 제헌국회의원을 선출하여 같은 해 7월 17일 제헌, 8월 15일, 대한민국 정부가 수립된다. 남한에서 먼저 단독 정부가 수립되었고 이어 9월 9일, 북한에도 단독 정부가 수립되었다. 북한은 남한 정부 수립보다 2년 6개월 전에 인민위원회를 조직해 실질적인 정부 역할을 하도록 대비를 한 것이다. 한반도에 38도선을 기준으로 서울을 수도로 하는 대한민국 정부와 평양을 수도로 하는 조선민주주의인민공화국 정부가 수립된다. 소련군 철수(1948.10.)와 미군 철수(1949.6.)가 진행된다. 세 번째는 국민 분단이다. 815 광복 후 좌우익의 분열로 분단된 남과 북은 강대국의 대리 전쟁인 한국전쟁까지 겪는다.

유엔군 참전과 한국의 분단

6월 25일, 북한 인민군이 38도선에서 공격을 시작하자 미국은 북한의 남침을 침략 행위로 간주, 남한에 대한 군사 지원과 유엔군 파병을 주요 내용으로 하는 결의안을 국제연합 안전보장이사회에 제출한다. 소련은 유엔군 파견을 결정할 때 안전 보장 이사회에 불참한다. 당시 소련은 안전 보장 이사회 상임 이사국 중 중국 대표를 중국 '국민당'에서 '공산당'으로 바꾸는 문제로 안전보장이사회 상임위원회 참가를 거부한 상태였다. 소련의 불참에는 다양한 해석이 있다. 스탈린이 유엔 안전보장 이사회에서 소련에 대한 비난을 의식, 대표에게 불참을 지시했지만 유엔군의 파견이 결정될 것으로는 미처 예측 못했다. 유엔 안전 보장 이사회가 한국 문제를 다룰 법적 근거가 없기 때문에 소련이 보이콧했다. 상임 이사국으로 추대되던 중국 공산당을 견제하기 위한 의도였다. 이와 같은 몇 가지 의문과 분석이 있었으나, 최근 공개된 비밀 자료에 의하면 소련은 치밀한 전략으로 중국과 미국, 서방의 대결 구도를 노렸다고 한다. 중국과 서방의 전쟁으로 힘을 약화시키기 위한 계책이었다.

안전 보장 이사회는 이를 즉각 결의하였는데, 이는 미 국무부가 유사시를 대비해 사전에 준비한 계획이 즉각적으로 실현된 것이다. 제2차 세계대전에서 일본과 독일의 침략을 사전에 대비하지 못한 역사적 교훈에 따라 단호한 태도를 취할 필요가 있었기 때문에 이렇게 신속한 결정이 내려진 것이다. 유엔 회원국이 참전을 결정하면서 지휘권 문제가 대두되자, 트리그브 리 유엔 사무총장은 7월 3일, 가장 참전 및 지원 규모가 큰 미국이 유엔군을 지휘하도록 제의한다. 안전 보장 이사회는 7월 7일, 미국이 작성하고 영국과 프랑스가 제안한 '유엔군사령부 설치'를 의결함으로써 유엔군을 지휘하는 통합군 사령부가 발족되고 더글라스 맥아더 장군이 유엔군 사령관을 맡는다. 유엔 사무총장은 초대 유엔군 사령관에 미 극동군 사령관인 맥아더 장군을 임명하고, 그에게 "미국의 작전 임무는 국제 정치상 어디까지나 유엔 안전 보장 이사회의 지원 하에 이루어진다."는 지침을 전달한다.

유엔군이 파견되면서 1950년 7월, 대전에서 한국군의 작전 지휘권이 한국군에서 유엔군으로 이관되었다. 유엔 안전 보장 이사회의 소집으로 유엔군의 참전이 결정되고 전세를 회복 했지만 곧 이은 중공군의 개입으로 전쟁은 한치 앞을 예측할 수 없을 만큼 전개되었다. 1953년 7월 27일, 결국 현재의 휴전선으로 휴전 협정을 맺음으로서 전쟁이 그친다. 사실상 미소 냉전에 의한 세계의 새로운 구도에 끼어들어 미소의 대리전쟁을 한 것이다. 미국과 소련이 한반도의 남북을 분할 점령하고, 2

차 대전으로 남북한을 분할 점령한 미국은 공산주의가 확산되지 않게 하려고 남한을 원조했고, 연합국인 미국, 영국, 프랑스는 남한을, 소련은 공산주의를 확산시키기 위한 이념이 대립하여 일어난 과정으로 북한 김일성의 남침 야욕과 합쳐 625전쟁이 발생한 것이다. 전쟁은 3년 1개월간 계속되었으며 전쟁으로 인한 인명 피해는 민간인을 포함하여 약 450만 명에 달한다. 그 가운데 남한의 인명 피해는 민간인 약 100만 명을 포함한 약 200만 명이며, 공산 진영의 인명 피해는 100만 명의 민간인을 포함하여 약 250만 명으로 추산된다. 전쟁 기간 중 한국은 43%의 산업 시설과 33%의 주택이 완전히 파괴되었다. 국토의 분단으로 인한 민족 경제는 타격이 컸다. 공업의 3분의 2와 수력 전기의 90%, 석탄·철 및 기타 광물 매장량의 대부분과 활용 가치가 높은 산림 등이 북쪽에 있었다. 또한 농업의 75.0%와 인구의 3분의 2가 남쪽에 있어, 경제는 양분되고 국토와 경제 구조는 파행성을 면치 못했다.

통일의 우선 과제로 기본적인 남북한 간 자유 왕래를 제도적으로 보장하는 길이 필요하다. 독일처럼 통일전에 통행, 통상, 통신 등 '3통 협정'을 우선적으로 체결하는 것도 중요하다. 우리나라에도 필요한 부분이다. 이 부문에서 남북의 단절을 보자. 1945년 소련군은 8월 26일, 38선에서 철도를 절단했다. 비공식적으로 소통되던 남북 왕래는 우편물 교환 중단에 이어, 9월 13일에는 소련군이 해주와 토성 사이의 전신 전화 선로를 절단하여 통신마저 끊겼다. 1945년 12월 27일, 미국·영국·소련의 외상들이 신탁통치를 결정한 모스크바 3상 선언에 따라 미국과 소련 대표가 1946년 1월 16일부터 서울에서 미소공동위원회의 예비회담을 시작했다. 국민들은 38선이 철폐되고 통일될 것이라고 굳게 믿었다.

1946년 1월 16일부터 시작된 미소공동위원회의 예비회담이 2월 5일에 끝나고, 남북한 방송국의 주파수를 서로 협의 북한에서도 2월 15일부터 서울의 방송 청취가 가능했다. 3월 15일에는 남북 우편물 교환도 재개되었으나 조사단은 파견할 수가 없었고 전기 통신도 끝내 복구되지 못했다. 3월 20일부터 양국 대립으로 끝내 결렬되고 말았다.

우편물을 제외한 민간 차원의 남북 교류는 원칙적으로 불가능하였으나 관공서를 통한 공적 교류는 어느 정도 지속되었다. 1947년 7월 1일에는 북한의 비료와 남한의 직물을 교환했으며, 1948년 5월까지 북한에서 남한으로 전력을 송전했다. 1947년 12월에도 송전의 대가로 남한에서 준비한 전기용품을 수송하기 위해 북한의 화차가 서울에 와서 국민들은 남북 교류가 재개될 것으로 믿었다. 서울 주재 소련 영사관과 평양의 소련 대표가 서로 통신하기 위해 사용한 선로가 남북 간의 유일한 통신선이었다. 그러나 1947년 10월, 제2차 미소공동위원회가 결렬되고 서울에 머물던 소련 대표들이 철수함에 따라 완전히 폐기된다. 분단은 아직도 이중적 중첩 구조의 모순이 날로 심화되어 작용한다. 외형적으로는 남북 간의 분단이다. 또한 내적 분단의 문제가 내면화되어 있다. 역사 인식과 현실 인식 면에서도 지역 간, 계층 간, 정파나 진영 간에 흑백논리나 극단적인 이분법적 사고가 만연하다. 민족의 외형적 분단은 우리 사회의 내부의 분단 화를 더욱 확대 심화하고 있다. 분단 대결 구도의 증오와 적개심이 공동체 안에 투영되거나 역기능으로 작용하여 국민 통합을 저해 한다. 파생된 조건과 제약들을 주체적인 역량으로 대화합하고 극복해야 한다.

전과

현장 승리와 전과물의 획득, 공유의 법칙

1975년에 귀순한 인민군 유대윤 소위도 '백골부대는 북한군이 가장 겁내는 부대'라고 증언했으며, 최근 귀순해 백골부대에서 초빙 강연을 한 북한군 통신단 출신의 김모 씨도 "북한에 있을 때 '치가 떨리도록 악랄한 놈들'이라고 들었던 백골부대에 와서 강연하게 될 줄은 몰랐다."며 식은땀을 흘렸다고 한다. 〈신동아 2002. 6.〉

사람들은 흔히 이렇게 표현한다. "외국에 나가면 누구나 애국자가 된다."고, 이곳에선 달리 말한다. "최전방의 전선에 오면 누구나 애국자가 된다."고. 전방에서 군 생활을 하는 동안, '내 조국이 얼마나 소중한지, 4km 너머 저편이 아닌 바로 이 땅에 태어난 것이 얼마나 감사한 일인지'를 새삼 깨닫는다.

백골부대는 625전쟁은 물론이고, 현대에 이르러서도 수많은 전과를 올렸다. 그리고 대통령 부대 표창도 특별히 많이 받은 부대 중에 하나다. 백골부대는 최전방의 전투 사단이다. 성공의 법칙 중에 하나는 선택과 집중이다. 백골부대는 모든 전투 인력과 전투 자원을 북한과의 대결에서 승리하는 데에 집중한다. 그래서 부대원도 혁혁한 전공과 전투력 소유 부대로서 자긍심이 있지만, 이를 자긍심으로만 여기지 나태하거나 방심하지 않는다. 다른 부대와 비교하거나 우월한 의식이나, 교만이나 자만심을 멀리하고 경계하는 모습을 보여준다. 이러한 자세가 백골부대의 참 군인 된 면이라 할 수 있다.

1965년, 현 위치로 이동한 부대는 지금까지 39회에 걸쳐 침투해 온 적 136명을 모두 격퇴, 사살한 바 있으며 지난 98년 파랑새 유도 작전을 통해 귀순한 석영환 대위와 손명순 중사를 비롯해서, 총 11회에 걸쳐 12명을 자유 대한의 품으로 안전하게 유도한 바 있다. 최근 사례라면 '522 완전 작전'과, 97년 7월 16일, 피아간의 치열한 교전에서 승리한 '716 완적 작전'을 들 수 있다.

백골부대는 625전쟁에서 한국군의 대표라 할 정도로 혁혁한 전공을 세웠다. 625전쟁 이후에 현재에 이르기까지 완벽한 작전을 수행했다. 전군 DMZ 최초의 완전 작전 부대이다. 625전쟁 이후에 백골부대만큼 북한에 대해서 압도할 전투력, 가공할 정도의 위압감을 보여준 부대는 없었다. 백골부대는 일반 보병 전투 사단인데도 불구하고 특수부대를 능가하는 막강한 전투력을 실전에서 보여주었다. 모든 부대, 군인들의 힘든 교육, 훈련을 인정한다. 그러나 실전에서 이를 증명해 내기란 대단히 어려운 과제이다. 간첩 침투 시에 한 명을 소탕하기 위해서 전군에 비상이 걸린다. 그리고 많은 희생을 치르기도 한다. 그런데 백골부대는 이미 충분하게도 전투력을 입증해 낸 부대이다. 가장 용맹스런 부대임이 분명하다. 자기 증명을 분명하고도 선명하게 거쳤기 때문이다.

38선 최초 돌파, 국군의 날 기원

육군 제3보병사단(ROKA 3rd Infantry Division)은 1949년 5월 12일, 창설된 5군단 예하의 역사가 오래된 보병 사단 중 하나이며, 중부전선 최전방을 지키고 있는 든든한 정예 GOP 전투 사단이다. 현재 3사단은 강원도 철원군 일대에 주둔하고 있으며, 백골부대 좌측에는 6사단(청성부대), 우측에는 15사단(승리부대), 아래에는 8기계화보병사단(오뚜기부대)이 있다. 3사단 예하에는 다음과 같은 휘하 부대가 있다. 18연대, 22연대, 23연대, 포병연대, 사단직할대(수색대)로 구성되어 있다.

"백골부대는 1950년 10월 1일, 11시 45분에 보병 제3사단(백골부대) 23연대 3대대가 강원도 양양 지역에서 최초로 38선을 넘어 북진했다."〈연합뉴스 2013. 10. 5.〉 625전쟁 전사에 기록된 내용을 보면 한국전쟁 중, 국군 최초의 38선 돌파는 1950년 10월 1일, 오전 11시 45분 보병

3사단 23연대 3대대 장병의 양양 지역 돌파로, 이를 기념하기 위해 지난 1956년, 정부는 10월 1일을 '국군의 날'로 지정했다. 당시 3사단은 9월 17일부터 30일까지 경북 포항 형산강에서 양양 38선까지 330km를 전군에서 가장 빠른 속도로 진격했다.

3사단의 38선 돌파

연합뉴스, 1998년 9월 27일자 기사를 보면 흥미로운 주장이 있다. 625전쟁 당시 38선을 최초로 돌파한 부대는 어느 사단일까. 육군 3사단(일명 백골부대)과 수도기계화사단은 그동안 서로 38선을 먼저 돌파했다고 주장하며 매년 기념행사를 갖고 부대원에게 자긍심을 고취시키는 교육을 실시하는 등 한 치의 양보도 하지 않고 자존심 싸움을 벌여 왔다. 특히 두 부대는 '국군의 날' 제정의 계기가 된 38선 돌파일인 10월 1일 대대적인 기념행사를 준비하고 있어 '누가 육군의 최정예 부대이냐'를 놓고 다시 뜨거운 논란을 예고한다. 그러나 3사단의 경우 38선 돌파 성공 시간이 전사에 명확히 기록돼 있으나 수기사는 3사단과 함께 휴전선 돌파 작전에 투입됐다는 사실 외에는 공식 기록이 없어 두 부대 간 논쟁은 영구 미제로 남을 전망이다. 전쟁기념사업회가 발간한 '한국전쟁사'와 군사문제연구소의 '한국전쟁일지', 국방군사연구소의 '한국전쟁' 등에 따르면 38선 돌파는 한국군의 독자적인 작전 계획에 따라 이뤄졌다. 인천상륙작전과 서울 수복으로 전세가 역전되자 3사단도 유엔군과 함께 영토 수복의 선봉에 선다. 북한군 주력이 38선 이북과 빨치산으로 산개하자 유엔군 사령부는 아군의 북진을 중지시킨다. 그러나 우리 정부는 북진을 통한 전쟁 종식과 통일에 대한 의지를 밀어붙인다. 정일권 국군 총참모장은 3사단의 정면인 강원 양양군 하조대에 국군의 진격을 방해하는 북한군의 요충지가 있다는 사실을 발견해 이를 명분으로 유엔군에 북진을 정식 요청한다. 하지만 유엔군 사령부는 북한에 항복을 요청하겠다는 이유로 명령 하달을 하지 않았다. 이에 정일권 중장은 3사단 23연대 전선을 시찰하면서 작전 명령을 하달해 38선 남쪽 2km 지점인 강원도 양양군 현남면 인구리에 주둔하고 있던 3대대 병력이 국군 최초로 38선을 넘어 북진을 개시한다.

이후 유엔군 사령부도 북진을 결정하면서 유엔군도 국군과 함께 38선을 넘어 압록강 유역까지 진출한다. 중공군의 참전으로 국군은 다시 후퇴하고 말았지만, 이후 최초의 38선 돌파는 국군에게는 중요한 의미로 남았다. 처음에는 우리 국군은 육군, 해군, 공군의 기념일을 따로 지냈다. 각 군의 창군일이 달랐기 때문이다. 그러다가 정부는 1956년 3사단의 38선 돌파를 기념해 10월 1일을 국군의 날로 정하였다. 낙동강 전투에서 대승을 거둔 1군단은 작전 명령 제109호를 통해 '제3사단은 퇴각하는 북한군을 계속 추격, 양양을 점령해 수기사의 북진을 용이케 하라'고 지시, 제23보병연대(연대장: 김종순 대령) 예하 3대대(대대장: 허형순 소령)를 비롯한 선두 부대가 북한군의 저항을 격퇴하며 양양을 점령했고, 50년 9월 30일, 오전 10시를 기해 3사단을 선봉부대로 해서 38선 돌파 작전이 개시된다. 이 명령에 따라 3사단 예하 23연대 3대대는 38선 남쪽 4km 지점인 인구리를 점령한다. 이어 다음날인 10월 1일, 오전 5시를 기해 북진을 개시, 북한군과 치열한 교전 끝에 오전 11시 45분, 38선을 돌파하는 데에 성공한다. 당시 수기사의 선봉부대인 18연대도 9월 30일, 23연대 주둔 지역 왼편인 서림리를 점령한 데에 이어 하루 뒤인 10월 1일, 북한군의 퇴로를 차단하며 38선을 돌파, 양양을 향해 진격했다.

3사단 23연대는 10월 2일, 오전 10시 30분, 숙영지를 출발, 오후 2시에 1차 탈환목적지인 양양을 점령했으며 18연대도 거의 동시에 서쪽 방면에서 진격, 23연대와 합류해 감격적인 시가행진을 벌였다. 이후 18연대와 23연대는 뒤늦게 합류한 부대들과 함께 좌우로 나눠 북진을 계속, 하루 평균 24km씩 진격해 12월 1일에는 두만강변의 혜산진과 동북 지역 청진까지 점령하는 쾌거를 이뤘다. 한편 18연대는 이후 중공군 개입으로 후퇴하는 과정에서 3사단과 함께 함정을 타고 부산과 구룡포에 입항, 그해 12월 15일 이후 3사단에 예속됐으며 주력 부대에서 이탈한 3사단 26연대는 수기사가 주둔중인 묵호항에 입항, 수기사에 편입됐다. 수기사 관계자는 "전사에 23연대가 38선을 첫 돌파한 것으로 명시돼 있는데 반해 18연대 기록은 없어 안타깝다."면서, "그러나 생존 용사들의 증언 등으로 미뤄볼 때 38선 돌파 시점은 23연대와 비슷하거나 오히려 앞선다."고 주장했다.

혜산진 최선봉 입성부대

백골부대는 38선 최선봉 돌파는 물론이고 만주 국경 지대인 혜산진까지 밀고 올라간 전설적인 부대였다. 그러나 마지막에 중공군이 개입함으로서 조국의 통일을 눈앞에 두고서 후퇴를 할 수밖에 없었다.

혜산진 최선봉 입성, 3사단

함경남도의 도청 소재지이자 군사상의 중심지였던 함흥 진격전에서 적 제42사단 및 원산 경비여단, 제5사단이 함흥 부근에서 부대를 집결하여 아군에 대한 완강한 저항을 시도하였으나, 18연대는 성천강을 건너 함흥에 돌입한 다음 1시간여의 시가전 끝에 함흥을 점령(10월 17일)하고 함흥 부근 주요 고지에서 적을 몰아냈다.

이 여세를 몰아 흥남, 성진을 탈환하였고, 이어 18연대가 최북단인 부령까지 진출하였고, 22연대는 11월 30일, 한만 국경에 위치한 혜산진을 탈환하고 23연대는 백암에 자랑스러운 태극기를 휘날리었다.

이렇게 최북단 진격 부대로서 눈부신 활약을 벌이던 3사단은 중공군의 불법 개입으로 인해, 12월 9일 성진에서 해상으로 철수하였고, 부산과 구룡포에 상륙 후 다시 중부전선에 투입, 51년 초에는 홍천, 남대리, 옥동리 등의 공격 작전에 참가하였으며, 그 후 피의 능선 전투, 김일성 고지 전투, 변암동 지구 전투, 689고지 전투에 참여해 혁혁한 무용을 과시했다.

박석순 소위와 '18결사대'

1953년 3월 27일, 28일, 변암동 전투에서 '18인의 결사대'는 전설적인 승리를 거둔다. 18연대 1대대 소대장 박석순 소위가 지휘하는 18결사대는 적지 깊숙이 뛰어들어 단 한 명의 희생자도 없이 적 사살 6명, 포로 3명을 획득하는 큰 전공을 세워 아군의 사기를 크게 고취시켰다.

"忠武勳章授與(충무훈장수여) 白骨部隊(백골부대) 18勇士(용사)에" 〈경향신문 1953.4.3.〉

그날의 전과로 18결사대 용사 전원은 충무무공훈장을 수여받았으며, 1953년 6월 4일, 경무대로 이승만 대통령을 예방하였다.

'전쟁 영웅' 연제근

　　연제근 상사는 1930년 1월 14일, 충북 괴산군 도안면 노암4리 둥
구머리 마을에서 태어났다.

　　연 상사는 3사단 22연대 소속 분대장으로 경북 포항시 자흥동 형
산강 전투에 참가 인민군 766부대와 대치한 가운데 도하 작전 선발대
를 맡아 1950년 9월 17일, 새벽 4시께 대원들과 강을 건너 적진에 돌
진했다.

　　도착 후 적진에서의 작전은 바로 시작되었다. 수류탄을 투척하며
적의 진지 안으로 던졌다. 3발의 수류탄이 적의 기관총 기지를 완전히
파괴하는 성과를 거두었지만 적에게 탄을 맞아, 결국 분대원과 함께
21세의 나이로 전사했다. 하지만 이로 인하여 22연대는 무사히 포항
지구를 수복하는 데에 성공하였고, 이는 우리 국군이 다시 북진할 수

있는 계기가 되었다는 점에서 큰 의미를 가진다고 할 수 있다.

그는 비처럼 쏟아지는 탄환 속에서 수류탄 3발을 적의 기관총 진지에 명중시킨 후 장렬히 최후를 마쳤다. 또 1949년 여순반란사건 시에는 지리산 공비토벌작전 중 홀로 적진에 들어가 9명의 공비를 사살하는 전공을 올리기도 했다. 이 공으로 당시 분대장이었지만 2계급이나 특진하는 큰 영광을 얻었다.

이에 정부로부터 화랑무공훈장(50년 12월), 을지무공훈장(51년 8월), 무공포장(56년 10월)이 추서됐고, 서울 동작동 국립묘지에 안장돼 있다. 연 상사는 2000년 국방군사연구소의 호국 영웅으로 선정됐고, 2002년 8월 15일에는 그를 기리는 흉상이 모교인 도안초등학교 정문 앞에 세워졌다.

연극으로도 제작되어 있다. 625전쟁 때 적군의 손에 들어가 있던 포항을 탈환하는 내용이다. 국군 제3사단 백골부대 소속 연제근 상사가 형산강 이남에서 특공대를 조직, 온몸에 수류탄을 감고 형산강 이북, 현재의 포항 문화예술회관 뒤편 형산강 제방 쪽에 포진한 북한 공산군의 진지에 뛰어들어 폭파시킨다. 연제근 상사도 장렬하게 전사함으로써 3사단(백골부대)은 포항을 탈환하고 백두산까지 진격하는 계기를 마련하는 내용이다.

이명수 일등상사와 '12특공대'

625전쟁 발발 직후, 북한의 남침으로 인해 전쟁에 제대로 대비하지 못한 국군은 서울을 빼앗기고, 경상도 지방인 낙동강 전선까지 땅을 내주면서 큰 위기를 맞는다. 1946년 10월, 병사로 자원입대해 1950년 625전쟁 수개월 전에 전역했지만, 전쟁이 발발하면서 일등상사로 재소집돼 3사단 22연대 3대대 소대장 대리로 복무했다.

1950년 7월, 영덕 지구 전투에서 특공 대장에 임명돼 대원 12명과 함께 목숨을 걸고 적진에 침투, 육탄으로 북한군 전차 3대를 격파하는 전공을 세워 '탱크잡이의 명수'로 불렸다. 적진에 침투해 적에게 생포된 부하 3명을 구출해 내기도 했다. 그의 특공대원들은 북한군의 포항 진출을 2주일 이상 지연시키면서 국군과 유엔군이 낙동강 방어선을 유지하는 데 크게 기여했다. 낙동강 방어 전투에서 밀려오는 적 전차를 방어하기 위해 3사단 22연대 이명수 상사는 특공대 12명을 지휘, 육탄으로 적 전차 3대를 폭파하고 적 1개 중대를 괴멸시켰고, 18연대는 안강·기계 전투에서 전원이 죽음을 각오하고 유서와 함께 머리카락과 손톱, 발톱을 유품으로 남기고 적진 깊숙이 결사대로 침투하여 적 1,300여 명을 사살하는 등 북한 남침 이후 최대의 전과를 올린다.

1950년 7월 27일, 경북 영덕을 방어 중이던 제22연대 2대대장은 연대장으로부터 특공 습격대를 편성, 적 전차를 궤멸하라는 명령을 받고 12중대 2소대장 대리 근무를 맡고 있던 이명수 상사에게 이 임무를 부여했다. 이 상사는 12명의 습격대를 편성하여, 치밀한 계획과 습격 시 필요한 준비를 갖추면서, 적과 조우 시 대응책으로서 트럭을 대행으로 예행연습을 하였다. 7월 28일, 적진으로 침투한 습격대는 3km쯤 침투하여 조그만 능선에 올랐을 때, 약 1개 소대의 적병이 계곡 냇물 가에서 떠들며 물을 마시는 등 무질서한 모습을 보이자, 이 상사는 30여 명의 적을 3면에서 포위한 후, 일제히 수류탄을 던져 대부분의 적을 격멸시키고 경상을 입은 4명을 생포했다. 이들을 심문한 결과 전차 부대의 유도 임무를 맡고 있고 이날 밤 적의 암호가 '쥐와 새'라는 것도 알게 되었다.

이들을 앞세우고 3대의 적 전차가 있는 것을 본 특공대 3개조가 각각 1대씩 맡아 전차로 접근하여 암호를 댔고, 이에 적이 헤치를 연 순간 이 상사를 비롯한 나머지 대원들도 전차 안으로 수류탄을 집어넣었다. 몇 초 후 밤하늘에 울리는 폭음을 뒤로하고 습격대는 계획된 통로를 따라 철수했다. 또한 적에게 포로가 된 부하를 구출하기 위해 특공대의 선두에서 돌격을 감행한 이 상사와 특공대원들은 고지를 탈환했고, 적에게 생포된 2명의 습격 대원과 부상한 아군을 구출하는 데 성공했다.

이 전공으로 이 상사는 공훈을 인정받아 1951년 7월, 사병으로는 처음으로 군인에게 최고의 훈장인 태극무공훈장을 이승만 대통령으로부터 직접 받았다.

칠봉지구 전투, 김일문 일병

　전투에서는 훌륭한 지휘관의 능력만으로 승패가 결정되는 것은 아니다. 때로는 무명의 한 용사에 의해서도 승리를 거두기도 한다.

　1951년 10월 27일, 제5사단과 진지를 교체해서 가칠봉으로 올라간 제22연대는 악명 높은 고지인 김일성 고지를 공격할 준비 태세를 갖추었다. 그러나 주공인 제5중대는 희생이 너무 많아 실패했고, 1중대가 다음 번 주공을 맡았다. 공격은 12시부터 시작됐고, 이중 1,052고지를 맡은 제1소대는 적의 맹렬한 사격으로 인해 8부 능선부터 전진을 못한 채 주춤거렸다.

　이처럼 어려운 상황 하에서 갑자기 한 명의 소총 사수가 적진을 향해 단신으로 나아갔다. 체격이 당당한 김일문 일병이었다. 소총을 허리에 대고 적의 산병호를 닥치는 대로 후려치는, 그 기세에 적들은 겁을

먹었는지 김 일병에게 달려들지 못했다.

사나운 기세로 계속 나가던 김 일병에게 갑자기 정상 근처의 큰 바위 곁에서 세 명의 괴뢰군 병사가 총을 겨누고 나타났다. 순간 김 일병은 소총을 거꾸로 휘어잡고 맹호처럼 바위를 뛰어넘었다. 곧 1대 3의 백병전이 벌어졌다. 그러나 소총을 몽둥이처럼 가볍게 휘두르는 김 일병의 위용에 북한군 3명은 박살이 나고 말았다. 진정 뛰어난 용맹이었다.

이 백병 전투로 돌격로를 개척한 그는 고지 정상을 향해 사납게 돌진했고, 중대원들은 용맹스러운 그의 단독 돌진에 힘입어 일제히 정상을 향해 돌격해 나갔다. 생사를 초월한 그의 용맹성 때문에 이 작전은 성공을 거두었으며 김일문 일병에게는 영예의 충무훈장이 수여되었다.

1973년, 북한GP 초토화와 북괴군 궤멸 <3.7. 완전 작전>

　백골부대는 한국군 중에서 북한군을 완전히 압도하는 강한 면모를 보여주었다. 이러한 압도적 전투력의 핵심은 원칙과 기본에 충실했기 때문이다. 〈Management in the Armed Forces〉의 저자 'T. C. Downey'는 전투 리더십 5대 원칙을 제시한다. 리더와 부하 간의 공동 욕구 합치, 인적 자원의 조화로운 선용, 군 기강의 확립, 리더의 권위 인정, 의사소통의 원활화이다.

　1973년 3월 7일, 14시 15분부터 18시 30분까지 강원도 철원군 읍내리 지역 3사단 진백골연대 전방 DMZ에서 작전 중이었다. 수색대대 중대장 인솔 하에 DMZ 푯말 보수작업을 하고 복귀중 적 GP에서 무력 총격 도발을 감행함으로써 사건이 시작되었다. 일주일 전 북측에 통보했고 그 다음날 유엔군 사령부로부터 승인받은 작업이었다. 오후

2시쯤 작업을 완료한 장병들이 귀대하던 중, 일이 터졌다.

군사분계선 바로 이북에 위치한 북의 GP(관측초소)에서 갑자기 총알이 날아왔다. 아군의 황 대위와 김 하사 등 2명을 중상케 하는 비겁한 만행을 저질렀다. 사단장이던 박정인 장군은 마이크로 북에 사격 중지를 요청하면서 "이후 발생하는 사태에 대한 책임은 전적으로 북측에 있다."고 몇 차례 경고했다. 북한군은 사격을 멈추지 않았다. 박 장군은 평소에 '지휘관은 현장에서 진두지휘해야 한다'는 지휘 철학과 소신을 몸소 실천한 것이다.

적과 교전 중, 아군 피해가 발생하여 구출 작전을 시행하였으나, 지속적인 적의 총격으로 구출 작전이 제한되자, 당시 사단장 준장 박정인(제25대 3사단장)의 명령을 받아 당시 3사단 포병연대 71포병대대장 중령 한명희는 즉각적으로 적 GP에 사격 준비를 지시하였고, 상공에 관측기를 띄워서 사격 준비 보고를 받은 대대장은 즉각 사격 명령을 하달했다. 포탄 사격은 1973년 3월 7일, 14시 15분부터 18시 30분까지 약 4시간 15분 동안 실시되었으며 포탄은 총 74발을 사격하였고, 아측의 포탄 사격으로 적의 총격은 이내 잠잠해져 부상당한 병력을 신속히 구출하여 작전은 종료되었다.

북한의 불법적인 도발을 응징하고 초토화하고자, 용맹스럽게 작전을 감행하여 포병 관측기를 상공에 띄우고 155mm곡사포, 105mm곡사포, 백린탄을 북한군 지역에 퍼부은 것이다. 아군에게 불법으로 총격을 한 적 보병 배치 선에 포격을 가했다. 아군이 쏜 포탄 1발은 북한군 GP에 정통으로 명중해 북한군을 궤멸하고 GP를 평지로 만들어서 완전히 초토화했다. 이러한 긴장과 긴박한 상황에서도 한 치의 오차도 없이 작전을 수행해낸 것이다. 북한군의 진지와 야산에는 불타고 바람에 연기는 전쟁터와 같이 피어났다. 곳곳에서 지뢰는 터지고 포탄의 굉음이 울렸다. 그리고 동시에 백린연막탄을 발사했다. 연막탄이 떨어진 풀밭에는 불이 붙었다. 상대의 시야를 흐리게 해서 부하들을 사지에서 구해냈다. 이것이 백골부대 특유의 전우애이다. 그리고 포격을 멈춘다. 박 사단장은 회고 글에서 "나는 나의 판단과 행동을 후회하지 않았다. 북한 공산당들은 약한 자에게는 강하지만 강한 자에게는 더없이 약하다는 사실을 분명히 보여주고 싶었기 때문이다. 실제로 내가 포격을 퍼붓는 동안 그들은 단 한 발의 포도 우리 쪽에 발사하지 못했다."고 했다.

그날 밤 박 장군은 분이 안 풀리고, 먼저 휴전 협정을 위반하고 부대원에게 총격을 가한 북한군과 김일성을 제대로 혼내 주기로 작정했다. 사단 내 모든 군 차량을 동원해 헤드라이트를 켜고 DMZ 남방한계선 바로 앞까지 돌진하게 했다. 우리 군의 야간 기습으로 오해한 김일성은 즉각 전군 비상 동원령을 내렸다.

1975년 귀순한 인민군 유대윤 소위의 증언을 통해, 백골부대의 용맹스런 그날의 공격이 얼마나 효과적이었는지 밝혀졌다. 유 소위는 "그날 백골 포병부대의 포탄 1발이 정확히 막사에 명중해 인민군 36명이 사망했다."며 "지금도 백골부대는 북한군이 가장 겁내는 부대"라고 증언했다. 〈월간조선 2011.1.〉

한반도에는 일촉즉발의 위기가 감돌았다. 후에 이 사건을 계기로 유엔군 사령관은 전쟁 방지를 위하여 해명 담화를 발표하였는데 그 내용은 대략 다음과 같다. "이번 사건은 북한 측의 휴전 협정 위반으로 일어난 것이고 유엔군은 부상병 구출을 위한 자위적인 작전을 전개한 것뿐이다. 전투할 의사는 분명히 없었다."

박정인 장군은 이러한 전투의 신화를 남기고 군복을 벗는다. 4월 6일, 사단장 이임식에서 다음과 같이 이임사를 하고 사랑하는 부하들과 3사단을 떠난다.

"북진 통일의 성업을 완수 못하고 국민의 군인으로서 국민에게 죄를 짓고 사단장직을 떠나는 것을 유감스럽게 생각한다. 그러나 백골부대 사단 장병은 나의 의도를 받들어 북진 통일의 선봉 사단 임무를 기필코 완수할 것을 당부하며 백골 사단의 건승과 장병의 무운장구를 기원한다." 단상에서 내려오니 백골 사단의 모든 장병과 그의 가족은 눈물을 흘리며 배웅을 했다. 그 후에 북한군의 민경대는 교체되었고, 2개 사단 규모가 백골부대를 방어하는 전략을 세웠다고 한다. 그리고 탈북자들의 말에 의하면 북한의 지휘관들도 백골부대 상대하는 이 전방 부대를 꺼려한다고 한다. 이 사건을 계기로 북한군은 '백골부대는 함부로 건드리면 안 되는 무서운 부대'라는 인식을 갖게 됐다고 한다.

군 작전권이 없는 한국의 상황에서 직접 작전을 행사함으로써 유래가 없는 작전권 행사로 곧바로 전설이 되어 버렸다. 이 사건으로 결국에는 박정인 장군은 모든 책임을 지고 군을 떠난 것이다. 사단장 이임식 때 부하들이 5성 장군의 별판을 선물했다고 한다. 부하들이 진정한 한국의 패튼 장군이라고 칭했다고 한다. "사단장님은 진정으로 패튼 장군을 닮은, 조국을 사랑하는 장군입니다."

조지 스미스 패튼(George Smith Patton, 1885년.11.11.~1945.12.21.)은 제2차 세계대전 중인 1943년~1945년, 북아프리카, 시실리, 프랑스, 독일에서의 전투를 지휘한 미국의 육군 장군이다. 노르망디 상륙작전에서 큰 활약을 하였다. 북프랑스에서 하루에 110km를 진격하기도 하였다. 그는 프랑스와 나치 독일에 걸친 제7 야전군을 지휘하였다. 미국 역사상 최고의 야전 사령관으로 전해진다.

불확실성에 도전하는 용기와 무모함은 다르다. 패튼은 무모해 보이지만 실제로는 대단히 치밀하게 작전을 펼쳤다. 적의 반격 지점, 예상 행동과 관련해 가능한 경우의 수를 모두 따져 보고 철저히 대비했다. 적을 제압하기 위해 병사들도 무섭게 훈련을 시켰다. 전쟁터에서도 늘 부하들과 함께했다. 사기는 최고였다. 상대를 치기 위해서는 어쩔 수 없는 '사자의 싸움'이라고 봤고, 불확실성에 도전해 나갔다. 그래서 탁월한 승리를 거둔 것이다. 지금도 백골부대는 이 작전을 기념하고 지역 주민까지 모시고 행사를 갖는다. 백골 포병은 오늘날에도 그 탁월한 전력을 드러내고 있다. 전군 유일의 'V'자 시범부대이다. 하늘에 승리를 상징하는 이 글자를 수놓는 고도의 기술과 전투력이 백골부대의 자랑이기도 하다.

박정인 장군은 부하들의 가슴속에 영원히 살아있는 지휘관인 것이다. 그리고 3사단과 국군의 전설적인 탁월한 장군으로 기억에 자리 잡는 영광으로 보상을 받는다. 위험 속에서도 부하를 구해낸 용기와 담력은 백골부대의 전통에 더해져서 더욱 빛나게 되었다. 625전쟁 이후에 이렇게 북한군을 압도한 부대가 있었는가. 이런 지휘관과 부대원들이 있었는가? 박정인 장군에 대한 언론의 평가이다.

"당시 장병뿐만 아니고 40년이 지난 지금도 육군은 전설이 되어 있고. 그래서 지금도 전방에 가면 박정인 OP, 박정인 대대, 박정인 부대 이렇게 해서 서로 박정인이라는 이름을 자기 부대에 붙이려고 경쟁을 하고 있습니다." 〈MBN 2015.8.13.〉 신인균 군사전문가의 말.

"부끄러운 이야기지만 1973년 백골부대의 전설로 불리는 '박정인의 보복' 이후 화끈한 북한 응징을 기억하는 사람이 있을까. 2010년 연평도 포격 도발 때는 공대지 미사일도 장착하지 않은 F-15K가 연평도 상공을 '시험 비행'하듯 날았을 뿐이다. 빈총 들고 전투에 나선 격 아닌가." 〈동아일보 2015.9.3.〉

"맹장의 싹을 자른 박정인 사단장 해임 사건", "이런 무장은 진급이 뒤처지다 결국 별 한 개를 달고 물러나야 했고, 전투가 아닌 사고 방지와 진급이 목적인 군인들은 출세해 온 것이 지금 우리 군의 실정이다. 북·중·일 누가 두려워하겠나." 〈조선일보 2015.8.13.〉

1992년, 북한군 특수 작전 부대 섬멸 '522 완전 작전'

'522 완전 작전'은 92년 5월 22일, 야음을 틈타 비무장지대 군사분계선을 월경하여 침투한 적 3명에 대해, 퇴로를 차단함과 동시에 전초대를 투입하여 전원 사살한 작전이다.

1992년 5월 22일, 적 GP로부터 적 병력 11명이 남하하는 것을 아군 수색조가 발견, 그중 8명은 복귀하고 나머지 3명이 군사분계선을 통과하여 은하계곡을 따라 계속 남하하였다. 이에 아군 차단조가 남하중인 적 퇴로를 차단하고, 수색 정찰 병력을 투입하여 적 2명을 사살했다. 도주하는 나머지 적 1명을 차단팀과 잠복호 병력이 합심하여 사살하였다. 이 작전을 '522 완전 작전' 또는 '은하계곡 대 침투 작전'이라고 한다. 이 작전에서 박철호 병장은 턱에 관통상을 입고 피를 흘리면서도 도망가는 적을 끝까지 추격하는 백골혼을 실천하였다.

작전 당시에 근무했던 백골부대 출신들의 전하는 내용을 들어 보기로 한다. 새벽 한 시경에 부대 내에 비상이 걸렸다. 군부대에서 운영하던 라지트(야간 감시용 열상 장비)에선 종종 동물을 사람으로 착각하여 비상이 걸리곤 했음)에 적군의 움직임이 포착되었다. 다시 상황병이 다급하게 깨우는 소리에 자리에서 일어나 작전에 투입되었다.

해당 부대는 비무장지대로 투입이 된 상황이었고, GP 근무자들은 도주로 차단 작전에 들어가 있는 상황이었다. 상황은 매우 안 좋았다. 작전장교의 설명으론 아군 매복지점의 후방으로 적 3명이 침투하여 후방에서 겨누고 있는 상황이었다. 이런 상황에서 적군의 위치를 정확히 알지도 못하면서 사격을 가할 수도 없거니와 만일 사격 시 아군끼리의 사격이 될 수밖에 없어 날이 밝기만을 기다려야 하는 상황이었다. 시간이 흘러 날이 밝았지만 짙은 안개로 인해 한 치 앞도 구분할 수 없는 상황이라 그저 대대장의 '투항하라'는 방송만 할 뿐 별다른 방법이 없었다. 오전 10시~11경에 안개가 대충 걷히고 포위망을 좁혀가던 전초13 중대장(을지무공훈장)은 비트를 파고 은신하던 적에게 그대로 노출될 수밖에 없었다. 이에 적은 M16 소총을 연발로 지향 사격을 하기 시작했다.

군견이 먼저 적을 발견했다. 이걸 알아채고 수색망 압축에 북측이 선제사격을 가해온 것이다. 이에 적은 M16 소총을 연발로 지향 사격을 했다. 군견이 작전수행에 수훈을 세운 것이다. 수색 부대의 군견은 '타리 상사'와 '카링 병장'이라고 한다. 이로 인해 적의 위치가 노출되자, 김 대위와 안 병장은 곧바로 응사함과 중대원들은 누구라 할 것도 없이 집중 사격을 가했다. 그 자리에서 적 2명을 사살하였다. 교전 중에 안 병장은 왼쪽 심장 부위에 적 총탄을 맞았지만 방탄조끼 어깨끈을 고정하는 똑딱이 단추에 정확히 맞아 생명을 구할 수 있었다. 또한 이 작전에서 박철호 병장은 턱에 관통상을 입고 피를 흘리면서도, 도망가는 적을 끝까지 추격하는 백골혼을 실천하였다. 작전 후 헬기를 이용 수통으로 긴급 후송되었다.

적 침투 인원은 3명이었으나 2명만 사살하고 1명은 소재가 불분명이 비트 속에 은신하고 있어 섣불리 포위망을 좁히지도 못하고 대치 상태에 들어간다. 5월 말 날씨는 제법 따가운 가운데 전날 매복에 들어갔던 병사들과 작전에 투입된 병사들은 물 한 모금 입에 대지 못하고, 지칠 대로 지쳐있는 상황이라 결국 군사령관은 철수를 논하게 되는 상황에 처한다. 그러나 백골용사들이 누구인가? 당시 16중대장과 인사계였던 하 원사(충무무공훈장)는 반드시 잡겠다는 결연한 의지로 적이 움직이기만을 기다리다, 결국 오후 네 시경에 적이 은하계곡을 따라 다시 월북하려고 하는 것을 보고 사격 사살하여 작전을 성공적으로 마친다. 이렇게 해서 창군 이래 가장 완벽한 대 침투 작전으로 기록에 남았다.

사살된 3명의 공비는 중위 1명, 사병 2명으로, 아군 전투복을 입고 위장한 상태였다. 강릉무장공비 침투 사건이나, 또 다른 공비 침투 사건에서 보듯이 아군의 사상자를 내고 도주로를 완벽히 차단하지 못한 사건과 비교해 보면 초기에 완전 진압한 것은 대단한 전투였다. 가히 특수부대를 능가하는 전투력을 발휘한 것이다.

그날 전투의 치열함은 언론과의 인터뷰를 통해서도 미루어 짐작할 수 있다. 수색대대 병사를 인솔한 하경호 주임원사는 1992년, 은하계곡 522작전의 주역. 당시 행정보급관으로 근무하던 중 군사분계선을 넘어온 북한의 3인 침투조를 사살하고, 1계급 특진하면서 충무무공훈장을 받았다. 자그마한 키지만 검게 그을린 피부와 다부진 근육이 강렬한 인상을 풍긴다. "세 놈이 총을 들고 다가오는데 왜 겁이 나지 않았겠어요. 너무 긴장해서 목이 돌아가지 않을 정도였습니다. 병사 하나는 큰 부상을 입었지요. 마음을 가다듬고 교전 수칙대로 침착하게 행동에 나섰습니다." 하 원사는 수색대대의 후배 병사들에게 당시 경험을 들려주며 "훈련받은 대로만 하면 언제 누구와 싸워도 이길 수 있다."는 확신을 심어 준다. 〈신동아 2002.6.〉

대 침투 작전에선 유일하게 아군 사상자 없이 적 3명(아군 군복 차림 중위 1명, 사병 2명)을 사살하는 전공을 세웠다. 당시 작전 지역이 은하계곡이라 해서 '은하계곡 대 침투 작전'이라고 하기도 하고, '522 작전'이라고 하기도 한다. 아울러 이로 인해, 자랑스러운 백골부대는 대통령 부대 표창과 함께, 당시 가장 큰 공을 세웠던 전초 00중대, 김모 대위는 비전투작전 유공으론 유일하게 을지무공훈장을 받았다. 625전쟁과 월남전 파병을 제외한 작전에서 '을지무공훈장'을 받은 최초의 군인을 배출했다. 그리고 지휘관, 전투병에 이르기까지 수많은 훈, 포장이 내려졌다.

1997년, 백골부대 북한 GP 초토화
'716 완전 작전'

GP, GOP 경계는 낮에도 삼엄하지만 밤에는 더하다. 부대원들이 교대로 낮엔 자고 밤샘 근무하는 올빼미 생활이 반복된다. 강원도 철원에 '최강의 부대'가 존재해야 하는지는, 남방한계선의 백골 OP에 올라가서 보면 조망해 볼 수 있다.

700여m의 고지인 백골 OP 동북쪽, 북한 지역에는 1,065m 높이의 고래의 등같이 생긴 커다란 오성산이 버티고 있다. 이 산 꼭대기에는 감청용 안테나가 하늘을 높게 세워져 있다. 625전쟁 때, 한국군은 전략적 가치가 높은 이 오성산 탈환을 위해 최선을 다했다. 그러나 김일성은 "오성산은 인민군 군번 줄 두 트럭분과도 바꾸지 않겠다."며 수많은 희생을 치르면서도 악착같이 방어했다. 오성산은 20~30여km 떨어진 철원읍에서도 보인다. 북한은 철원 평야 전체를 조망하며 전투

할 수 있는 유리한 고지를 점하고 있다. 그래서 아군은 최강의 부대를 배치할 수밖에 없는 것이다.

1997년 7월 16일, 오전 10시 50분, 강원 철원군 중동부전선 육군 백골부대가 맡고 있는 비무장지대(DMZ)내 188 전방경계초소(GP), 7월의 장마 비가 엄청나게 내려서 한 치 앞도 분간하기 어려운 날씨였다. 장대비가 쏟아져 전방 시계가 몹시 나빴지만 아군 초병들은 눈을 크게 뜨고, 전투 임무에 충실히 하며 군사분계선을 감시하고 있었다. 북한은 25사단 민경대이다. 북한군 GP에서 수명이 소총을 들고 이동하는 모습이 아군의 감시 장비에 포착됐다. 우리 쪽 GP에서 1.3km 정도 거리의 전방 경계 초소에서 나와 전방 추진 철책(북방 한계선과 군사분계선 사이의 철책)을 넘었다. 이들은 약 7분 정도 후에 군사분계선(MDL)마저 넘어 살금살금 남쪽으로 30m가량을 월경했다.

반사적으로 k2 소총을 겨눈 이승재 상병과 윤경일 병장의 눈에, 14명의 북괴군이 전방 적 철책을 넘어 군사분계선 이남으로 내려오는 모습이 목격되었다. 이 북한군들의 정체는 군사분계선 순찰을 하러 온 북괴군 제5군단 25사단 순찰조였다. 이 당시 북괴군은 수십 년간 군사분계선 순찰을 중단한 상태였는데, 김정일이 국군이 군사분계선 표식물을 몰래 뽑아, 한국 측 영역을 점점 넓혀간다는 보고를 받고 순찰을 재개하라고 명령했던 것이다. 수십, 수백 미터씩 깔려 있는 북괴 쪽 지뢰밭을 극복하면서 순찰을 하라고 하자, 북괴군 순찰조는 '남쪽에는 지뢰가 없으니 남측에서 순찰을 계속하자'고 판단했는지, 남측으로 내려온 것이다. 그들은 곧바로 정전 협정 위반의 대가를 치르게 된다.

아군 초병들은 이에 정해진 경고 수칙에 따라 8분간에 걸쳐 계속해서 확성기로 경고 방송을 내보냈다. "경고한다. 경고한다. 너희들은 지금 군사분계선을 침범하고 있다. 군사분계선을 침범한 너희들의 행위는 엄중한 도발 행위에 해당한다. 지금 즉시 복귀하지 않으면 응분의 조치를 취할 것이다." 경고 방송을 들은 북괴군들은 잠시 엎드리는가 싶더니, 다시 일어나 계속 남하해 왔다.

오전 11시 2분, 아군 초병들은 정전 협정상 교전 수칙에 따라 K-2 소총으로 공중으로 200여 발의 경고 사격을 개시했다. 아군 GP의, 약관의 나이 '20대 초반'의 소대장인 구자학 소위는 경고 방송-경고 사격에 이어, FM대로 조준 사격 준비를 명령했다. 그러자 곧바로 북한군 561, 543 GP에서 아군의 188, 189 GP쪽으로 기관총 70~80발을 도발해 왔다. 명백한 조준 사격이었다.

이에 백골용사들은 즉각 응징했다. M2 중기관총으로 약 70여 발을 북괴군 GP에 쏟아 부었다. 11시 21분, 북괴군은 이쯤 되니 막가기로 작정했는지 종류 미상의 포탄과 박격포 포탄으로 추정되는 포탄 10여 발을 아군의 GP에 난사했다. 인접한 아군 GP가 포사격을 대기하고, 백골 OP 지역의 아군 포병도 기동을 시작했다.

70년대 이후 처음인, 그야말로 치열한 전시와 같은 국지전의 급박한 상황에서도 백골부대 용사들은 백골부대의 기개를 유감없이 보여주었다. 적의 포격을 받는 상황에서 김인하 일병과 김호춘 일병은 위험을 무릅쓰고, 벙커에서 나와 57mm 무반동총과 M2 중기관총으로 응사하였다. 황영동 상병과 김효진 일병은 집중 사격을 받으면서도 용감하게 옥상으로 올라가 적의 포격으로 끊어진 통신 선로를 복구하였다. 23분간의 짧고도 치열했던 교전이 끝난 뒤, 박살난 북괴군들은 자기

네 군사분계선 너머로 도망가며 철수했다.

이날 낮 12시 20분 정도에, 북한 561 GP에 앰뷸런스가 긴급 출동하는 모습이 관측되었다. 사건 발생 이후에 탈북자 주성일 씨의 증언에 의하면, 이날 백골용사의 막강한 공격으로 북괴군 3명이 먼저 죽었고, 2명이 크게 부상을 당했다는 것이 밝혀졌다. 아군의 피해는 벙커 일부가 손상된 것 외엔, 전무했던 완벽하고 자랑스러운 압도적 승리였다. 백골부대는 이 작전을 바로 "716 완전 작전"이라고 규정한다. 이 작전을 성공으로 이끌어냄으로써 당시 GP장 구자학 소위는 신세대 소대장에 대한 불안과 우려를 말끔히 씻어냈다. 숨 막히는 긴장 속에서도 적 GP에 정확히 조준 사격을 했던 백골부대의 용맹스러움은, 그 무엇과도 바꿀 수 없는 역사의 한 페이지를 장식한 승전보임에 틀림없다.

백골부대는 '522 완전 작전', '716 완전 작전'으로 각각 대통령 부대 표창을 수상한 바 있다. 이후 북괴는 3사단 쪽을 감히, 절대 못 건드린다고 한다.

세계의 3대 전투와 지휘관

　세계 3대 전투로는 알렉산드로스의 '가우가멜라'(Gaugamela)전투, 2차 세계대전 당시 '벌지' 전투(Battle of the Bulge), 나폴레옹을 몰락시킨 '워털루'(Waterloo) 전투를 꼽는다. 이 외에도 대규모 전투는 한니발의 '칸나에' 전투, 2차 대전 하면 '미드웨이' 해전도 전쟁의 흐름을 바꾼 아주 중요한 전투로 든다. 가우가멜라 전투는 기원전 331년, 마케도니아 왕국의 알렉산드로스 대왕이 페르시아 제국 아케메네스 왕조의 다리우스 3세를 물리친 전투이다. 벌지 전투는 1944년12월 16일, 제2차 세계 대전 서부전선에서 독일군 최후의 대반격에 대해 연합군이 붙인 이름이다. 벌지(Bulge)는 영어로 '주머니'라는 뜻이다. 히틀러가 벨기에 아르덴 지방의 삼림 지대를 기갑부대로 돌파하여 연합군을 치기 위한 건곤일척의 공격을 감행했다. 악천후로 인해 연합군은 항공기를 띄울 수 없었다. 그 때문에 독일은 초기에는 우세했지만, 미국 아이젠하워와 연합군의 신속한 대응과 보급선의 차단 등으로 패한다. 12월 23일, 날씨가 회복되면서 연합군은 공중 폭격과 공중 보급을 개시했다.

이 전투에서 독일군은 결정적인 패퇴와 손실을 입어 전쟁 종결은 빨라지게 되었다. 방어에 취약하고 공세에 나섰던 독일군의 핵심 병력이 보급이 끊어져 궤멸 당해서 연합군의 피해는 최소였다. 전투는 공식적으로 1945년 1월 27일 날 종료되었다. 이 전투에서 '말메디'(Malmédy) 학살이 일어난다. 12월 17일 진격 중, 말메디 근교에서 전투 끝에 150여 명의 미군은 항복, 무장 해제된다. 포로들은 교차로의 들판으로 끌려갔고 한 독일 SS장교가 미. 군의관을 권총으로 사살하면서 시작해 연이은 기관총 무차별 사격으로 미군포로 약 77명을 학살한 사건이다. 워털루 전투, 이 전투는 유럽의 역사가 걸린 문제였다. 인상적인 면은 나폴레옹의 마지막 전투라는 비극성과 마지막의 묘한 반전 때문이다. 러시아 원정의 실패와 1813년, 라이프치히 전투에서 패배한 나폴레옹은 다음해 4월에 폐위되어 엘바 섬으로 추방되었다. 1815년 2월 26일, 엘바 섬을 탈출해 남프랑스의 조안느에 상륙한 뒤 병사를 모으면서 파리로 향했다. "나폴레옹이 프랑스에 상륙했다!" 이 소식을 접한 연합군 수뇌는 당황했고, 왕위에 복귀한 루이 18세는 잇달아 토벌군을 보냈다. 그러나 위험에 처한 루이 18세는 파리를 탈출했다. 드디어 튈르리 궁전에 입성한다. 루이 18세가 너무 무능하고 인기도 없어서 시민들 사이에서도 나폴레옹을 다시 옹립하자는 의견도 있었기 때문에 나폴레옹은 파리 시민들의 환영을 받았다.

연합군은 각 방면에서 프랑스 국경을 향해 진격하였다. 나폴레옹 1

세가 이끈 프랑스군이 영국, 프로이센 연합군과 벨기에 남동부 워털루 (Waterloo)에서 벌인 전투로, 프랑스군이 패배하였다. 웰링턴 공작이 이끄는 연합군은 벨기에 브뤼셀에서 출발한 영국, 네델란드, 벨기에, 하노버, 브라운슈바이크의 9만 5,000명의 연합군이었다. 나폴레옹의 12만 5천의 군사가 벨기에 워털루에서 프로이센군 12만 명과 영국군 9만 명이 전장에서 나폴레옹과 격돌했다. 나폴레옹이 처음엔 우세했으나, 전술의 실패로 패배하고 나폴레옹이 다시 세인트헬레나로 유배당하는 원인인 전투이다. 만약 연합군이 패배하고 나폴레옹이 승리했다면 유럽은 프랑스에게 굴복하게 되는 중요한 전투였다. 서양 기준으로는 고대 3대 회전을 든다. 회전(會戰, pitched battle)이란 전투에 임하는 양측이 특정 시기에 일정 장소에 모여서 벌이는 대규모 전투를 말한다. 알렉산드로스의 '가우가멜라(이수스)'(Battle of Gaugamela), 한니발의 '칸나에'(Battle of Cannae), '자마'(Battle of Zama)가 대표적인 전투이다.

가우가멜라 전투사는 앞서 언급했다. 칸나에(Cannae) 전투는 제2차 포에니 전쟁 중인 기원전 216년 8월 2일, 이탈리아의 칸나에 벌판에서 벌어진 카르타고의 명장 한니발의 최대의 승리이자, 로마 역사상 최대의 패배인 칸나에 전투이다. 이탈리아 중부 아프리아 지방의 칸나이 평원에서 로마 공화정 군과 카르타고군 사이에 벌어진 전투이다. 어느 시대를 막론하고 군사 이론가와 전략 수립가에게는 칸나에 전투가 주요 연구 대상이다. 한니발이 수만 명에 달하는 로마군을 대부분 궤멸시킨 압승은 지금도 많은 국가의 사관학교 교범에서 '포위 섬멸전'의 대표적 전사로 든다. 한니발은 칸나에 전투 이전 2번의 전투를 로마에게서 대승을 거두었다. 로마는 위기감에 보병 전력이 우세한 평원 전투를 유도, 칸나에 평원으로 한니발을 유인하였다. 하지만 한니발은 로마의 이러한 행동을 간파한다. 칸나에 전투는 카르타고군이 수적 열세임에도 불구하고 포위 섬멸전을 통해 압도적인 승리를 거둔다.

한니발 장군의 회전을 알면 대승의 원인을 분석할 수 있다. 현대 전술에서는 'MW진형'이라한다. MW진형은 '육전'에서는 이미 오래 전부터 애용되던 정석에 가까운 전술이었다. '해전'에서는 선회력이 떨어지고 공격력의 중심이 전방이 아닌 측방에 위치한 배의 특성상 위험한 전술이다. 그런데 이순신 장군은 '학익진'을 펼쳐서 한산도 대첩에서 대승을 거둔다. 회전에서 가장 중요한 것은 가운데 배치 병력인 중군이 버티는 동안 좌군, 우군이 적을 둘러싸 포위 섬멸하는 것이다. 이 전술 전략은 이렇게 전개된다. 군사들의 진을 운용할 때 횡대로 진을 펼치되 양쪽 측방은 기동성을 고려해서 구성하고 본대를 중앙에 위치시킨다. 전투가 시작되면 본대를 의도적으로 후퇴시킨다. 소규모의 충돌과 공방전이 펼쳐진 것처럼 조성한다. 아군의 전력이 드러나서 열세와 같이 점진적으로 후퇴한다. 이때 적을 잘 기만해야 한다. 적은 말려들어서 기세가 오르고 퇴각하는 본대를 추격한다. 만약 적의 지휘관이 신중하다면 적당 선에서 추격을 중지하고 다시 방어적인 진형을 갖춰 기습을 대비해야 한다. 로마는 모르고 당한 것이다. 퇴각과 동시에 측방(날개)의 병력을 은밀하게 우회시켜 적의 후방으로 감싸듯이 들어간다. 자연스럽게 적의 측방과 후방을 포위하는 것이다 포위가 완료되면 본대는 후퇴를 멈추고 적을 압박한다. 자연스럽게 적은 전면을 포위당하는 것이다.

이순신 장군의 한산도대첩의 학익진은 이런 육전의 회전 전술을 해전에 응용한 것이라 할 수 있다. 포위된 상황에서는 수적 열세인 군대는 전투력을 발휘하기 힘들다. 반면에 상대에게 먼저 포위 전략을 전개한 측에선 공격하기가 용이하다. 이 전술 전략은 군사적 승리에 결정적 전술로 애용되었다. 고대의 전투에는 현대전의 무기들이 아니어서 근접전이 기본이었다. 당연히 포위당한 군대는 대패를 안게 된다. 포위는 적을 혼란시키고 사기를 떨어뜨리는 좋은 전술이다. 칸나에 전투에서 로마군보다 한니발의 카르타고군은 빠른 포위 섬멸을 통해 대승을 거두는 것이다.

칸나에 전투에 투입된 로마군은 대략 8만 6천 명 정도로 보고 있다. 이중 보병이 8만 명, 기병이 6천 명이었다. 정규 군단병이 5만 5천 6백 명, 보조병이 2만 2천 4백 명으로 추정된다. 로마는 보병 7만 명과 기병 6천 명을 동원한 전투였다. 칸나에 전투에서 로마군 8만여 명이 처참하게 전사한 이유는, 한니발이 당시 로마군에게는 전혀 익숙하지 않았던 전술을 사용한 것이다. 자마 전투는 기원전 202년 10월 19일, 카르타고 남서 지방에 있는 자마에서 벌어졌다. 제2차 포에니 전쟁을 종결짓는 결정적인 전투로 로마 공화정 지휘관은 스키피오 아프리카누스였고, 카르타고 측 지휘관은 한니발이었다. 자마 전투에 나선 양 진영의 보병과 기병의 구성 비율을 보면 한니발이 총 지휘하는 카르타고군은 보병 4만 6천 명, 기병 4천에 코끼리 80마리였고, 스키피오가 총지휘하는 로마군은 보병 3만 4천 명에 기병 6천 명이었다. 스키피오군은 보병 전력은 열세였지만 기병 전력에서는 한니발군보다 우위에 있었다. 한니발은 스키피오의 전술에 말려 14년 전 로마가 맛보았던 '칸나에의 비극', 즉 자신이 가장 아끼던 부하 병사 1만 5천 명이 로마군에게 무참하게 살육당하는 참상을 바라보아야만 했다. 스키피오의 병법과 용병술의 승리였다. 카르타고의 기병이 약해지도록 계략을 꾸미는 한편으로 자신의 기병 전력이 한니발군보다 우위에 있도록 한, 따라서 스키피오는 칸나에 전투에서의 한니발을 모방함으로써 자마 전투에서 한니발을 물리쳤다고 말할 수 있다

전투는 로마의 결정적인 승리로 끝났고 이어 종전 협상에서 카르타고는 항복하였다. 이 전투에서는 한니발이 80마리의 코끼리를 이용한다. 그러나 코끼리를 지휘하는 병사가 죽자 자중지란이 일어나서 전투에 패한다. 전투 코끼리는 군사용으로 사용된 코끼리이다. 주로 인도, 동남아시아나 고대 지중해 세계에서 이용되어 돌격하여 적을 밟아 잡거나 적 전열을 무너뜨리는 것을 주목적으로 했다. 한니발의 불행은 자신이 상대해야 할 적이 로마인 중 유일하게 자신의 '눈'으로 한니발이 지닌 병법과 용병술의 천재성과 함께 그 치명적 약점까지도 꿰뚫어볼 수 있었던 사람, 바로 스키피오 아프리카누스였다는 점이다.

세계 3대 해전과 전투 기록

인류사의 '세계 3대 해전'은 그리스의 데미스토클레스(Themistocles) 제독의 '살라미스'(Salamis)해전(480년)과 무적함대를 무찌른 1588년, 영국 하워드(Howard) 제독의 '칼레'(Calais) 해전, 1805년, 영국 넬슨 (Nelson) 제독의 '트라팔가르' 해전(Battle of Trafalgar)이다.

세계 3대 해전에 조선시대 1592년, 거북선을 앞세워 승리를 거둔 이순신(李舜臣) 제독의 '한산대첩'(閑山大捷)을 더해 세계 4대 해전으로 부르기도 한다. 한산대첩은 1592년(선조 25년) 7월 8일, 임진왜란 때 한산섬 앞바다에서 경상우수사 원균(元均), 전라우수사 이억기 및 전라좌수사 이순신이 거느린 조선 수군이 왜 수군의 주력대를 크게 무찌른 전투이다. 한국에서는 진주성대첩(1592.10.5.~10), 행주대첩(1593.2.12.)과 함께 임진왜란 3대 대첩으로 불린다. 역사가 헐버트

(Hulbert,H.G.)는 이렇게 평한다. "이 해전은 조선의 살라미스(Salamis) 해전이라 할 수 있다. 이 해전이야 말로 도요토미의 조선 침략에 사형 선고를 내린 것이다." 이순신은 7월 5일, 전라 좌,우도의 전선 48척을 본영(여수) 앞바다에 집결, 합동 훈련을 실시하였다. 7월 6일에는 본영을 출발해 노량(경상남도 남해군 설천면 노량리)에 이르러 원균의 배 7척과 합류한다. 3도의 전선은 55척이 되었다.

7일 저녁, 당포 앞바다에 이르러 목동 김천손(金千孫)에게 왜선 70여 척이 견내량(거제시 사등면 덕호리)에 머무르고 있다는 전갈을 들었다. 8일에는 한산섬 앞바다에 이르러 이를 확인한다. 와키사카 야스하루(脇坂安治)의 제1진은 70여 척을 거느리고 웅천(熊川) 방면에서 출동하였고, 구키 요시타카(九鬼嘉隆)의 제2진은 40여 척을, 제3진의 가토 요시아키(加藤嘉明)도 많은 병선을 이끌고 합세하였다. 왜 수군의 세력은 대선 36척, 중선 24척, 소선 13척 등 모두 73척으로서 지휘관은 수군 장수 와키사카였다.

이순신은 견내량 주변이 좁은 바다이고, 암초가 많아서 판옥전선의 기동에 제한이 있다고 판단한다. 그래서 적군을 한산섬 앞바다로 유인해 격멸할 전략을 세웠다. 전술적으로 판옥전선 5, 6척이 적군을 적의 선봉을 쫓아가서 선제공격하고, 반격해 오면 한산섬으로 후퇴하는 척하면서 유인하는 작전을 전개했다. 적군은 이전의 패전한 것에 대해 보복하려는 듯 의기양양하게 공격해 왔다. 적군을 섬멸할 기회를 포착한 조선군은 아군은 예정대로 한산도 앞바다에 이르자, 미리 약속한 신호에 따라 모든 배가 일시에 북을 울리며 뱃길을 돌리고, 호각을 불면서 학익진을 펴고 일제히 왜군을 향하여 진격하였다.

장수와 군사들은 지·현자총통 등 각종 총통을 쏘면서 돌진하였다.

전투의 결과 중위장 권준이 층각대선 1척을 나포하는 것을 비롯해 47척을 분파하고 12척을 나포하였다. 와키사카는 뒤에서 독전하다가 진세가 불리해지자, 패잔선 14척을 이끌고 김해 쪽으로 도주해 이 해전은 조선 수군의 큰 승리로 막을 내렸다. 격전 중 조선 수군의 사상자는 있었으나 전선의 손실은 전혀 없었다. 왜병 400여 명은 당황하여 한산섬으로 도주해서 군량미도 못 구하고 13일간을 지내다가 뒷날 겨우 탈출하였다 한다. 이순신은 그 공으로 정헌대부(正憲大夫), 이억기와 원균은 가의대부(嘉義大夫)로 승서(陞敍)되었다.

이외에도 '세계 3대 동계 전투'에는 독일군과 소련군이 벌인 독소전쟁 도중 '모스크바' 전투, '스탈린그라드' 전투와 함께 역사상 가장 치열했던 625전쟁 때 한국의 '장진호' 전투가 있다. 1950년 11월 27일부터 12월 13일까지, 17일간이나 13만 중공군에 포위된 채 '악전고투'를 벌인 장진호 전투이다. 가장 성공적인 철수(흥남부두)도 가능케 해 사례로 꼽히는 전투이다.

베트남전쟁의 기원과 전개 과정

베트남전쟁은 1964년 9월부터 1973년 3월까지, 한국 정부가 베트남에 전투 부대를 파병하여 참전한 사건을 말한다. 대한민국 건국 후 최초의 전투 부대 해외 파병 결정이었다. 더 거슬러 올라가자면, 조선 효종 때 청나라의 요구로 후금 근거지인 흑룡강에 조선 조총수 수백 명을 파병한 이래 근 300년 만의 해외 파병이었다.

1차 파병은 1964년 9월 11일, 이동외과병원 요원 130명과 태권도 교관 10명 등, 비전투요원들이었다. 2차 파병은 1965년 비둘기부대가 서울운동장에서 환송식을 갖고 3월 10일, 인천항에서 월남으로 출발했다. 미국이 점점 베트남전에 깊게 개입하면서 파병 요청은 늘어났고 결국 전투 부대 파병으로 이어졌다. 1965년 8월 13일, 전투부대 파병안이 여당인 공화당 단독으로 국회를 통과했다. 박정희는 "월남 파병은 625전쟁 때 입은 은혜에 대한 보은이며, 자유 월남에서 공산 침략을 막지 못하면 동남아시아 전체가 공산화될 수 있다."고 파병의 당위성을 언급했다. 도미노 이론(한 나라가 공산화되면 주변국도 연이어 공산화된다)을 인용한 것이다. 도미노 이론이 국제 질서를 지배하던 냉전시대를 부정할 수는 없다. 민주당을 비롯한 야당과 국민들의 거센 비판 여론이 있지만 모든 여건이 파병 불가피성에 이끌려 간다.

한국군 참전 부대는 초기에는 제27사단이 고려되었다. 그러나 최종적으로 맹호부대(보병 수도사단)가 65년 10월 16일, 백마부대(보병 9사단)가 66년 9월 22일, 청룡부대(해병 2여단)가 67년 12월 12일, 계속 파병됐다. 사단장에는 육군본부 작전참모부장이었던 채명신 소장이 임명된다. 육군 최전방의 전투 사단은 휴전선을 지켜야 하므로 후방의 사단에서 전투력 우수자들을 선발하여 참가하였다. 1965년 9월 25일, 국방부 일반 명령 제16호로 '주월 한국군사령부'가 창설되고 4차 파병안이 국회를 통과, 국내에 남아 있던 수도 사단 26연대가 1966년 4월 10일, 증파되었고 이어 '백마부대'(9사단)가 10월 말에 베트남 '나트랑' 일원에 투입된다. 주월 한국군 총병력은 모두 4만 8천 명에 달했다. 주월 한국군사령부는 군단 규모 정도였다. 1973년 1월 27일, 파리평화협정으로 휴전이 성립되면서 한 때 50만에 달했던 주월 미군을 비롯하여 한국군 등 연합군 전투 부대가 베트남에서 철수했다. 한국군의 맹호부대, 9사단 백마부대, 해병대는 베트남에서 전투를 치르고 임무를 완수한 후에 철수를 한다. 해병대는 월남전에 참전을 했다. '짜빈박' 전투처럼 엄청난 피해를 입은 적도 있었고 '안케패스 전투'처럼 소수의 베트콩에게 막대한 피해를 입은 적도 있었다. '짜빈동 전투'에서는 중대원

100명 정도가 베트남군 2,000여 명을 상대로 베트콩 456명 사살, 15명 사망의 전과를 거두었다. 반면에 실패한 작전 중에는 짜빈박 전투가 있다. 그리고 비교적 상호간에 우열을 가리기 힘든 격전을 치른 안케패스 전투가 있다.

안케패스 전투는 1972년 4월 8일부터 4월 25일까지 벌어진 전투이다. 맹호부대 기갑연대 수색중대, 1중대, 9중대 등등 기갑 연대의 대부분 병력이 투입된 전투로 피아의 손실이 컸던 전투이다. 배경은 72년 3월 초, 청룡부대를 비롯하여 대부분의 병력이 월남에서 철수를 하는 상황이었다. 기갑 연대 단독으로 킬러계곡의 작전을 수행중 문제의 1중대 전술 기지와 그보다 조금 높이 있는, 버려진 638고지에 월맹 정규군(특공연대)이 기습 점령하여 이를 격퇴하기까지 약 보름간의 처절한 공방전이다. '짜빈박 전투'는 1967년 1월 10일~1월 11일, 벌어진 전투로서 해병 청룡 3대대가 월맹군의 공격을 받아서 '전위 소대 전멸'을 포함하여 전사자 34명 부상 31명 등, 단일 전투로는 최대의 피해를 입었던 전투였다. 해병 2여단(청룡) 3대대 9중대가 1967년 1월 10일, 투망 작전 중 기상 악화로 작전이 중단되어 전술 지휘소를 철수시키는 과정에서 짜빈박(Tra Binh Bac) 마을에서 월맹군 VC의 적 매복대에 큰 패배를 당한다. 전술 기지 철수 과정에서 발생한 전투로서 여러 요인이 있으나, 적의 징후를 포착하고도, 일부 장교들의 안일한 대응과 지휘부의 와해 등으로 일어난 참사였다. 한국군의 과거 과오나 무자비함은 베트남인들에게는 치유가 필요한 역사이다. 청룡부대의 뗏 공세 반격 작전과 민간인 학살 사건이다. "한국 해병 2여단 1대대 1중대가 마을 주변을 일렬종대로 지나던 중 저격을 받자 마을을 공격. 앞 소대에서 민간인들을 후송시켰으나 뒤에서 대부분 사살됨. 79명(또는 69명)의 베트남 여성과 어린이들이 칼에 찔리거나 총에 맞아 죽음. 한국 해병 1명 부상"〈박태균의 베트남전쟁, "베트콩 나타나면 마을을 몰살시켰어요.", 한겨레, 2015.1.17.〉

1970년 1월10일, 〈뉴욕 타임스〉는 '한국군이 수백 명의 베트남 민간인을 살해했고, 주월미군사령부의 고위 장성이 한국군에 대한 조사를 중단시켰다'고 보도했다. 박정희 정권의 철저한 보도 통제 때문에 한국에는 보도가 안 된 사건이었다. 자료에 따르면 베트남전에서 한국군에 의한 민간인 학살 사건은 80여 건으로 9,000여 명이 학살된 것으로 집계되었다. 베트남 파병에는 많은 논란이 있었다. 미국의 대리전쟁, 용병인지, 한국군의 독자적 참전인지의 문제였다. 그리고 미국의 요청인지, 박정희의 요청에 의한 참전인지 논란이 있다. 지금까지 베트남 파병은 미국의 요청에 의해 우리가 참전한 것으로만 알려졌다. 하지만 이후 공개된 각종 기밀 문서와 연구에 의하면 베트남 파병은 우리가 먼저 미국에 제안한 것으로 돼 있다. 파병을 결정한 것은 쿠데타로 집권한 박정희 정부의 취약한 권력 기반을 강화하고, 국가 경제의 돌파구를 마련한다는 목적에서였다고 대다수 전문가들은 판단한다.

베트남 파병을 통해 한미동맹 관계를 굳건히 하는 등 외교적 측면에서도 큰 성과를 거둔 것도 사실이다. 아무튼 한국은 베트남전 참전으로 전투력 향상과 신무기 개발의 계기가 되었다. 국방부 군사편찬연구소 최용호(崔容鎬) 선임연구원은 "한국은 베트남 파병을 대가로 육군의 M-16 소총을 비롯한 각종 신형 장비, 해군의 구축함, 공군의 F-4 팬텀기 등을 확보했다."며 "베트남 파병은 한국군의 군사력 강화에 기여한 바 크다."고 분석했다. 경제적으로도 많은 이익을 취한 것은 부정할 수 없다. 미국 측은 파병의 대가로 한국군의 전력 증강과 경제 개발에 소요되는 차관 제공을 약속했기 때문이다. 1965년~1972년 사이에 참전 군인들의 획득한 달러는 총 2억 2,760여 만 달러였다. 1966년 한국 수출액 2억 5,000만 달러와 거의 비슷할 정도의 재정이었다. 한국은 대 베트남 군납 수출 및 일반 수출로 무역이익 3억 달러, 군납, 건설, 용역, 파월 군인의 송금 등, 비 무역 부분의 이익 7억 달러 정도와 약 10억 달러의 직접 이익을 얻는다. 외교통상부 외교안보연구원 정상천 국제관계학 박사는 "간접 이익을 감안하면 베트남 전쟁을 통해 한국이 얻은 이익은 최대 100억 달러에 달할 것"이라고 분석했다. 이 간접 이익 100억 달러 규모는 1964~1974년까지 우리나라 국민총생산(GNP) 누계 863억 달러의 11.6%에 달하는 엄청난 재정 규모이다. 이 자금은 포항제철과 경부고속도로 건설 등 경제 발전을 위한 사회간접자본 건설에 투자됐다.

베트남 참전, 평가와 과제

한국은 베트남 파병으로 한동안 비동맹 제3세력으로부터 외교적으로 고립됐으며, 미국의 용병이라는 국제 사회의 비난도 감수해야 했다. 베트남에서 한국군이 정말 전투를 잘 수행했는지 여부는 한국과 미군, 세계 여론의 평가에는 차이가 있다. 그리고 한국군과 한국인들의 약속 국가인 베트남에서의 무자비한 작전과 인명 살상에 대한 정당성과 국가의 도덕적 문제도 제기되었다. 파월 한국군이 작전을 할 때엔 무자비했고, 민사 작전은 파월한 어떤 나라보다도 주민들과 친밀하게 했다는 것도 사실이다. 베트남 전은 적군과 민간인이 구분이 안 가, 전선이 없는 전쟁이었다는 불가피성을 주장하는 말도 있다. 이 시점에서 객관적으로 평가가 필요할 것이다. "노획된 베트콩 문서에 의하면 베트콩은 100% 승리의 확신이 없는 한, 한국군과의 교전을 무조건 피하도록 지시가 되어 있다. 한국군은 모두 태권도로 단련된 군대이니 비무장한 한국 군인에게도 함부로 덤비지 말라."〈뉴욕 타임즈 1966.7.22.〉

베트남에 대해서 한국은 국제 사회에서 인정할 만한 책임과 자세는 필요하다. 과제이다. "이명박 대통령은 2009년, 베트남 방문 시 호찌민 묘소에 헌화했다. 2001년, 김대중이 사과했을 때 '참전 용사들의 명예를 손상시킨 것'이라고 발끈했던 박근혜도 2013년 9월, 대통령으로서 호찌민 묘소에 헌화하고 참배했다. 그러나 거기까지였다. 사과는 커녕 유감 표시도 없었다. 진정한 사과는 피해자가 수용할 때까지 하는 것이다. 독일 메르켈 총리는 '나치 과오에 대한 책임에는 마침표가 없다'고 했다."〈오마이뉴스 2015.5.12.〉

한국군의 전투 행위는 그것이 국제법상, 전쟁터라는 특수한 상황에서 도덕적이었다고 인정할 만한 정당성이 있다 하더라도, 베트남 입장에서는 자국의 민족의 통일을 저해하고 방해하는 외세의 군대인 것도 그 성격이 사실이다. 오늘날 한국전쟁과 더불어 베트남전쟁은 평화애호가들에 의해 "더러운 전쟁"이라고 불리는 것은 사실이다. 역사에는 가정이 없다고도 한다. 베트남 여성과 한국군이나 한국 남성들 간의 2세인 '라이 따이한'의 문제도 국제사회의 윤리적 문제로 존재한다. 나중에 베트남 전쟁 영화가 많이 출현했다. 영화나 책도 자국에 유리한 방향으로 만들기에 많은 판단의 논란이 따르게 된다. 육군의 수도 사단(맹호), 9사단·백마부대와 해병대 청룡부대 등, 베트남 전쟁에 참전한 국군 부대들은 1965~1973년까지 참전 기간 중 총 1,170회의 대규모 작전과 55만 6천여 회의 소부대 작전을 펼친다. 그 인명 피해도 엄청나다. 베트남 전쟁은 무려 8년 동안 한국군만 연인원 32만 명이 파병되었는데 사망 5,077명(전사:4,597, 순직:277, 기타 사망:293) 전상자 10,962명 의 인명 피해가 발생했다. 미군은 한국전에서 3만여 명이 전사했지만, 베트남전에서는 5만여 명이 전사했다. 그리고 고엽제 후유증으로 아직도 많은 참전 용사가 질병으로 정신적 후유증으로 고통을 받고 있다. 결국 베트남전 참전의 대가, 국민의 피로 일궈낸 경제 성장이라는 비판에서 자유로울 수 없는 이유이다.

베트남은 약소국가였지만 결국에는 미국을 상대로 승리를 한 것이다. 지금도 베트남인들에게는 '지구상에서 유일하게 미국을 물리친 나라라는 자부심이 있다'고 한다. 자존감이 강한 국가이기에 외국 군대들을 용서할 수 있었다 생각한다. 그리고 북베트남에 의해서 공산화 혁명이 이루어지고 무력에 의한 통일이 된 것이다. 남베트남은 미국이나 우방 국가의 전폭적인 군사적 지원에도 불구하고 무능하고 부패한 정권으로 국민들의 인심이 떠났기에 패했다. 그래서 국가 리더들의 도덕성과 유능함은 중요한 것이다. 1964년 8월, 통킹만 사건을 계기로 남북 베트남 전쟁이 발발했다. 통킹만 사건은 1964년 8월 2일, 미국 국방부는 베트남 동쪽 통킹만 공해상을 초계중이던 미 해군 제7함대 소속 구축함 '매독스함'(USS Maddox, DD 731)이 북베트남 어뢰정 세 척으로부터 어뢰 공격을 어뢰정에게 공격을 받았고, 이틀 후 미 해군의 '조이터너 함'이 또 통킹만에서 베트남 해군에게 공격을 받았다고 주장했다. 작은 나라 베트남으로부터 두 번이나 선제공격을 당했다는 뉴스를 접하자 미국은 큰 충격에 휩싸이고, 당시 대통령이었던 린든 존슨은 여론을 등에 업고 통킹만 결의안을 의회에 제출, 승인을 받는다. 미국의 이른바 통킹만 사건은 '조작'이 아니라 '과장'이라는 주장도 있었다. 현재는 100% 날조라는 것이 지금은 미 국방부의 공식 입장이다. 시효가 지난 비밀문서 공개에 의해 밝혀졌다. 단지 베트남 전쟁에 참가하기 위한 명분을 만들기에 필요한 일이었을 뿐이다.

미국의 '통킹만 조작 사건'의 진실을 공개해 '부도덕한 전쟁'의 정당성을 무너뜨린 '펜타곤 페이퍼(Pentagon Papers)'의 폭로자는 '데니엘 엘스버그'(Daniel Ellsberg)이다. 1971년 당시 미 국방성 고위 직원이었던 그는 국방부의 '펜타곤 페이퍼 프로젝트'에 참여하는데, 통킹만 사건의 진실을 알게 된다. 베트남 통킹만에서는 아무 일도 일어나지 않았다는 것이다. '펜타곤 페이퍼'를 '뉴욕타임스'에 넘겨 주고 진실을 알린다. 이 사실이 '엘스버그'를 통해 알려지자 미국에서는 반전 운동이 일어났고 베트남과 정전 협정을 맺는다. 이 거대한 음모를 폭로할 수 있는 사람, 그리고 이런 폭로를 과감히 보도할 수 있는 언론, 이것이 미국의 여론과 국민의 힘이다. 미군은 베트남전에서 네이팜탄을 사용했다. 1972년 6월, 사이공 인근의 한 마을의 절에 있던 소녀는 네이팜탄 폭격을 받고 옷에 불이 붙어 벌거벗은 채 도망쳐 나와야 했다. AP통신의 사진기자 '닉 우트'가 찍은 벌거벗은 소녀의 사진은 전 세계에 반전과 종전을 이끌어내는 여론을 형성하는 데 기여했다. 1975년, 호치민과 북 베트남의 대대적 공세로 사이공 함락, 북 베트남에 의한 사회주의 공화국이 탄생한다. '방위사업청' 자료에 따르면 현재 한국군은 총 16개국 17개 지역에 1,436명의 부대와 장병이 해외에 파병된 것으로 나타났다. 대표적으로 필리핀 아라우부대, 레바논 동명부대, 소말리아 청해부대 등 6개 부대가 있다고 파병현황을 제시하고 있다.

CHAPTER

7

핵심 가치

최우선 목표 의식,
임전무퇴의 법칙

공동체의 목적과 방향은 중요하다. 부대의 임무와 목적이 선명할수록 목표에 이르는 과업도 충실하게 수행할 수 있다. 그리고 정확한 비전은 지도자가 그의 그룹이 왜 존재하며, 무엇을 해야 하는지를 명백히 볼 수 있는 그림과 같다.

분명한 목표 의식은 중요하다. 대표적인 기업으로서는 코카콜라이다. 그 기업의 목표는 '물을 대신할 수 있는 음료를 만들어라'이다. 갈증을 해소하거나 인간이 생명을 연장하는 데에 필수적인 요소 중의 하나가 물이다. 이 물을 대체할 수 있는 음료라면 결과는 자명하지 않겠는가.

리더는 비전을 규명하고 조직의 구성원에게 이를 알리고 정보를 공유하고, 단결력을 도모하고 방향을 제시해야 한다. 이러한 차원에서 백골부대의 최우선 목표의식, 핵심 가치와 지향을 제시하는 모든 구호나 상징은 대단한 역량을 보여준다.

일반적인 집단 형성 과정, 혹은 목표 달성 과정에 많은 정보를 제공하고 선도적 행동을 하여 다른 구성원으로부터 인정받으면 지도자로 선정되며 지도자로서의 역할 수행과 지도력이 결정된다. 물론 군대는 특수한 집단으로 절대적인 상하 명령체계로 구성되어 있다.

비전과 동기부여는 중요한 요소이다. 집단의 강한 결속력과 행동을 좌우한다.

동기 유발이란 구성원이 개인적 욕구를 충족하고 조직의 목표를 달성하기 위해 자발적인 노력을 행사하도록 리더가 동인을 부여하는 것이다. 동기부여에서 가장 중요한 것은 구성원의 자발성이다. 조직의 목표 달성을 위해 높은 수준의 의지를 가지고 자발적인 노력을 행사할 수 있도록 리더십을 발휘해야 한다. 동기 유발의 구성 요소는 구성원의 욕구, 조직의 목표, 구성원의 노력이다.

작은 업무는 그들에게 책임과 권한을 위임하여 조직의 효율성을 높인다. 중요한 원칙은 비전과 연결해야 한다. 비전, 가치, 목적, 사명이 선명하면 자율적으로 움직이며 공통된 비전은 분산 작업에서 매우 중요한 연결 고리이다.

백골 구호

살아도 백골! 죽어도 백골! 필사즉생 골육지정, 백골! 백골! 파이팅!

백골 용사 선서

하나, 나는 백전백승의 백골 사단 용사가 된 것을 최고의 영광으로 삼는다.
둘, 나는 명령에 복종하며 조국과 민족에 충성을 다하는 용사가 된다.
셋, 나는 죽어 백골이 되어서도 조국의 수호신이 되어 이름 석 자를 남
길 것을 맹세한다.

백골부대 사단가

1. 돌격 명령 내리면 비호와 같이
적을 쳐 무찌르는 조국의 방패
백골 혼 이어받아 죽음을 겁내지 않고
멸북(조국)통일 선봉에서 싸워 이겼다.

2. 조국 산천 울리는 우리의 함성
승리의 깃발 들고 전진 또 전진
오랑캐 무찌르고 보무도 당당하게
화랑의 후예들이 싸워 이겼다.

〈후렴〉

우리는 백골이 되어도 싸워서 이기는

무적의 정예란다 우리 3사단.

백골혼(白骨魂)

"필사즉생(必死則生), 골육지정(骨肉之情)"

죽기를 각오하고 싸워 반드시 이기는 사생관

형제처럼 뭉치는 단결력, 전우애

부대 전통의 자긍심에 기초한 애대심

조국수호를 위한 투철한 사명감, 애국심

결의

역사와 전통에 빛나는 천하무적, 우리 백골부대는 '원칙에 강하라', '부하를 진정 사랑하거든 강한 훈련을 시켜라'는 교육 훈련 신조 아래, 가장 중요한 위치에서 가장 중요한 임무를 수행하고 있다는 긍지와 자부심을 가지고 중부전선의 전략적 요충지를 굳건하게 지키고 있다. 백골혼을 이어받아 죽음을 겁내지 않고, 백골이 되어도 싸워서 이기는 무적의 정예부대!

대적관 구호

멸북통일 최선봉 천하무적 백골사단
쳐부수자 북괴군 때려잡자 김정은
김정은은 미친개 몽둥이가 약! 약! 약!!
부관참시 김일성. 김정일 능지처참 김정은
북괴군의 가슴팍에 총칼을 박자! 박자! 박자!!

백골가

죽어서야 백골이 살아도 백골 백골이 되련다. 나라 위하여
쓰러지는 전우의 시체 너머로 앞으로 앞으로 진격뿐이다.
통일의 그날이다. 올 때는 왔다. 백골용사 앞에는 적이 없도다.

백골부대의 임무

한반도의 중부전선. 수도 서울 방어의 전략적 요충지인 철원, 김화, 평
강을 잇는 철의 삼각지. 고구려의 회복을 구호로 후고구려를 건국한
궁예가 송악에서 옮겨와 14년간 통치했던 땅. 이곳에는 "필사즉생(必
死則生), 골육지정(骨肉之情)"의 백골혼을 이어받아 24시간 완벽한 경계
작전을 수행하면서, 북한의 도발을 초전 박살낼 준비를 완료한 최정예
부대, 천하무적 백골부대가 있다.
백골부대가 있는 철원, 김화 지역은 광활한 평야 지대, 남북으로 발달

한 도로망과 산악 능선으로 이루어져 있기 때문에 북한 대규모 기계화 부대의 주 기동로로 예상되는 전략적 요충지이다. 625전쟁 당시 북한은 철원 축선으로 주력 부대를 기동시켰으며, 부대 우측 전방의 저격능선 일대는 휴전 직전 43일 동안 33번 주인이 바뀌는 혈전을 벌였던 곳이기도 하다.

대 침투 작전 최우수부대

625전쟁 당시, 150여 회의 전투에서 백전백승의 신화를 창조한 부대!
최초로 38선을 돌파하여 국군의 날 제정의 기원이 된 부대!
혜산진 탈환!
최북단(함경북도 부령)까지 진격한 부대!
5.22, 7.16작전 등. 수많은 대 침투작전을 완벽하게 수행한 대 침투 작전 최우수 부대!
13회의 대통령 부대 표창 수상 부대!
북한군이 가장 두려워하는 부대!
3사단 백골부대는 625전쟁 이후에도, 39회에 걸친 대 침투작전에 참가해 무장공비 136명을 사살하는 전과를 올리는 등, 대 침투 작전 불패의 부대, 대 침투 작전 최우수부대로 명성을 떨치고 있다.

전투준비태세

백골부대는 현 위치가 수도권 방어의 최선방임과 동시에 국방의 생명선과 같은 최후의 방어선이라는 각오 아래 적이 언제, 어디서, 어떠한 형태로 도발해 온다 하더라도 기필코 승리할 수 있는 완벽한 전투 준비 태세를 유지하고 있다. 아울러 '적은 반드시 도발한다'는 것을 전제로 완벽한 경계 및 대 침투 작전 수행을 위하여 항재 전장 의식의 생활화와 작전 임무 위주의 부대 운용에 모든 역량을 집중하고 있다.

적의 움직임을 24시간 감시하면서, 상시 즉각적인 출동 태세를 유지하고 전투 장비에 대한 100% 가동 상태 유지, 편제 화기 조작 능력 극대화는 물론이고 어떠한 상황에서도 효과적으로 대응하기 위한 실질적 상황 조치 훈련 등을 생활화하고 있다. 그 결과 합참 선정 '98년 전투 준비 태세 우수부대의 영예를 안은 데 이어, '99년 대통령 부대 표창을 수상하는 등, 총 13회의 대통령 부대 표창을 받아 부대의 위상을 과시하고 있다.

백골부대 심벌(symbol)

백골부대(白骨部隊 , White Skull troop)

육군 제3보병사단(第三步兵師團, The 3rd Infantry Division)

삼각형: 3사단, 3개 보병연대의 강력한 전투 의지

별: 별과 같이 조국의 영원한 발전, 영원불멸한 3사단의 기상

청색: 청결, 순수의 의미

백색: 백의민족, 평화의 의미

백골: 백골 정신을 의미

'죽을 각오로 싸우면 반드시 산다는' 必死則生(필사즉생)

'죽을 수는 있어도 패할 수는 없다는' 수사불패(雖死不敗)

'전우가 내 형제요 자신이라고 생각하는 의미의' 골육지정(骨肉之情)

공동체의 성과물과 연대적 공유

리더십의 완결은 수행한 프로젝트와 리더십에 대한 반성과 점검이다. 그리고 리더는 공동체의 성과물과 공을 독점해서는 안 되며, 공동체와 함께 공유하고 누리며 확대 재생산해야 한다. 이 모든 것을 창조적으로 계승, 발전해야 한다.

국가 공동체에서도 마찬가지이다. 미국의 정치학자인 데이비드 이스턴은 "정치란 가치의 권위적 배분"이라고 말한다. 사회적 가치란 누구나 갖고 싶은 희소성을 말한다. 권력, 돈, 명예이다. 이러한 가치가 적절하게 그리고 모든 공동체의 구성원이 수긍할 수 있는 수준으로 배분이 되어야 탈이 없다.

이스턴은 이러한 기능이 정치라고 했다. 여러 가지 가치 가운데 우선순위를 보면 역시 권력과 돈이 앞선다. 권력은 공공의 가치인데 비해

돈은 사적 이익에 속하기 때문이다. 그래서 올바른 세계관과 리더십을 겸비한 정치, 경영, 사회 리더들도 중요한 역할을 감당할 수 있다.

공동체에서의 성과물이나 목표 달성의 결과는 공동체가 공유하고 확대 재생산해야 한다. 그래야 일시적인, 일회적 이벤트가 아닌 지속 가능한 성공이나 성장이 보장된다. 함께 힘들게 고생을 했거나 전투를 치렀는데 개인이나 소수가 공이나 상을 독점한다면 누가 그 공동체를 위해서 희생하고 헌신하겠는가. 지속 가능한 발전, 창조적 계승 발전을 위한다면 공동체 전체의 공으로 돌려야 한다. 물론 신상필벌의 원칙도 중요하다.

승리를 확신하는 자만이 승리의 기쁨을 맛볼 수 있다. 객관적 상황이나 조건이 때로는 불리하거나 어려운 고통 가운데 처할 수도 있다.

역경은 도약의 기회이다.

인내는 기회(opportunity)를 만드는 전략(Strategy)이다.

영국의 청교도혁명 당시에 리더였던 올리버 크롬웰은 전세의 불리함에도 불구하고 승리를 확신하였고, 결국에는 승리를 거두었다. 승리의 요인에는 그의 탁월한 리더십이 있었다. 그는 모든 문서, 서류나 편지에 이런 글귀를 적어두었다고 한다.

"승리 편에 서 있는(On the winning side) 올리버 크롬웰," 이러한 승리의 확신은 바이러스처럼 전 병사들에게 전염되어 전세를 역전하는 대승리를 거두는 계기가 되었다고 한다. 승리를 확신하는 자만이 승리의 열매를 맛볼 수 있다.

윈(win)-윈(win) 파트너십이 서로에게 인격적 친밀감과 함께 강한 공동의 목적을 이루게 한다. "확신에 차 있다는 것은 자신의 약점과 강점을 알고 있음을 의미한다. 그래서 확신에 찬 사람들은 자신의 강점을 키우고 상대방도 그럴 수 있게 만든다. 그들은 상대방의 강점을 위협이 아닌 자신의 재산으로 여긴다. 확신에 찬 사람은 상대방을 수용하고 자신과 같이 변화하라고 강요하지 않는다. 상대방도 이 세상에서 자신만큼 가치가 있다는 것을 인정한다."〈스티븐 스토웰〉

이순신 장군은 부하들과 교감하고 그들의 행동을 이끌어 내는 면도 탁월했다. 두려움과 공포에 휩싸인 전장의 분위기와 부하들의 동참을 이끌어 냈다. 지형과 해류를 이용하는 전략과 전술로 기적과 같은 승리를 이뤄 냈다. 그러나 자기 자신을 내세우지 않고 스스로를 낮췄다. 이순신은 "나는 나라를 욕되게 했다. 오직 한 번 죽는 일만 남았다."는 말을 자주 할 정도로 책임 의식이 강했다.

지용희(세종대 석좌교수)의 평가이다. "부하들을 무척 아꼈다. 전쟁에서 희생을 줄이기 위해 최선을 다했다. 부하들과 활쏘기 연습도 같이하고 글을 가르쳐 주었으며, 술도 같이 마시며 위로하고 씨름대회도 자주 열었다. 죽은 부하들도 잊지 않았다. 그들의 시체를 거두어 고향에 묻히도록 하고 제사를 지낼 수 있도록 쌀을 보내 주기도 했다. 또한 죽은 부하들의 합동 제사를 주관하고 제문을 손수 쓰기도 했다. 이 제문에는 승리의 공을 부하들에게 돌리는 겸양의 미덕이 잘 드러나 있다."

"임금에게 승전 보고서를 올릴 때에도 부하의 공을 앞세웠으며, 심지어 종들의 이름까지도 적었다. 이에 따라 부하들은 마음속 깊이 이순신을 존경하고 목숨도 아끼지 않고 열심히 싸웠다. 이순신이 보여준

겸양의 미덕이 어부, 농부, 종들로 이루어진 우리 수군을 무적 함대로
만든 밑거름이 된 것이다."

리더십
상하 간 절대적 신뢰와
공동운명체 법칙

백골부대는 한국군에서 훌륭한 지휘관을 가장 많이 배출한 명문 사단이다.

초대 육군참모총장 이응준 장군

군인들의 정치 참여 반대로 존경받는 군인이었던 이종찬 장군

18연대장 출신의 임충식 장군(국방부 장관)

18연대 지휘관 출신 한신 장군

9연대장, 백골 병단을 만들어서 활약했고, 3사단 참모장 및 22연대장을 지낸 채명신 주월사령관

3사단장을 거쳐 국회의장이 된 정래혁 장군

3사단장을 거쳐서 백마고지 전투의 영웅이 된 육군참모총장 김종오 장군

18연대 1대대장 출신의 자주 국방의 초석 이병형 장군

18연대장 출신의 육군참모총장 정승화 장군

88올림픽 조직위원장이었던 재향군인회장 박세직 장군

북한 GP 초토화의 박정인 장군

김진호 합참의장

3사단장 출신으로 한국군 최초 유엔군(30개국)을 지휘, 유엔 PKO(유엔 평화 유지군)사령관 안충준 장군

3사단장 출신의 육군참모총장 김요환 장군

18연대장 출신의 연합사부사령관 김현집 장군

합참차장 신원식 장군, '북괴군의 가슴팍에 총칼을 박자'라는 구호를 제정한 3사단장 출신이다.

백골부대 역대 사단장은 다음과 같다. 초대는 이응준 장군이다. 1947.12.1일(3여단장 대령 이응준)이었고, 이후에 사단 승격시(1949.5.12일)에 사단장 이응준이다. 김백일(1950년 1월부터 1950년 4월), 유승렬(1950년 4월부터 1950년 7월 1일), 이준식(1950년 7월 1일부터 1950년 8월 7일), 김석원(1950년 8월 7일부터 1950년 9월 1일), 이종찬(1950년 9월 1일부터 1950년 11월 12일), 최석(1950년 11월 12일부터 1951년 3월), 백남권(1951년 3월부터 1952년 10월), 임선하(1952년 10월 1일부터 1953년), 김종오(1953년), 장우주(1962년), 정래혁, 박정인(1972년), 권익겸(1976년), 오철, 박세직(1980년), 안충준(1996년), 고기원(41대, 2001년), 박수근(42대, 2003년), 김종해(43대, 2005년), 김요환(44대, 2006년), 유영조(45대, 2008년), 신원식(46대, 2010년), 윤완선(47대, 2011년), 김운용(48대, 2013년), 남영신(49대, 2015년)이다. 일부는 기록이 명확치 않아서 정확하게 파악된 사단장을 기록했다. 수많은 기라성 같은 한국군의 명 지휘관을 배출한 사단이다. 백골부대를 거쳐 간 장교나 군 간부들은 한결같이 '백골부대' 근무를 최고의 자

부심으로 언급한다. 그리고 백골 출신들만의 '백골전우회'가 있다.

물론 전장에서 이름도 빛도 없이 숨져간 전우들이 진정한 영웅들이다. 그러나 오늘을 사는 우리는 살아남은 자들의 기록을 통해서 지혜와 교훈을 찾자는 데에 의미를 둔다. 전장에서 살아난 자들은 죽은 자들의 희생에 대한 열매를 맛 본 증인에 불과할지 모른다. 살아남은 자의 훈장은 전사자의 희생 앞에서 빛을 잃는다.

김석원 장군은 학도병들과 관련이 깊은 지휘관이다. 1909년, 일본에 유학하여 일본 육군사관학교에 입학했다. 1915년, 일본 육사를 제27기로 졸업하고 1917년에는 보병 소위로 임관했다. 그는 1931년, 만주사변이 일어났을 때 중대장으로 화려한 전과를 기록했고, 1937년, 중일 전쟁 때에는 대대장으로 출전했다. 일본군에서 제대할 때까지 별은 달지 못했으며, 최종 계급은 일본군 대좌(대령)였으므로 중장이었던 홍사익에 이어 일본군에 복무한 조선인 중 최고위급 인물이다. 이러한 경력으로 친일파로 분류되었다.

625전쟁이 터지자 김석원은 수도사단장으로 진천, 안강, 기계 지연전을 이끌었다. 북한군의 8월 공세에서는 3사단장으로 영덕과 포항 방어를 담당하였다. 학도의용군이 활약한 대표적인 전투다. 학생들이 3사단을 택한 것은 김석원이 한국군에서 가장 용장으로 알려졌기 때문이다. 이들의 용전과 희생은 영화 〈군번 없는 용사〉에 잘 그려져 있다.

Leadership의 어원

'Leadership'이란 단어는 앵글로 색슨의 고대어 레단(Ledan)에서 유래했다. 이 레단의 어근은 리탄(lithan)에서 왔다. 그 뜻은 '가다'(to go)라는 의미를 가지고 있는 동적인 성격의 단어이다. 그래서 리더는 '앞서 가는 자', '먼저 행하는 자'라는 의미를 내포한다. '리드(lead)'를 보자. '무엇을 이끌다, 인도하다.'는 뜻의 동사이다. '리더(leader)'는 '이끄는 사람, 인도하는 사람'이란 뜻이 된다. '리더십(leadership)'이란 '무리를 다스리거나 이끌어 가는 지도자로서의 능력, 지도력, 통솔력'이라고 사전에 나온다.

리더십을 Lead(리드) 플러스 ship(배)으로 표현하기도 한다. 리더는 배의 속도와 방향을 이끄는 자라는 뜻으로 표현하기도 한다. 사회과학적인 리더십은 "조직의 목표를 효과적으로 달성하기 위하여 집단 구성원을 유도, 조정하는 리더의 행동, 또는 리더와 추종자의 공동 가치와 동기(욕망, 욕구, 소망, 기대 등)를 충족시키기 위하여 지도자가 유도하는 행위"라고 정의하고 있다. 하버드대의 케네디 스쿨에서는 "리더십이란 도전적인 기회 속에서 비전을 명확히 세워 현실을 돌파해 나가기 위해 조직과 사회를 동원하는 활동을 일컫는다. 이러한 리더십은 학습에 의해서 육성된다. 즉 리더십이란 신비한 활동이 아니라 리더가 수행해야 할 업무와 업무 실행 능력에 대한 묘사를 총칭하는 것이다."라고 정의한다.

하버드 대학 케네디정책대학원의 학장이었던 조지프 나이(Joseph S. Nye Jr.) 교수는 리더가 갖고 있는 힘(power)을 지위와 권력에서 오는 파워로서 '하드 파워'와 '소프트 파워'로 구분했다. 주로 명령과 설득에 의해 리더십을 발휘하는 '하드 파워'와 사람들을 설득하고 감동하게 하는 커뮤니케이션을 통해 사람들을 이끌어 가는 '소프트 파워'로 구분했다. 조지프 나이 교수는 21세기 사회가 요구하는 리더는 이 두 가지 파워를 적절하게 사용할 수 있는 능력을 갖춘 사람이라고 말한다. 하드 파워 리더는 설득시키기보다는 명령하고, 사람들이 이해하도록 돕기보다는 무조건 따르기를 원한다. 탁월한 카리스마와 능력을 가지고 '나를 따르라'고 외치는 리더이다. 반면에 '소프트 파워' 리더는 사람들을 설득하고 감동하게 하는 커뮤니케이션을 통해 사람들을 이끌어 간다.

미국의 34대 대통령이었던 '드와이트 D. 아이젠하워(Dwight David Eisenhower)' 대통령에게 친구가 '리더십'이 뭐냐고 물었을 때다. 아이젠하워는 실을 책상 위에 갖다 놓고 친구에게 당겨보라고 했다. 친구가 실을 당기니 실은 곧게 팽팽해지며 끌려왔다. 아이젠하워는 이번

엔 뒤에서 실을 밀어보라고 했다. 이 말에 열심히 밀었지만 실은 굽혀질 뿐 밀리지 않았다. 아이젠하워가 리더십이 뭐냐고 물었던 친구에게 말했다.

"리더는 밀지 않는다. 다만 당길 뿐이다. 실을 당기면 이끄는 대로 따라오지만, 밀면 움직이지 않고 그 자리에 있을 뿐이다. 사람들을 이끄는 것도 이와 마찬가지다." "Pull the string, and it will follow wherever you wish. Push it, and it will go nowhere at all."

정치학의 리더십에 대한 정의는 다음과 같다. 집단의 목표 달성을 위해 집단 내의 어떤 구성원이 다른 행동에 대해 적극적인 영향력을 미치는 과정, 즉 지도자로서의 능력이나 지도력, 통솔력, 자질 등을 말한다. 넓은 의미에서는 집단의 특성 전반에 대한 영향을 포함하는 경우도 있다. 초기 연구에서는 리더십 능력에 관해서는 리더가 된 '개인적 특성'과의 관련에 주목되었다. 어떤 사람은 자연스럽게 특별한 리더십 자질을 갖고 태어난다. 그들은 본능적으로 사람을 이해하고, 사람들을 '한 지점'에서 '다른 지점'으로 움직이게 하는 방법을 안다. 반면에 전혀 남을 이끄는 데에 필요한 리더십 기술을 계발하는 데에 관심이 없는 사람. 이런 사람은 '팔로워' 이 외에는 어느 것도 생각해 보지 않는 사람이다.

스톡딜(Ralph Melvin Stogdill)은 리더에게 나타나는 특성으로서 능력(지능이나 판단력), 소양(체력, 경험), 책임성(신뢰성, 인내력), 참가 태도(활동성, 사교성), 지위(인기, 사회적 세력)의 5가지를 들었지만 동시에 이것들 중에는 서로 모순되는 요소도 포함되어 필요한 요소가 상황에 따라 다른 것도 지적하였다. 이러한 연구 이후에는 리더 개인뿐만 아니라

'집단 활동'에 관한 상황과 리더십의 기능에 대한 연구가 진행되었다. 그 선구가 된 것은 레빈(Kurt Lewin) 등에 의한 사회적 풍토에 관한 연구로 여기에서는 리더십을 전제적, 민주적, 자유방임적의 3종류로 설정하고 리더와 구성원, 집단으로의 효과의 관계를 살펴보았다. 또한 카츠(Daniel Katz) 등은 과제를 중시하는 리더보다 구성원간의 개성이나 욕구를 존중하는 리더 쪽이 집단의 생산성이 높아진다는 것을 지적한다.(21세기 정치학대사전, 한국사전연구사)

스티븐 코비는 '원칙 중심의 리더'를 강조한다. 코비는 리더십의 동심원을 개인 차원, 대인관계 차원, 관리 차원, 조직 차원으로 점차 확대해 가면서 원칙 없는 리더십을 반성하기를 권유한다. 위의 네 가지 차원에 해당하는 기본 원칙들로는 신뢰성(개인), 신용(대인관계), 권한 이양(관리 차원), 한 방향 정렬(조직 차원)을 제시한다. 육군종합학교 총장을 지낸 김홍일 장군의 말이다. "부하를 사랑하라. 평소에 고락을 함께하지 않은 부하는 전장에서 생사를 같이할 수 없다. 청렴결백하라. 재물을 탐하면 군인으로서의 명예를 잃을 것이다." 그는 사관생도들에게 항상 이 말을 강조했다고 전해진다. 그는 박정희를 정치적으로 반대하며 70년대에 야당인 '신민당' 당수까지 지냈다.

충무공 이순신과 지휘관

리더의 가장 중요한 점은 비전을 제시하는 것이다. 나아갈 바를 제시하라. 유명한 케네디의 연설을 기억할 것이다. "조국이 당신을 위해 무엇을 할 수 있는지 묻지 말고, 당신이 조국을 위해 무엇을 할 수 있는지 물어라.(Ask not what your country can do for you ask what you can do for your country)"

케네디는 1960년 2차 세계대전이 끝난 지 얼마 안 된 시점에서 극심한 불황을 겪고 핵전쟁으로 냉전의 시대를 예감하고 있었다. 그러나 케네디는 취임 후 미국인과 전 세계인들에게 자유의 확산이란 희망을 제시했고 포괄적이고, 낙관적이며, 그 스스로 비전의 상징이 되는 등 미래의 이상적인 모습, 즉 비전을 제시하는 데 성공을 이룬다. 어떤 리더든 실수는 하게 마련. 누구도 이를 피할 수는 없다. 하지만 자신의 실수를 되돌아보면서 어디에서 잘못되었는지 살피고, 앞으로는 같은 실수를 하지 않도록 해야 한다. 순천향대 이순신연구소에서 개최하는 학술 세미나에서 충무공 이순신 장군이 위기관리 능력이 탁월한 최고 경영자(CEO)로 재해석한다. 그간 정치·군사적 측면에서의 조명을 통해 이순신을 전통적 충효사상의 화신으로 자리매김해 온 것과는 다른 차원에서의 경영학적 재조명이다.

이순신에 대한 자유로운 재해석은 문학과 경영학 분야에서 선도하고 있다. 소설가 김훈 씨가 〈칼의 노래〉란 소설을 통해 이순신의 인간적 측면을 조명한 바 있다. 1990년대 중반 이후 활기를 띠는 이순신에 대한 경영학적 재조명은 주로 위기관리 능력과 결단의 리더십 차원에 초점을 맞추고 있다. 소설가 김훈 씨가 '인간적 측면에서의 이순신의 리더십'이란 글에서 제기한 '전환의 리더십'도 눈여겨 볼 만하다. 임진왜란 당시 조선의 상황은 군사력의 열세, 굶주림, 행정 관료의 부패 등이 겹쳐 있었다. 하지만 충무공은 절망적인 역경을 희망으로 전환시키는 데에 지도자적 자질을 보였다는 것이다. 김 씨는 "충무공은 정치적 불운과 박해를 백의종군의 형태로 전환시켰으며, 군사력의 열세에서 우세로, 수세에서 공세로, 죽음에서 삶으로 끊임없이 전환해 나갔다."면서 "이 대목이 가장 강력하고 아름답다."고 말했다. 이 전환의 힘이 발휘된 한산도 싸움에서의 압도적인 승리와 명량 싸움이 그 절정이었다는 평가다.

김현기(경기대 정치전문 대학원) 교수는 '이순신의 군사적 리더십에 관한 현대적 조명'을 발표한다. 김 교수는 "충무공이 통제사 재임명을 받고 말을 달려 전라도 곡성·옥과 지대를 지나오다가 길에서 피란민을 만났을 때 취했던 태도를 주목해야 한다."면서 이를 세 마디로 요약해 냈다. 즉 "첫째 말에서 내려서(下馬), 둘째 손목을 잡고(握手), 셋째 타일렀다(開諭)"는 것인데, 이 대목에서 "이순신의 가슴에서 우러나오는 인간애를 느낄 수 있다."는 것이다. 김 교수는 또 "이순신은 운주당(運籌堂)이란 참모본부를 설치해 놓고 거기서 장병들과 함께 자고 토론하며, 비록 부하 병사들이나, 심지어 종들의 의견까지라도 좋은 것이 있으면 채택했다."면서 "무슨 주의라는 이름이 붙지 않은 참 민주주의의 실천자였다."고 밝혔다.

백골부대에서는 부대의 전통이나 역량에 걸맞게 탁월한 리더가 많이 배출되었다. 워렌 베니스는 "리더란 사람들의 이목을 사로잡을 수 있는 능력, 취지를 전달하는 능력, 신뢰를 심어줄 수 있는 능력, 자신을 관리할 수 있는 능력을 갖춘 사람들"이라고 규정했다. 현대 리더십 이론을 정립했다는 평가를 받는 워렌 베니스(1925~2014)는 1985년에 출간한 저서 〈리더스〉에서 리더들을 면밀하게 조사한 결과를 말한다. 이 연구 결과를 바탕으로 리더십을 '설득력 있는 비전을 제시하고 이를 구체적 행동으로 변환하며 이를 계속 유지해 나가도록 하는 능력'이라고 정의했다.

타이밍의 법칙은 중요하다. 무엇을 하고 어디로 가야하는 것이 중요한 만큼 지도력을 발휘해야 하는 그 시점도 대단히 중요하다. 조금씩의 성장을 이루려면 팔로워들을 이끌고 많은 성장을 이루려면 리더들을 이끌라. 리더십의 완성은 계승자를 세우는 것이다. 공동체의 좋은 전통이나 목적, 목표나 과업이 창조적 계승 발전되어야 진정한 리더십이다.

이제 한민족이 단 한 번도 외국을 침략해 본 적이 없는 평화로운 나라라는 말은 수사적 의미일 뿐이다. 역사는 반복된다. 다시는 외세의 침략과 침탈을 허용해서는 안 된다. 패배주의나 운명주의, 이를 초월하고 극복, '초극'해야 한다. 역사는 꿈꾸고 도전하는 자들의 것이다. 역사의 위기는 두려움과 안일에서 오고, 역사의 전기는 각오와 도전과 진격에서 온다.

"참 군인 이종찬 장군"

　백골부대 사단장을 지낸 이종찬(1916~1983)장군은 서울특별시 태생이다. 1916년 서울에서 태어난 이종찬 장군의 할아버지는 대한제국 말기에 법부대신을 지낸 이하영이다. 후일 일제로부터 자작 작위도 받았던 걸로 보아 친일파 집안이라는 부정적 시각도 존재한다. 아버지인 이규원은 고종 황제의 시종을 지냈고 역시 습작하여 귀족이 되었다. 할아버지는 공직에서 물러난 후 대륙 고무신이라는 회사를 설립하여 일제시대 고무신 시장을 석권하기도 했다.

　이종찬은 경주 이 씨인데 대한민국 초대 부통령을 역임한 이시영(독립 운동가, 형 이회영과 함께 신흥무관학교 설립)은 가까운 할아버지뻘 인척이었고 국회의원과 김대중 정권 시 국정원장을 지낸 동명의 이종찬 의원과도 같은 항렬이다. 이종찬 장군이 형님뻘인 셈이다. 한국전쟁 개전 당시 수도경비사령관이었던 이종찬은 이후 수도사단장과 3사단장을 역임했다. 탁월한 리더십을 발휘하고 매우 힘들고 어려운 한국전쟁 초기에 과묵하지만 냉정하고, 침착한 지휘와 솔선수범하는 리더십을 발휘하여 휘하 장교들과 병사들의 신임과 존경을 한 몸에 받는다. 이종찬 장군은 한국전쟁 초기 당시 몇 안 되는 유능한 야전 지휘관이었다. 낙동강 전투가 한창이던 50년 9월초 3사단장으로서 포항 부근의 형산강 지역을 맡아 방어중일 때 대대적인 인민군의 공세 앞에서 후퇴가 불가피하게 될 경우 자결한다는 결의로 분전, 끝내 형산강 일대를 사수하여 3사단의 이름을 드높였다.

10월 1일에는 3사단을 이끌고 국군과 UN군 가운데 최초로 38선을 넘어 북진하는 영예를 얻는다. 백골부대, 3사단의 영광은 침착하고 솔선수범하며 부하들을 두루 챙겼던 이종찬 사단장이 있었기에 가능했다. 당시 훈련과 장비가 불충분했던 우리 국군은 늘 상 야전사령관의 능력과 처신에 따라 부대의 성패가 크게 좌지우지되는 경우가 많았고, 이종찬은 그러한 상황에서 그 누구보다 병사들이 그 휘하에서 있기를 희망하는 유능한 야전 지휘관이었다. 1951년에는 정일권의 뒤를 이어 육군참모총장에 임명되어 전쟁 중 중책을 맡는다. 이승만의 그에 대한 신임이 얼마나 두터웠나를 알 수 있는 대목이다. 참모총장직에 재임하면서는 군납과 관련한 이권에 얽힌 수많은 비리를 시정했지만 개인적 축재에는 초연하였다. 군 인사에 공정을 기하기 위하여 사촌 동생을 중령 진급에서 배제하는 등 청렴하고 강직한 장군으로 많은 장병들의 존경을 받았다. 625전쟁. 당시 참모총장을 지낸 4명의 지휘관들 중 '가장 지식이 풍부한 장군', '공정 무사한 장군' '믿음직한 지휘관', '존경도가 높은 장군'으로 뽑히기도 했다. 그의 군인으로서의 지조와 소신이 돋보이는 부분은 바로, 이승만이 자신의 집권을 연기하고자 일으켰던 부산 정치 파동에서 임시수도 부산으로 2개 대대 병력을 파견하라는 이승만의 부당한 명령을 단호하게 거부함으로써 군의 정치적 중립을 지켰다는 점이다. 당시 그를 보좌하던 유재홍 참모차장, 이용문 작전참모국장 등 참모들이 난정을 타개하기 위해 미 8군 사령관 벤 프리트의 협력을 얻어 쿠데타를 일으킨 후, 그를 지도자로 추대하려는 움직임도 활발했다. 이종찬은 소신에 따라 단호히 거부하고 정치적 중립을 위해 노력한 점도 빛나는 부분이다. 당시 이종찬에게 정권욕이 있었다면 성공했을 것이라고 증언하는 인사들도 많다.

1960년 419, 이후 들어선 허정 과도정부에서는 국방부 장관의 대임을 맡아 비록 3개월간의 짧은 재임 기간이었으나 315 부정선거 이후 흔들리고 있던 군을 안정시켰다. 박정희를 비롯한 정치군인들이 쿠데타를 일으키는 것을 방지하기 위해 국가보장안전회의 구상, 3군 총장의 헌법선서 준수 식 거행 등 여러 조치를 취하는 등 이종찬의 다각적인 노력의 결과로 이 시기에는 쿠데타를 예방할 수 있었다. 그러나 그의 개인 의지를 초월한 역사, 박정희의 쿠데타라는 비극이 일어난다. 물론 박정희 군사정권 등에 대놓고 정면으로 항거하지는 않았다는 점에서 비판하는 사람들이 있기는 하지만, 당시 군 선후배로 얽혀 있었던 그의 입장 상 개인적으로 정면에서 항거하기는 어려웠을 것이고, 그럼에도 불구하고 그가 할 수 있는 한 박정희 정권의 잘못을 비판했다는 점에서 그에게 높은 점수를 줄 수 있을 것이다. 박정희 정권이 3선 개헌을 하고 10월 유신을 통해 장기 집권으로 향하자 그런 움직임을 비판하기도 했다.

1979년 10월 4일에 있었던 김영삼 의원 제명 파동 당시엔 찬성표를 던졌는데, 이는 유정회 소속으로서 조직의 결정에 따를 수밖에 없었기 때문이었다. 그는 이 결의가 있기 이전 국회 석상 발언에서 유정회 의장에게 "김영삼 총재는 국민이 뽑은 국회의원인데, 이를 함부로 국회에서 정치적 의도로 제명해서는 안 된다. 김영삼 총재를 제명하게 되면 각하(박정희)가 불행해질 것이다."라고 발언했다고 한다. 이후 이종찬은 외교관(61~67:5.16쿠데타 당시 주 이태리대사로 재직 중)생활과 유정회 국회의원(박정희의 간청으로 반 강제로 임명되다시피 하였으나 결국 이를 수용한 것은 이종찬 일생의 유일한 오점이라고 봐도 좋다)을 지냈으나 평생 군의 정치적 중립이라는 신념과 소신을 간직한 채 살았다. 그는 박정희 정권으로부터 무수히 더 좋은 자리의 유혹을 받았지만 군인으로서의 지조와 신념, 특히 군의 정치적 중립을 위해서 최선을 다한다.

비록 일본군 입대 경력 등, 친일 전과가 있기는 하지만, 그것을 일생 부끄러워했으며 군의 정치적 중립이라는 소신을 지켰다. 그를 참 군인으로 추앙하는 사람들이 많다. 그는 노년에 이르러, 또 다시 발생한 신군부의 1212 군사반란과 광주학살을 비판하며 제5공화국의 반역사성을 입에 담았던 유일한 예비역 장군이었다. 1983년, 참군인 이종찬이 세상을 떠난 후 그의 통장에는 고작 26만 원이, 그의 호주머니에는 단돈 2천 원이 남아 있었다. 참으로 청렴하기 그지없는 군인의 일생이었다. 장례식은 육군장으로 엄수되어 국립묘지에 묻혔다. 보국훈장 통일장이 추서되었다.

한신 장군, 백골부대 18연대

18연대 백골부대 기

한신 장군(1922~1996)은 함경남도 영흥에서 출생했다. 일본으로 유학을 가서, 일본 중앙대 법학과를 졸업했다. 광복 후 다시 고향으로 돌아왔다가 1946년 월남, 박정희 전 대통령과 함께 육사 2기로 입학했다.

나이는 박정희보다 다섯 살이 아래였지만 육사 2기 동기생이었다.

"부하들을 잘 먹여라(食). 잘 입혀라(衣). 잘 재워라(住). 교육 훈련을 철저히 하라. 근심 걱정을 해결해 주라." 한신 장군의 지휘 지침이었다. 625전쟁 때 잘 싸운 장교 중 한 사람, 한국군의 가장 탁월한 군 지휘관으로 평가받는 장군이다. 대통령 박정희도 한신을 일컬어 "임자는 군인이 되기 위해서 태어난 사람"이라고 입버릇처럼 말했다고 한다. 한신 장군은 신편되는 18연대로 보직되기에 앞서 군기사령부(헌병사령부 전신)의 행정관 겸 부사령관 직에 있었다. 이 무렵에 여수·순천 지역에서 14연대의 좌익분자들이 주동이 돼 반란 사건을 일으켜 군과 정부가 발칵 뒤집혔다. 이에 군에서는 반란진압 작전을 폈고, 군기사령부에서도 별도로 한신과 김득모 두 장교가 지휘하는 군기 대원을 보내 주모자들을 잡아내게 하였다. 한신과 김득모는 교묘한 기계(奇計) 작전을 펴 쥐도 새도 모르게 좌익 주모자들을 색출하는 데에 성공하였다. 그래서 그들의 정군 활동의 큰 공적이 군 역사에 기록되어 오늘에 이르고 있다. 한신은 군기사령관 권근의 권유로 18연대로 보직을 옮겨 작전주임 장교의 중책을 맡았다. 보직되자마자 모병 활동을 전개하였고, 서울에서 모집한 18연대 창설 요원은 대부분 이북에서 공산당과 맞서 대공 투쟁을 하던 청장년으로서 단신 월남해 내려온 서북청년회 회원들이었다. 그들은 청량리역에서 화물열차 편으로 짐짝처럼 실려 포항 영일만으로 집결했다. 거기서 신병 훈련이 시작되었고 뒤이어 대구 비행장으로 이동했다가 드디어는 충남 온양에 정착해 주둔지가 정해졌다. 온양에서 교육 훈련에 심혈을 기울이고 있을 때, 옹진으로부터 비보가 전해져 왔다. 그동안 잠잠했던 옹진지구에 인민군이 기습 공격을 감행해 아군 진지가 피탈당하고, 약탈·방화·강간·납치 등 놈들의 행패가 극심하다는 소식이었다.

　이러한 일련의 사건은 한신이 예견하고 있던 일로 북한 공산군은 장차 전면전을 야기하기 위해 시탐 작전을 기도한 것이다. 이러한 중대 규모, 대대 규모, 연대 규모의 시탐작전은 옹진지구를 시발로 춘천, 강릉 등 38선 여러 곳에서 동시 다발적으로 있었으며, 뒤 이어 무장 게릴라 침투 공작을 20차례 감행해 왔다. 이러한 불안한 상황에서 채병덕 육군참모총장은 한신 소령을 직접 지명하여 18연대 1대대장으로 보임하고 즉시 1대대를 옹진지구로 파견·출동하라고 명령을 내린다. 그리하여 한신은 18연대 부연대장 등의 보직을 거쳐 625전쟁을 맞는다. 한신은 신편한지 두달밖에 안 되는 18연대 1대대를 이끌고 옹진으로 출동해 최초로 적과 맞서 싸웠다. 불리한 여건과 열세한 장비, 그리고 준비가 덜된 상황에서 상급 사령부의 급박한 명령에 따라 두락산을 목표로 공격하였다. 처녀 출전한 최초의 공격 작전은 희생자를 내면서 한계를 드러냈다. 그래서 한신은 대대 병력을 주둔지로 철수시킨 다음 실패의 원인을 면밀히 분석했다. 분석한 실패 원인을 토대로 미비점을 보완하고 실전과 같은 훈련을 거듭해 두 번째 작전부터는 성공한다. 그는 625전쟁 동안 '공격 작전에는 이용(육사5기), 방어작전에는 한신'이라는 신화를 남길 만큼 싸움마다 연전연승의 무훈을 세운다. 그의 가슴에 매달린 훈장을 헤아려 보면 알 수 있는 일이다. 태극무공 훈장 1개, 을지무공 훈장 4개, 충무무공훈장 8개 등 충무 무공 훈장, 이상만도 13개이다.

　한신은 18연대 1대대장으로서 옹진에서 두 번째 작전부터 몇 차례에 걸쳐 승전을 거듭한다. 그러던 사이에 무고가 특무부대에 제보되어 김창룡 특무부대장으로부터 억울한 조사도 받으며, 그런 연유인지는 알 수 없으나 대대장으로 보직된 지 4개월여 만에 대대장직에서 해임된다. 대대장 자리에서 사령부 고급 부관으로 잠시 자리를 옮겼다가 다시 18연대로 복귀해 부연대장으로 보임되었다. 18연대는 옹진지구에서 싸움마다 이겨 놓고, 용산으로 부대 이동을 하였다. 한신이 용산에서 18연대 부연대장직에 있었고, 연대장은 임충식(육사 1기, 예 대장, 국방부장관)중령이었다. 그 둘은 다 같이 야전 지휘관 통으로 서로 죽이 잘 맞아 장차 일어날 것으로 예견해 전쟁 준비의 일환으로 교육 훈련에 심혈을 기울였다. 1950년 6월 24일 자정, 그동안 지속되었던 비상 경계 태세가 해제되었다. 그래서 대대 훈련을 성공적으로 마친 1대대(대대장 박사룡, 육사3기)를 몽땅 휴가차 내 보냈다. 그리고 무슨 연유인지는 모르나 기동 장비도 부평에 있는 병기창에 수리 의뢰 차 후송되었다. 남은 장비라고는 1/4톤 차량 4대가 고작이었다. 이런 상황에서 625전쟁은 발생했다.

한신과 18연대는 상부의 명령에 따라 포천 방면으로 출동해, 7사단(사단장 유재흥)을 지원하여 인민군과 싸웠다. 26일 저녁 무렵 의정부가 적의 수중에 떨어지게 되었다. 적의 배후에서 18연대는 포위망을 뚫고 의정부 서측방을 지나 송파를 거쳐 구파발에 이르렀다. 비는 억수같이 퍼붓고, 보급 지원이 끊겨, 일곱 끼를 굶은 병사들은 그 몰골이 말이 아니었다. 어떤 병사들은 너무나 배가 고파 길가 과수원에 매달린 풋과일을 따 입에 넣기도 하였다. 들려오는 말에 의하면 미아리 전선이 무너졌고 인민군 탱크가 서대문까지 진입했다는 것이다. 한신은 곯아떨어진 병사들을 두들겨 깨워 행주 나루로 향했다. 다행히 도하 장비를 구할 수 있어 김포 반도로 강을 무사히 건넜다. 김포비행장에서 적과 일전을 치르고 지연작전을 전개하면서 축차적으로 소사읍으로 병력을 철수시킨다. 전쟁 지도본부에서는 한강선 지연작전(약 1주일)을 위해서 시흥지구 전투사령부(사령관: 김홍일 소장, 특임)가 급편되어 작전에 임했다.

한신은 18연대 주력이 어느 정도 정비가 이루어지자, 사령부로 달려가 김홍일 장군에게 거수경례를 하고 연대의 상황을 보고했다. 사령관은 고생이 많았노라 하면서 야전 책상에 걸터앉아 백지에 글을 쓰기 시작했다. 만년필을 쥔 김홍일 장군의 손이 수전증이나 파킨슨병에 걸린 사람의 손처럼 떨리고 있었다. 한신은 생각하기를 모든 상황이 불리하게 전개됨을 직감했다. 잠시 뒤 사령관이 최선을 다해 달라고 당부하면서 한신에게 글을 쓴 종이 한 장을 건네 주었다. 그 내용인즉 비분해서 자결한 우병옥(寓炳玉 육사1기) 중령의 후임으로 임충식(任忠植) 대령을 김포지구 전투사령관으로 임명한다는 것과 오류동—소사 간의 경인가도를 고수하라는 명령이었다. 한신이 연대에 와서 연대장에게 보고했지만 전세는 여의치 않아 18연대 병력과 기타 부대를 수습하여 김포비행장 남쪽으로부터 소사 북쪽의 고지군에 이르는 선상에 병력을 배치해 경인가도 확보에 주력했다. 이때 맥아더 미 극동군 사령관이 도쿄로부터 한국 전선에 날아왔다. 맥아더 원수가 15명의 수행원을 대동하고 전용기 편으로 이께다(羽田)공항을 떠나 10시에 수원 비행장에 내렸다. 곧 ADCOM에서 처치 준장으로부터 상황 보고를 받았다. 그 뒤 곧 그는 전선 시찰을 위해 차량으로 시흥 전투사령부를 방문했다. 한신이 몸담았던 18연대는 한강 방어 작전에 가담하여 어느 정도 지연전 몫을 하고나서 군의 후퇴 작전 대열에 서서 안양, 평택, 진천, 청주 등지로 후퇴를 거듭하면서 지연전을 펼쳤다.

1950년 7월 11일, 18연대는 충북 진천지구에서 적의 압박 공격을 당해 매우 열세한 장비와 병력으로 필사의 저지를 했다. 연대 관측소 우 전방 2백 미터 지점에 배치됐던 6중대에서 병사들의 동요가 한신에게 목격되었다. 중대장 김정운(육사 7기, 예 준장) 중위가 적탄에 쓰러진 것이다. 이 광경을 관측소에서 지켜보던 한신 부연대장은 "후퇴하면 안 돼" 하는 고함을 지르며 알철모, 맨발로 권총 한 자루를 움켜쥔 채 빗발치는 적의 총탄 속을 뚫고 6중대로 달려갔다.

백호(白虎)가 나타난 것이다. 백골부대 병사들은 한신에게 이미 '백호'라는 별호의 애칭을 붙여준 바 있다. 백호의 출현은 순식간에 6중대 장병들을 긴장시켰고, 중대장이 쓰러진 지휘 공백을 메웠다. 곧 병사들은 제자리를 찾았고, 적은 물러갔다. 중대장 연락병 우 중사가 그 틈을 타서 중대장을 둘러업고 도립병원으로 달려가 복부 관통으로 사경을 헤매던 김 중위의 목숨을 건졌다. 참으로 용기가 없이는 할 수 없는 일이며, 목숨을 걸지 않고는 절대로 해 낼 수 없는 일이라고 생각한다. 이런데서 우리는 진정한 용기가 무엇인지 찾을 수 있을 것이다.

백골부대란 고유 명칭도 한신에서 비롯된다. 이은팔 군사세계 저술가의 표현이다. "생도 시절부터 그분의 인간됨과 군인다움을 지켜보면서 존경하고 흠모해 왔다. 그분의 높은 계급이나 직책을 존경하는 것이 아니고 그의 인간됨과 그의 군인다움을 존경한다. 누가 뭐라고 해도 그는 하늘이 우리에게 보내준 참 인간이었고 참 군인이었다."

18연대는 진천지구에서 적과 싸워 상당한 전과를 올렸다. 타 부대와의 전선 조정상의 문제로 후퇴를 거듭해 청주-충주-옥천-보은을 거쳐 안동 지역까지 밀려났다. 여기서 적으로부터 포위당해 연대 지휘소가 피습 받는 등 고립되었다. 이제 살아남으려면 적의 포위망을 돌파해야 한다. 그러자면 험준한 계곡을 지나 고갯마루를 넘어야 하는 단일로 뿐이었다. 그 고개마저 적이 먼저 점령해 매복하고 있는 절박한 상황이었다. 연대장은 고갯마루에 있는 적을 격파하고 철수로를 확보할 계획을 세웠다. 1대대장에게 고갯마루의 적을 공격하라고 명령했다. 이때 한신은 연대장에게 내가 직접 장갑차를 지휘해서 고갯마루에 가서 적의 규모를 탐색해 보겠다고 말했다. 그러나 연대장과 참모들은 위험한 일이라고 하면서 극구 만류했다. 결국 한신은 그의 고집대로 장갑차 두 대를 지휘해 고갯마루를 향했다. 고갯마루를 가까스로 넘었을 때 기다렸다는 듯이 소대 규모의 적이 도로 북방에서 갑자기 집중사격으로 공격해 왔다. 한신은 기관총 사수에게 적이 접근해 오는 방향으로 집중 사격 하라고 명령하고 가지고 있던 수류탄을 투척했다. 그리하여 적을 어느 정도 격퇴시켜 가고 있는 순간, 적이 던진 수류탄 한발이 장갑차에 명중되어 차량이 파괴되었다. 한신은 병사들에게 탈출하라고 소리치며 밖으로 뛰어내렸다. 때마침 한신의 운전병 임호 하사가 지프를 몰고 저만치 뒤따라 와 병사들과 함께 무사히 연대 지휘소로 귀환했다. 이와 같이 사면으로 포위된 고립 상황에서 취할 수 있는 길은 오직 한 길뿐이다. 먼저 차량과 중장비 등 운반이 불가능한 것은 모두 파괴해서 적이 사용하지 못하도록 조치해야 한다. 기본 화기와 경장비만 휴대해 경량화해야 한다. 도로가 아닌 산을 타고 포위망을 탈출해야 한다. 이렇게 해서 18연대는 적의 포위망을 뚫고 그 지역을 무사히 벗어날 수 있었다.

18연대가 구사일생으로 적의 포위망으로부터 탈출해 하지리로 집결하였다. 8월 7일, 사단장 김석원(특임, 예 소장) 준장이 3사단장으로 전보되고, 17연대장인 백인엽(군영반, 예 중장) 대령이 사단장으로 보직되었다. 한신 중령도 그날부터 18연대 부연대장에서 같은 연대의 연대장으로 영전되었고 임충식 대령은 1연대장으로 전보되었다. 한신은 18연대 창설 요원의 한 사람이다. 특히 옹진 전투 이후 지금까지 여러 전선에서 생사고락을 같이 한 전우들이 있는 18연대를 지휘하게 된 것을 무척 영광으로 생각했다.〈이은팔. 군사세계 부회장〉

한신 장군은 부하들을 철저히 챙겼다고 한다. 사단장이나 군단장을 지냈을 당시에 파격적으로 별자리 계급장 없이 사병 옷을 입고, 예고 없이 예하 부대 취사장을 방문하였다 한다. 밥이 적고 부식이 나쁘면 지휘관들을 혼냈다는 일화가 널리 알려져 있다. 그 당시에는 부정부패가 많았고 군대 부식을 지휘관들이 많이 빼돌려서 사병들이 배고픈 시절도 있었다. 취사장에서 고기 국을 끓이면 고기는 하나도 없고 기름만 떠 있을 정도로 부정이 심한 정도였다. 장군들이나 상급 지휘관들에게는 조인트를 깔 정도로 엄하게 대했고 사병들에게는 아버지처럼 자상하게 대했다고 한다. 군대를 아는 사람들은 이러한 스토리가 전설처럼 전해진 것을 알고 있을 터이다.

'골육지정'의 백골혼과 채명신 장군

채명신(蔡命新, 1926년 11월 27일~2013년 11월 25일) 장군은 대한민국의 군인 출신 외교관·공무원·정치가·체육인·사회기관, 단체인으로 625전쟁과 월남전쟁의 지휘관으로 참전하였다. 이미 앞에서 밝혔듯이 채 장군은 백골부대의 전신인 9연대장과 3사단 참모장을 거쳤다. 그가 말한 '골육지정'의 리더십은 그의 가슴에 백골부대의 승리 의식이 흐르고 있음을 느낄 수 있다.

채명신 장군은 황해남도 곡산군에서 출생했다. 항일운동가였던 아버지와 독실한 크리스천 어머니 사이에서 태어난 그는 모태 신앙인으로 성장하였다. 아버지는 광복 직후 석방됐지만 고문의 후유증으로 1945년 12월 초에 사망하였고, 어머니는 교회 권사로 활동하였다. 평양사범학교를 졸업하고 교사로 발령, 평안남도 용강 덕해소학교에 부임하였다. 그 뒤 진남포 소학교에서 교편을 잡았으나, 소련군 주둔 이후 공산주의를 피해 1947년, 월남하였다. 이때 서북청년회에 가입했다고 전해진다. 당시 교회 권사이던 어머니를 포함한 가족과 생이별을 하고 홀로 남하하여 서울에 도착하였다. 천신만고 끝에 서울에 당도한 그는 48년, 조선경비사관학교(육군사관학교의 전신) 제5기 생도 모집에 응시하여 합격한다.

채명신은 목사가 되겠다는 애초의 꿈 대신 1948년 4월, 조선경비사관학교에 지원한다. 강도 높은 훈련에 식량조차 제대로 배급되지 않는 열악한 환경이었다. 육군사관학교 재학 당시 상위권 성적이었던 그는 졸업 당시 동기 400명 중 26위였다. 육군사관학교 제5기로 졸업하고 소위로 임관되었다. 1947년 월남, 육사 5기 졸업했다. 조선경비사관학교 5기로 학교에서도 성적이 우수했고, 그래서 배치된 첫 부임지가 바로 제주도 9연대였다. 그러한 탓에 제주 43사태를 경험했고 비정규전에 대해서 경험함으로서 그가 훗날 한국전쟁에서의 백골병단의 지휘를 하게 되는 경험을 쌓는다.

처음 소대장으로 부임한 부대에서 남로당계의 근거리 조준 사격을 받고도 살아나 '군신(軍神)'으로 불렸다. 당시 제주 43사태 때 채명신 소위는 좌익 계열이었던 경비대 내부 적과 싸우고, 오히려 처음 부임지에서 적공선전에 세뇌된 부하들을 전향시키는 데 많은 노력을 한 바 있다. 이러한 노력은 베트남전 한국군의 성공의 기본 민사 전략에서 그대로 반영되기도 한다. 개성 송악산 전투와 제주 43사태, 태백산지구대 게릴라전, 625전쟁 발발 후 '백골병단'을 지휘하여 적 후방에서 유격전을 전개하는 등 야전 지휘관의 길을 걸었다.

1955년, 논산훈련소장을 맡으며 병역 비리 등을 조사하고 빨치산 (공산당 유격대)를 토벌하며 준장으로 승진한다. 1961년에 박정희를 비롯한 육군 장군들이 일으킨 516군사정변에 참가하여 소장으로 승진한다. 1962년에는 김운용 등과 함께 '대한태수도협회'(대한태권도협회의 원래 이름) 창설에 참여하여 태권도협회 초대 회장(1962~1964년)에 선출되었다.

박정희 대통령이 채명신에게 1965년, 베트남전에 국군을 파병하는 것에 대한 의견을 물었다. 미국 등의 유엔군 참전 16개국이 북한의 명백한 남침에 대응하여 지원한 625전쟁과는 달리 베트남전쟁에는 미국의 참전 명분이 떨어져 자국 내에서도 반대의 목소리가 높았고, 정글이 우거진 베트남 환경도 불리했기에 채명신 장군도 처음엔 반대하지만 참전하지 않을 경우 주한 미군의 2개 사단을 빼겠다는 미국 측 일부 정객의 압력으로 파병이 결정되고, 채명신 장군은 파월 국군 사령관을 맡는다.

"베트콩 100명을 놓치더라도 민간인 1명은 꼭 지켜야 한다." 이렇듯 군인으로서 훌륭한 업적을 세웠던 그는 군인이기 이전에 '사람을 사랑하는 사람'이었다. 그는 평소에도 부하들과의 결속력을 중요하게 생각하고 늘 병사들의 곁에 머물렀던 사령관이었다. 그는 베트남 전쟁에서도 베트남 현지인 보호 정책에 힘을 기울였다.

조선일보의 기사이다. "1965년 8월, 초대 주월 한국군 사령관 겸 맹호부대장에 임명돼 3년 8개월 동안 파월 장병을 지휘했다. 그가 올린 전과(戰果)는 미국 언론으로부터 "2차 대전 후 최고 승전보"라는 평가를 받았다. 미군은 한국군에 작전권을 주지 않으려다 채 장군의 탁월한 게릴라 전술에 놀라 작전권을 내 줬다."

"채 장군은 자신의 전공(戰功)이 부하들의 희생 위에서 이룬 것이라는 사실을 잊지 않았다. 그래서 언제나 그를 치켜세우는 자리에서 한 발 물러서 있었다. 그를 20년 넘게 모셨던 보좌관은 "채 장군이 병사들의 죽음에 괴로워하며 막사에서 남몰래 통곡하곤 했다."고 말했다. 채 장군은 부하들 목숨을 지키는 일을 앞세웠고 자신의 안위는 뒤로 미뤘다. 생과 사를 넘어선 사생관(死生觀)은 그가 웬만해선 철모를 쓰지 않으려 했다는 데에서도 드러난다. 병사들은 이역만리 전쟁터에서 그런 채 장군을 마음으로 따랐다."

"채 장군은 1961년 516에 주도적으로 가담하는 등 박정희 전 대통령의 최측근이었지만, 1972년 박 전 대통령의 유신을 끝까지 반대했고 대장 진급에서 탈락해 전역했다. 문 여사는 '남편은 늘 박 전 대통령에게 직언을 했지만 원망하는 마음은 없었다'고 했다. 그는 '남편이 10·26 사태 소식을 듣고는 잠을 이루지 못했다'며 (유신에 대해) 직언할 때 '각하, 이러다 제명에 못 돌아가십니다'라고 말한 게 마음에 계속 걸린다고 말했다'고 했다."

베트남 전쟁 중 그는 지하와 군 내외부에 침투한 베트콩 프락치들의 암살 위협과 병사들을 괴롭힌 무좀, 풍토병 등에 시달렸다. 1969년 3월, 미국 닉슨 대통령으로부터 공로훈장을 받았다. 1969년 4월, 헬리콥터로 이동 도중 베트콩의 피격을 받고 국군 28연대 주둔 지역인 투이 호아에서 헬기가 추락, 부상을 당하기도 했으나 기적적으로 생명을 구하였다. 1969년 5월, 구엔 반 티유 남베트남 대통령으로부터 최고 훈장을 수여받았다. 후일 채명신 사령관은 "주월 한국군의 작전 중의 하나는 태권도의 보급이었다."며 "당시 태권도 교관들은 전쟁에 직접 참여한 장병들과 견주어 결코 뒤질게 없는 활약을 펼쳤다."며 교관들을 높이 평가했다. 주월 한국군 사령관인 채명신 장군은 "태권도 보급은 작전이었다."라고 말할 정도로 깊은 관심을 가지고 있었다.

1972년 초, 대통령 박정희의 호출을 받았다. 박정희는 그에게 집권 연장의 뜻을 보이고 군부 내의 지지를 이끌어 줄 것을 호소한다. 그러나 채명신은 신의가 정치인의 생명이라며 강하게 반대한다. 처음에는 민족중흥의 사명과 자주국방을 위한 단결을 역설하던 박정희는 그의 주장에 분노한다. 두 번의 독대가 더 있었으나 그는 모두 반대했고, 분노에 찬 박정희 대통령 앞에서도 채명신은 소신을 되풀이하였다. 10월 유신에는 반대했다. 채장군은 10월 유신은 516군사혁명의 대의에 어긋나는 것이라고 판단하였다. 결국 그는 인사상 불이익을 받고 대장 진급에서 탈락한다. 1972년 6월 1일, 제2군 사령관직에서 물러남과 동시에 전역하였다. 전역사이다. "지휘관은 바뀌게 돼 있다. 그러나 군은 영원히 남아 계속 발전해야 한다. 냉정을 잃지 마라."

현역에서 물러난 후에는 외교관의 길을 걸었다. 외교관 경력으로는 1972년, 주 스웨덴 대한민국 대사로 파견되어 1973년, 주 그리스 대사관 대사, 77년, 주 브라질 대사관 대사 등을 역임하였다. 채명신 장군이 중장으로 예편하고 오랫동안 대사로 외국을 돌아다닌 것은 박정희가 채명신을 경계하고 잠재적 라이벌로 보았기 때문이다. 그는 625전쟁 유격전의 영웅, 채명신 장군이 창안한 '군사 교리'는 베트남에서 두코 전투, 짜빈동 전투 등에서 입증된 '중대 전술기지 전술'로 미군들에게 깊은 인상을 남겼다. '625전쟁 때 한국군을 가르쳤던 미군이 베트남전에서는 거꾸로 배우는 상황이 되었다. 월남전 신화 창조의 주인공으로, 미군 장성들로부터 군신(軍神)으로까지 불리는 전사를 남겼다.

이후 베트남 전쟁 참전 단체와 한국전쟁 참전 단체 활동과 강연 활동 등을 다니며 참전 용사의 복지와 보상을 위해 애써오다 2013년 11월 25일, 강남세브란스병원에서 지병인 담낭암으로 향년 87세에 별세했다.

채명신 장군은 장수의 덕목인 지장과 용장, 덕장의 면모를 구비한 진정한 참 군인으로 후대에 칭송을 받고 있다. "그대들 여기 있기에 조국이 있다." 장군의 묘비명이다. 유언으로 자신을 '채 장군은 월남전에서 전사한 전우들 곁에 묻히고 싶다'는 유언을 남기며 투철한 전우애를 드러냈다. 대한민국 정부는 그의 요청을 받아들여 국립묘지 사병 묘역에 안장하기로 했다. 국방부 관계자는 '장군이 자기 신분을 낮춰 사병 묘역에 안장되길 희망한 것은 현충원 설립 사상 최초'라고 했다. 이러한 겸손한 삶은 후세에 귀감이 된다.

그의 지론이다. "후배 군인들도 나라를 사랑한다는 얘기를 입으로 백 번 해 봐야 소용없다. 애국을 행동으로 실천하라."

"자유민주주의를 지키겠다는 의지가 있고, 희생하겠다는 각오가 있고, 그걸 행동으로 보여줄 수 있을 적에 우리는 전쟁을 막을 수 있습니다."

"장군은 봉분 있는 8평 자리에 묻고, 사병은 1평짜리 화장하는 규정은 세상 어느 나라에도 없다."

1972년, 박정희 당시 대통령을 독대한 자리에서 그의 장기 집권 계획을 듣는다. 박 전 대통령이 "욕을 먹더라도 십자가를 메야겠다."라고 했고, 채명신 장군은 "각하, 십자가란 말을 함부로 쓰지 마십시오."라고 반박했다. 그러자 박 대통령은 "채 장군은 기독교 신자지… 그 말이 맞아."라고 했다. 나는 '장기 집권 하지 마라. 루스벨트가 4선을 한 건 국민이 하라고 해서 한 거다. 장기 집권은 각하를 죽이는 길이다'고 했다. 그러자 박 대통령은 작별 인사도 하지 않고 떠나더라. 얼마 뒤 중장 계급 정년일인 5월 30일이 되자 유재홍 국방장관이 나를 불러 박 대통령의 친필 서류를 보여줬다. '채명신 중장 예비역 편입'이라 써 있더라. 만감이 교차했다. 전역식을 마치고 정문을 나서는데 도열한 장병들의 얼굴이 눈물로 범벅이 됐다. 그해 스웨덴 대사로 부임했고 이어서 그리스, 브라질 대사를 했다. 79년 10월 26일, 브라질에서 박 대통령 서거 소식을 들었다. 아내가 '부부로 산 57년 동안 당신이 그렇게 슬퍼한 날은 없었다'고 하더라. 박 대통령에게 '각하를 죽이는 길'이라 말한 게 너무나 가슴 아팠다. 브라질 대사를 끝으로 공직을 마감했다." '진정한 영웅은 사라지지 않는다. 말과 업적이 남는다'는 생각이다. 회고록의 마지막 글귀이다.

김국헌(金國憲)장군, 전 국방부 정책기획관의 '문화저널'에 기고한 역사 해석이다. "한신(韓信), 이병형(李秉衡) 장군과 함께 채 장군이 군에 있었더라면 일어날 수 없는 일들이 생겨났고, 결국 1026이라는 비극에 이르게 된 것도 박정희가 자초한 것이다." "장군은 살아서 국군의 귀감이요 영웅이었고 이제는 죽어서 군신(軍神)이 되었다."

"스스로 정권을 연장하겠다는 말은 하지 마라"며 1972년, 박정희 대통령의 3선 개헌을 반대하고, "장기 집권은 각하를 죽이는 길이다"며 직언했다가 군복을 벗었던 채명신 장군. 그는 박정희 대통령 시절 육군참모총장 1순위 후보로 거론될 정도로 두루 신망을 얻었다. 대장 진급 최고의 영예를 누릴 수 있던 위치에 있었던 장군은 유신 반대의 의견을 서슴지 않고 개진하다 결국 중장으로 군복을 벗었다. 채명신 장군은 장준하가 독립 활동을 하신 분이라는 것을 알고 존경심을 나타내곤 하였는데, 이 역시 조기 전역의 한 요인이 되었다고 보는 견해도 있다.

국가 보훈처의 평이다. "그를 이해하기 위해서는 표면적인 업적보다는 채명신이라는 사람 자체의 성품을 알아야 합니다. 그가 막 육군사관학교를 졸업하고 제주도에 소위로 임관했을 당시의 한 일화를 살펴보겠습니다. 막 장교로 임관한 그는 아직 군대라는 세부 사정에는 밝지 못했지만 부하를 사랑하는 마음만큼은 여느 베테랑 못지않았습니다. 그는 장교 숙소를 놔두고 허름한 일반 병의 숙소에서 부하 병사들과 함께 생활하였습니다. 또한 밤중에 모포를 덮지 않고 자는 병사들의 모포를 덮어 주고, 바람이 많이 부는 날에는 창문을 닫아 주기도 하는 등 권위적이고 일방적인 상관이 아닌 병사들의 생활, 식사, 건강 문제들 같은 것들로부터 개인의 가정 문제와 고민까지도 함께 공유하는 세심한 형님의 모습을 보여주었습니다. 채명신 장군은 이 무렵부터 '골육지정'의 리더십을 통해 부하들을 다독이고 있었던 것입니다."

박경석 장군은 조선일보와의 인터뷰에서 채명신 장군의 리더십을 가리켜 한마디로 표현한다. "그의 리더십은 '골육지정(骨肉之情)', 부하를 친 혈육처럼, 책임은 자신이 져."

'골육지정(骨肉之情)', 바로 백골부대를 상징하는 대표적 표어이다. 장군이 백골부대를 거쳐 갔고 '백골혼'이 깃들어 있음을 단적으로 보여준다. 3사단장 출신 고 박세직 장군도 생전에, 전역 후 사회단체에서도 '골육지정(骨肉之情)'을 강조하였다고 한다.

육군은 채 장군의 참군인 정신을 기리기 위해 2014년 11월 19일에 육군본부 회의실을 '채명신 장군실'로 단장하고 개관식을 개최했다. 특히 유족들이 기증한 채 장군의 주월 사령관 시절 전투복과 전투화, 성경책 등 유품 28점을 전시했다. 또 장군의 약력과 공적, 625전쟁과 베트남 전쟁에서의 영웅적인 활약상, 고인의 뜻에 따라 병사 묘역에 안장된 사연 등 생애에 걸쳐 위국헌신과 부하 사랑을 몸소 실천한 장군의 일대기가 스토리텔링식으로 구성돼 있다.

채명신과 김일성의 만남과 월남

1946년 2월 8일. 평남 진남포 교외 평양학원 운동장. 소련 군가가 스피커를 타고 우렁차게 울려 퍼지는 가운데 치즈샤코프 주둔군사령관을 비롯해 소련 장교단과 북조선 공산당 간부들이 모여들기 시작했다. 평양학원 개원식 날이었다. 평양학원 개원식은 북한으로서는 대단히 비중 있는 행사였다. 장교 양성을 통해 인민군 모체를 만들어가는 과정이었으며 공산당 간부를 교육하면서 북한 정권의 기틀을 마련하는 주요한 교육 기관이었다.

청년 교사 채명신은 단상 세 번째 줄에 앉았다. 맨 앞줄에는 치즈샤코프 주둔군사령관과 장성들, 김책·김두봉·김일성·이용범·강양욱 등 북한의 대표적 인사들이 앉아 있었다. 1945년 815 광복 직후 19세 때 채명신은 평안남도 진남포 교외 덕해초등학교에서 교편을 잡고 있었다. 그가 초등학교 교사가 된 것은 일제가 패망하면서 일본인 교사들이 모조리 본국으로 철수해 아이들을 가르칠 교사가 학교마다 네댓 명씩 결원이 생겼기 때문이었다.

평남교육청이 부랴부랴 교사를 모집했는데 그도 합격해 첫 발령지를 덕해초등학교로 받았다. 덕해리는 고향은 아니지만 어머니가 그 고을 덕해교회에서 권사로 신앙생활을 하고 있는 곳이었다. 1926년, 황해도 곡산에서 태어난 그는 어머니와 함께 성경을 공부하는 틈틈이 독학으로 실력을 쌓았다. 그가 학교를 제대로 다니지 못한 것은 독립투사 아버지 대신에 가장 노릇을 하면서 서대문 감옥에 수감 중인 아버지 옥바라지를 해야 했기 때문이다. 부친은 광복과 함께 석방됐지만 고문의 후유증으로 석 달 만인 1945년, 12월 끝내 세상을 떠났다.

평양학원 원장은 김책이었다. 김책은 소련 극동군사령부 88여단 소속 소령으로 1945년 9월 초, 김일성 대위와 함께 북한에 들어온 사람이었다. 그런 김책이 학원장으로 오니 평양학원의 위상과 비중은 대단했다. 이 학원에서 인근 지역 교사들을 초청했는데 채명신 역시 초청됐다. 김책 소령은 개원식 식사에서 "우리나라는 빛나는 사회주의 국가 건설로 총 매진할 것"이라며 희망찬 청사진을 내보였다. 뒤이어 질문과 답변 시간이 주어졌다. 채명신 교사는 마르크스의 '자본론'과 '변증법적 유물론'을 예로 들며 어떤 사회주의 국가 건설을 할 것이냐고 질문했다. 그러자 장내가 술렁이기 시작했다. 식민지시대 일제는 일본제국주의의 반대 이념이라 하여, 공산주의·사회주의를 철저히 배척했기 때문에 이런 부류의 독서를 하는 것만으로도 구속되는 일이 비일비재했다. 채명신은 독립투사인 아버지가 광복과 더불어 석방돼 나온 지 석 달 만에 고문 독으로 작고했으며 그동안 아버지가 몰래 탐독하던 책을 골방에서 찾아 읽었던 것 중 '자본론' 등을 읽게 된 내력을 설명했다.

"부친은 영웅이시오. 동무가 자랑스럽소." 개원식에 이어 열린 연회에서 채명신은 김일성에게 인도됐다. 김일성이 만면에 웃음을 띠며 그의 손을 덥석 잡았다. 이것으로 한국군 출신 장성 중 그가 유일하게, 그리고 최초로 김일성과 악수한 사람이 됐다. "반갑소. 얘기 들었소. 어려운 시기에 그것만으로도 됐소. 우리는 교사 동무 같은 인재가 필요하오. 나와 함께 평양으로 갑시다." 웃을 때 드러나는 김일성의 치아가 대단히 불규칙해 보였다. 윗니가 뻐드렁니인 데에다 톱니처럼 고르지 못해 호쾌하게 웃을 때는 혐오감을 주었다. 이때 만약 김일성을 따라갔더라면? 그의 인생은 180도 달라졌을 것이다. 공산당 핵심 간부나 인민군대 고급장교가 돼 625 남침 때는 별을 달고 남한을 공격하지 않았을까. 그러나 그는 주춤했다. 대부분의 사람은 이런 기회를 갖지 못해 안달인데 주저한 데에는 이유가 있었다. 종교, 그것도 기독교를 배척하는 것이었다. 얼마 전엔 공산주의가 허구라는 사실을 소련군 장교한테서 직접 들었다.

광복이 되자마자, 소련군이 진남포 외곽 그가 살고 있는 용강군에도 예외 없이 주둔했다. 그때 문화 담당 소련군 장교가 학교를 찾아왔다. 그의 초청으로 소련군 주둔 사무실을 찾았는데 이때 놀라운 사실을 발견했다. 소련군 장교는 "나는 4급 식사를 하고 있다. 5급은 부사관이 먹는 거고 6급은 병사들이 먹는 식사다. 내 위의 3급은 영관급이 먹는 것으로 포도주가 나오고 질 좋은 쇠고기가 제공된다. 장성급이 먹는 2급 식사는 돈 많은 자본가나 왕족이 먹는 수준이다. 1급은 상상도 못 한다."

소비에트는 계급 없는 사회라고 했지만 먹는 것까지 이렇게 철저하게 계급적이라는 것을 직접 듣고 그는 공산주의는 허구라는 확신을 가졌다. 광복 직후 북한의 정신적 지주는 평안남도 인민위원장 조만식 선생이었다. 평양은 일찍이 기독교 문물이 들어와 신문화가 서울보다 먼저 개화했고 그 중심에 조만식 선생이 있었다. 1946년 초, 조만식 선생과 소련의 치즈샤코프 주둔군사령관, 스치코프 부사령관(극동군 정치장교로 실질적 권력자·김일성을 북한 지도자로 세운 인물)의 3인 회동이 있었다. 회담 후 조만식은 평양 고려호텔에 연금됐으며, 급조된 공산당원들이 대대적인 기독교 탄압과 교회 폐쇄를 단행했다. 탄압 이유는 북한 사회에서 가장 조직화된 세력이 기독교 세력이고 교육받은 계층이며 또 자유주의를 신봉한다는 점이었다. 그의 어머니가 권사로 시무하고 있는 덕해교회에도 폐쇄의 칼날이 드리워졌다. 채명신은 철거하러 온 반원과 대판 싸웠다. 이러니 체포는 시간 문제였다. 어머니가 눈물로 기도하며 "자식이라곤 너 하나뿐인데 너를 살리는 길이 그 길뿐이니 어서 떠나거라. 너를 살리고 교인들도 살리기 위해서는 네가 떠나야 한다."하고 간절히 당부했다. 어머니는 그가 태어나기 전 형을 얻었지만 그 형이 돌이 되기도 전에 병을 얻어 죽고, 한참 후 채명신을 얻었지만 그 역시 어머니와 함께 살지 못할 운명이 되고 말았다. 그는 밤중을 택해 기약 없이 길을 떠났다.

38선 이남으로 남하하는 사람들은 대체로 황해도 해주에서 배를 타고 인천이나 다른 서해안 루트를 탔다. 돈만 주면 밀선을 타고 남하에 성공하는 사람이 많았지만 소문이 무성하다 보니 당국의 감시망이 강화돼 오히려 그 루트가 위험했다. 채명신은 고심 끝에 강원도 평강·철원·연천·동두천 루트를 탔다. 원산행 기차를 타고 원산으로 가서 다시 그곳에서 철원·연천 행 기차를 탔다. 38선에서는 길 안내를 해 주며 돈벌이를 하는 사람이 많았다. 그도 안내자에게 돈을 건네며 그를 따랐다. 고개를 넘고 산을 돌아가자 급조된 가건물 몇 동이 나타났는데 그곳은 바로 연천보안서 안마당이었다. 안내자는 밀행자를 잡아다 보안서에 넘겨 주는 프락치였다. 하필이면 재수 없는 놈을 만난 것이다. 수용된 다음날부터 조사가 시작됐는데 수사관은 "왜 이남을 가려 하느냐"고 집중적으로 캐물었다. 그는 공부를 더 하기 위해 서울의 삼촌 집으로 간다고 했지만 그들은 벌써 그의 신분 조회를 신청해 놓고 있었다. 순간 그는 죽었다고 생각했다. 〈국방일보〉, 이계홍 대기자

결국 채명신은 구사일생으로 살아나게 된다.

장우주 장군과 영화 <증언>

1962년 장우주 사단장 재직 시 '백골부대'로 부대 명칭이 정립되었다. 육사 3기 출신이다. 백골사단 사단장과 국방부 차관보, 대한적십자사 사무총장 등을 지내고, 현대건설 사장으로 일한 군인이자 기업인이다. 장 장군은 박정희 대통령의 총애를 받았다고 한다. 박 전 대통령보다는 열 살 아래이지만 육사 기수로는 2기생인 박 전 대통령의 1기 후배다. 1961년 2월, 장성 진급자 명단을 보면 박 전 대통령이 소장으로 진급할 때 준장으로 별을 달았다.

3사단 재직 시 탁월한 지휘관으로 알려진다. 군 재직 시 무공을 인정받아 2004년에 '자랑스러운 육사인'으로 박 전 대통령과 함께 선정되기도 했다. 장 우주 동문 공적에서 다음과 같이 그를 평가하고 있다. 61년 3월, 제3사단장(백골부대)으로 철의 삼각지대 금화지역 휴전선에서 적침을 막고 철통 같은 경계 태세를 갖추는 데에 온갖 노력을 경주하였다. 그 해 516쿠데타가 일어나 군의 지휘 계통이 무너져 지휘관들이 우왕좌왕하는 혼란 속에 빠졌다.

이때에 장 장군은 서슴지 않고 사단 주요 지휘관과 참모들을 소집하여 "나의 결심은 간단명료하다. 국가와 국민이 나에게 부여한 임무는 북으로부터의 공산군 침략을 막고 국민의 생명과 재산을 보호하여 자유 민주주의 체제 속에서 평화롭게 국민이 행복을 추구할 수 있게 하는 것이다. 따라서 사단 전 장병은 정치 개입이나 개인의 영달을 위해 군 본연의 임무를 망각해서는 안 된다. 우리는 오직 북쪽을 바라보며 싸울 준비를 해야 한다." 따라서 "나는 이것을 위하여 여하 한 사람도 내 허가 없이 사단 지역을 떠날 수 없게 한다. 그러기 위해 나는 사단 후방경계선 초소 병력에게 실탄을 지급하고 경계를 강화하여 내 명령을 강력히 지키게 한다."라고 말했다. 사단장의 이러한 조치로 3사단은 일사불란한 지휘 체제를 확립하여 혼란기를 도리어 사단장을 중심으로 전 장병이 일치단결하는 계기를 마련하였다.

이것을 계기로 백골부대(18연대) 전통을 3사단 전체가 계승하여 백골사단으로 하고 구호도 '백골'로 통일하여 516 이후의 휴전선 방어 태세 강화에 노력하던 중 같은 해 8월 25일, 비무장 지대 내에 있는 우리 초소에 북괴군의 기습 공격이 있었는데, 사단은 즉각 이에 대응 교전 끝에 적을 격퇴함은 물론 과단성 있는 사단장 결심 하에 최근 거리에 있는 적 초소에 50미리 기관포탄 600발을 집중 사격하여 완전 제압하였다.

군사정전위원회에서 휴전협정 위반이라는 문제가 야기되었지만 당시, 최고회의 의장 박정희 장군이 이 보고를 듣고 "사단장에게는 그 만한 기백이 있어야 해!"라는 말씀을 하셨다. 얼마 후에 제1군에서는 사단장급 이상 전 지휘관을 3사단에 소집하여 이 건에 대한 사례 발표를 갖게 하여, 휴전선에서의 경계 태세 개선에 도움을 줄 수 있었다. 그 해 10월 3사단은 지휘 검열 최우수 부대, 사격대회 우승, 전투태세 모범부대로서 윤보선 대통령, 박정희 의장, 송요찬 내각 수반, 박병권 국방장관 임석 하에 대통령 부대 표창을 받은 바 있다. 장 장군은 그 후 박병권 장관에 의하여 국방부 기획 조정관(1급) 뒤에 차관보로 임명되어 국방부에서 역사에 남을 많은 일을 하게 된다.

〈경제풍월〉의 2014년 3월 20일, 기사를 보면 장우주 장군에 대한 실화가 전해진다. 625전쟁 초창기에 장군은 소령 계급으로 육본 군수과장에서 헌병 사령부로 파견되어 후퇴 작전 전선의 낙오병들을 끌어모아 재편성하여 전선으로 보내는 작전에 몰두했다. 이 와중에 임신 5개월의 부인 이정송(李貞松) 여사는 피난을 못 가 적치 속을 헤매다가, 낙동강 다부동 전선에서 여간첩으로 몰려 총살되기 직전에 극적으로 살아남아 남편 장우주 소령을 만날 수 있었다.

장우주 부부 스토리가 고인의 유고집 앞부분에 '세기의 상부연'(想父戀)이란 제목으로 소개되어 있다. 이정송 여사의 적진 탈출이야기는 1953년 2월, 일본 아사히신문 종군기자가 "월간 King"에 보도한 내용이 줄거리다. 이 '세기의 상부연'을 작가 박계주 씨가 '사랑과 죽음의 가교'라는 제목으로 번역하여 국내에 알려지고 1970년 11월에는 중앙일보가 '민족의 증언' 편에 '적진 횡단'으로 소개했다. 또 1973년에는 임권택 감독이 영화 〈증언〉을 제작했고 TBC 연속극 '증언'으로도 방영됐다.

장우주 장군의 전쟁터에서의 스토리를 소재로 삼아서 영화로 만든 것이 〈증언〉이다. 〈증언〉은 한국전쟁이 발생한 1950년 6월 25일, 이별하게 된 연인의 이야기를 통해 전쟁의 비극을 그린 1973년에 제작된 거장 임권택 감독의 멜로드라마 영화이다.

　　임권택의 73년작 〈증언〉은 전쟁 통을 겪은 감독 자신의 체험이 가장 짙게 반영된 작품이다. 전쟁 초기의 혼란스럽고 악몽과 같은 상황을 서술하는데 신일룡, 김창숙, 김희라, 김요훈 등이 출연하였다. 한국전쟁이 발발로 이별하게 된 주인공 연인을 통해 전쟁의 비극을 그린 영화이다.

88서울 올림픽 조직위원장,
박세직 장군

　박 장군은 경상북도 구미에서 태어났다. 그의 경력을 통해서 걸어
온 길을 살펴보기로 한다. 그는 1956년, 육군사관학교(제12기)에 들어
갔다. 다양한 경력을 볼 때 비범한 인물이었음을 알 수 있다. 1980년,
보병 제3사단 사단장, 수도경비 사령관 등 군의 요직을 두루 거쳤다.
1981년, 육군 소장으로 예편하고, 총무처 장관 등을 지냈다. 체육부
장관, 제24회 서울올림픽대회 조직위원회(SLOOC)와 제10회 아시아경
기대회 조직위원회(SAGOC)위원장을 겸임하였다.

　박 장군은 백골부대의 핵심 신조인 '골육지정', '필사즉생'을 생활신
조로 삼았다고 한다. 그의 삶과 리더십의 배후에는 백골부대와 깊게
연결되어 있음을 알 수 있다. 국회의원을 지냈던 한기호 의원도 3사단
시절에 그의 직속 부관으로 박 장군의 소개로 조카딸과 결혼을 했다

고 한다. 한 의원은 자신의 저서 〈오성산 군인〉에서 "내게는 박세직 장군님과 3사단에서 만난 인연이 나의 군 생활과 가정생활 전체에 결정적인 행운의 인연이었다."고 술회한 적이 있다. 결혼도 운명적인 만남이라고 하면서도 "그분의 인품과 리더십을 믿고 따른 것이다."고 고백한다.

박세직 장군은 제31, 32대 대한민국 재향군인회장을 역임했다. 고 박세직 장군에 대한 '향군중앙회' 주위 사람들의 회고담이 인상적이다. 특히, 27대 재향군인회 회장이었던 장태완 장군은 눈물을 흘리며 고인을 애도하고, 유족들의 손을 잡으며 슬픔을 함께했다. 한편, 고 박세직 회장을 직접 운전으로 모시며 수행했던 양종호 과장이 회상한 고인은 "겉으로는 강하지만, 정이 많고 가슴이 여려 눈물이 많은 사람"이다. "어제 빈소를 마련하면서 '당황스럽다, 그렇게 건강했던 박 회장이 별세했다는 게 사실이냐'는 의문 전화가 쇄도했다"고 아직도 고인의 운명이 믿어지지 않는다는 그는 박 회장을 3년 3개월여를 모셨다.

양 과장은 눈시울을 붉히면서 "본인은 내의와 셔츠의 깃이 헤질 정도로 검소했지만 주위에 사람들에게는 많이 베풀었다. 나를 대해 주실 때에도 명령이 아닌 부탁을 하셔서, 믿고 따르고 싶은 마음이 저절로 우러나오는 그런 분"이라고 말했다.

양 과장은 고 박세직 회장의 어록 중에 "진인사기대천명(盡人事祈待天命,인간으로서 해야 할 일을 다 하고 기도하며 하늘의 뜻을 기다린다)을 가슴 속에 새기고 있다."며, "회장님은 신앙적으로도 매일 교회에 새벽기도를 나가 기도하는 독실한 개신교 신자"라고 덧붙였다.

철원군 김화읍 소재(GOP), 백골 전선교회는 예전에 박세직 장군

(현. 장로)이 근무할 때 건축하여 오래된 전방부대 교회라고 한다. 십자가 탑도 세웠다고 전해진다. 36.4m의 십자탑은 1972년 박세직 사단장 재임 당시 서울연동교회가 북한 동포들에게 평화의 메시지를 전달하기 위해 설치한 것이다. 장례도 고인이 다니던 여의도 침례교회에서 당회장인 한기만 목사 인도 아래 발인예배에 참석하고 군인장으로 치러진 후에 대전 국립묘지 현충원에 안장되었다.

박세직 장군이 월남전에 참전했을 때 있었던 신앙 간증이다. 나트랑에서 출장 임무를 마치고 사이공으로 돌아가야 하는데 여객기의 결함으로 어려움을 겪고 있던 차 마침 육군 항공기 U-6기가 있어서 거기에 동승을 할 수 있었다고 한다. 그 비행기로는 사이공까지 세 시간이 소요되는데 이륙 후 한 시간도 못되어 갑자기 몰아닥친 태풍으로 비상 착륙을 할 수밖에 없었다. 그곳이 베트콩에게 점령당한 지역으로 생각하고 권총을 뽑아들고 주변을 살피는데 마침 태극기를 단 국군을 만났다고 한다. 그때 비행기 안에서 조종사가 "비행기 날개에서 기름이 새고 있는 것을 발견했습니다. 그대로 비행했다면 30분을 못가서 공중분해가 될 뻔했습니다."라고 하여 그때서야 "폭풍을 통해서도 살려 주신 하나님! 무엇에 쓰시렵니까? 받아 주소서." 하고 기도했다고 한다.

북한에 전단을 보내는 운동으로 북한인권운동가인 박상학(자유북한연합) 대표도 "국가 안보의 큰 별이 졌다."며 안타까움을 감추지 못했다. 그는 "대북 전단 살포로 어려움을 겪고 있을 때 박세직 회장님이 물심양면으로 도움을 많이 주셨다."며 북한 인권 문제에도 헌신했던 고인을 기렸다.

박 장군의 국가에 대한 업적과 세인들의 기억에는 '88서울올림픽 조직위원장'으로서 대회를 성공적으로 치른 탁월한 기획, 행정, 리더십이었다고 할 수 있다.

박 장군이 백골부대 장병들에게 강조했던 교육 내용이 있다. 박 장군은 백골부대를 백골대학이라고 즐겨 불렀다. "우리 백골대학은 인내와 팀워크, 리더십을 가르칩니다. 이 과목을 잘 배워서 나가면 훌륭한 사회인이 됩니다." 인내과목은 이등병과 일등병 때 배우고, 팀워크(teamwork)는 상병 때, 그리고 병장 때에는 리더십(leadership)을 배우게 된다는 설명이다. "그냥 시계만 쳐다보고 복무하는 것이 아니라 나는 인내를 배운다, 나는 팀워크를 배운다, 나는 리더십을 배운다, 라는 목적의식을 가지고 군 생활을 한다면 군 생활은 헛된 것이 아니고 인생에서 가장 보람 있는 기간이 될 것입니다."〈철원신문〉

백골부대의 전투 리더십

　국방부와 백골부대가 협력해서 제작한 〈천하무적 백골사단〉 동영상은 네티즌들이 큰 인기를 얻었다. 모든 언론에 기사로 보도될 정도였다. "육군 3사단의 홍보 동영상인 〈천하무적 백골사단〉이 유튜브에서 한 달 만에 조회수 4만 건을 돌파하는 인기를 끌고 있다."〈연합신문 2012.9.10.〉 3분8초 분량의 이 동영상은 내레이션 없이 모든 장면을 역사적인 사진과 감각적인 자막으로 채우고 있다. 동영상은 부대 창설부터 625전쟁 때 활약상, 성공적인 대간첩작전까지 3사단의 역사를 한눈에 볼 수 있도록 했다. 장엄한 배경 음악이 흘러나오는 가운데 부대의 역사가 담긴 사진을 '죽음도 두려워하지 않는 백골 정신', '150여 회 전투에서 한 번도 패하지 않은 국군의 전설', '전군 유일의 DMZ 완전 작전' 등의 자막과 함께 보여준다.

현재 유튜브에서 11만 여 건의 조회 수를 기록 중이다. 군부대의 홍보 동영상이 인터넷상에서 화제를 모으고 있는 것은 이례적이다. 이 동영상을 기획한 3사단 정훈공보참모 이재협 육군 중령은 "아무리 좋은 콘텐츠라도 국민이 보지 않는다면 홍보 효과를 거둘 수 없다."면서 "사단 모든 장병들이 우리 군의 최일선 홍보 요원이라는 책임감을 갖고 국방 정책과 안보 의식을 확산하는 데에 적극 나선다면 큰 성과를 낼 것으로 본다."고 각오를 밝혔다.

전장의 리더는 실력과 전투력은 물론이고, 강한 체력과 정신력, 불굴의 의지와 결단, 외유내강, 원칙과 운용의 묘, 엄격함과 온화함, 유연함과 강직함, 냉정함과 다정다감한 성품을 함께 겸비해야 하는 것이다. 한신 장군이 '서북청년단'을 중심으로 창설의 주역인 18연대 백골부대는 625전쟁과 모든 전투 상황에서 확고한 전투의 목적의식과 비전을 가진 리더십을 발휘하였다. 지휘관들은 임무나 과업의 우선순위를 정확하게 파악하는 뛰어난 통찰력의 소유자들이었다. 어떠한 역경에서도 설정한 목표를 흔들림 없이 추진하는 일관성도 훌륭했다. 그리고 부대를 구성하는 팔로워들의 충성스러운 자세, 절대 명령에 복종하고 동료 전우들 간의 끈끈한 전우애가 빛을 발했다. 리더십은 팔로워십을 통해서 전투력과 역량이 극대화되기 때문이다.

중대원들이 중대장을 표창(?)한 부대이다. 육군 백골부대에서 중대원이 중대장을 표창한 사실이 밝혀져 화제가 되고 있다. 주인공은 예하 38선 최선봉 돌파 연대 3중대원들이다. 아무튼 백골부대에는 획기적인 스토리가 늘 있다.

국방일보의 기사를 보기로 한다. 이번 표창 수여는 중대장 한성준 대위(30세)의 생일을 맞아 중대원들이 '어떻게 하면 특별한 선물을 해 줄 수 있을까?' 고민하던 중, 모두의 의견을 모아 결정된 것이다. 중대원들은 이와 함께 간단한 다과를 마련, 중대장을 위한 깜짝 파티도 열어 준 것으로 밝혀져 남다른 지휘관 사랑을 보여주었다. 중대장 한 대위는 평소 바쁘고 힘든 가운데에서도 중대원들에게 화 한 번 내지 않은 인자한 성품으로 매주 1회, 'Tea time'을 통해 중대원들과 허물없는 대화를 나눔으로써 중대원들과 거리감을 줄이고, 상호 이해를 도모하며 부대를 아무런 사고 없이 안정적으로 지휘해 왔다. 한편 중대장 표창장을 직접 만든 김준영 병장(22세)은 "그동안 받은 사랑에 보답하고자 마련한 선물인데 중대장님이 기뻐하셔서 너무 흐뭇하다."고 소감을 밝혔고, 한 대위는 '이런 표창을 받아보기는 처음'이라며 "내 생애 가장 특별한 표창으로 평생 가보로 간직하겠다."고 말했다. 표창 문구에 "3중대 전 장병이 가족과 같이 하나로 화합 될 수 있도록 하였기에 이에 표창을 수여함"이라고, 기록된 바에서도 알 수 있듯 3중대는 칭찬과 격려, 존중과 배려가 살아 숨쉬며 오늘도 가족 같은 밝은 병영을 만들어 나가고 있다. 〈국방일보〉

백골부대의 이미지는 강한 남성들의 전투력을 연상하게 한다. 그런데 이러한 강군의 내면에는 여성, 지역 주민, 자연에 대한 다양한 관심과 배려, 애정이 존재한다. 현대는 소프트 파워의 시대이다. 과거는 하드 파워의 시대였다. 농경 시대, 산업사회는 강한 힘과 근력이 노동력과 업무 성과를 좌우했다. 이제는 힘과 노동 대신 기계가, 컴퓨터나 전자 기계 시스템이 더 강한 위력을 발휘하는 시대이다. 군대의 무기 체계도 마찬가지이다. 첨단 전자 무기가 전투력을 좌우하기 때문이다. 이러한 면에서 군대에서의 여성 리더십은 중요한 의미가 있다.

안보 전도사 '백골 할머니'. 광복군 출신으로 625전쟁에 참여하고 평생 5,014회에 걸쳐, 국군 장병들에게 안보 강연을 해온 백골 할머니 오금손(吳錦孫) 여사가, 대전 중구 산정동 자택에서 심장 질환으로 별세했다. 향년 74세, 오 할머니는 중국에서 독립운동을 하다, 일본군에 잡혀 순국한 독립운동가 오수암 씨의 외동딸로, 생후 일주일 만에 그의 어머니 역시 일본군에게 목숨을 잃었다. 혈혈단신 생면부지의 중국인 가정에서 자란, 오 할머니는 1943년, 13세 나이로 이범석 장군이 지휘하는 광복군 제2지대에 입대해 항일 투쟁에 나섰다. 광복 후 개성도립병원 간호사로 일하다 625전쟁이 발발하자 백골부대 간호장교로 입대했다. 오 할머니는 1952년 4월, 강원도 화천 파로호 전투에서 인민군 6명을 사살하는 공을 세웠지만, 포로로 잡혀 치아, 손톱, 발톱을 모두 뽑히면서 고문을 당했다. 탈출 과정에서 오른쪽 다리에 관통상을 입고, 중공군 시체 더미에서 10일간 버티다 극적으로 구조되기도 했다. 1953년 2계급 특진해 대위로 전역한 뒤, 어느 날 길을 가다가 서로 싸우는 군인들을 보고 1시간 동안 일장 훈계를 했다. "전우가 얼마나 소중한 존재인데 전우끼리 싸우느냐." 이를 들은 소대장이 강연을 해 달라고 요청을 한 것이 다시 군과 인연을 맺었다. 이후 오 할머니는 전쟁의 참상과 국가 안보의 소중함을 장병들에게 알리는 '안보 전도사'가 되어, 50여 년간 사흘에 한 번꼴로 전국을 누볐다. 특히 백골 부대와 인연이 깊어 '백골 할머니' 라고 불렸으며, 생의 마지막이 된 5,014회째 강연도, 지난 달 중순 이 부대에서 했다. 1953년, 결혼해 슬하에 2남 3녀를 두었다. 2004년, 향년 74세에

타계하였다. 〈3사단 백골전우회〉

오늘 리더가 하는 일이 가치가 있고 탁월한 일일지라도 내일이면 모든 사람에게서 잊힐 수 있다. 그럼에도 불구하고 좋은 일을 해야 한다.

"현역 최고참 여군 부사관 이제 물러갑니다."〈연합뉴스, 2008.2.27.〉의 기사이다. 현역 여군 부사관 가운데 최장기 군복무를 한 육군 백골부대의 김경숙(56) 원사가 29일 전역한다. 김 원사는 22살이었던 1974년, 입대한 뒤 34년간 복무해, 국군 창설 이래 여군 부사관 중 최장기 복무 기록을 세웠다. 김 원사는 임관 후 여군 대대 행정 보급관과 육군본부 행정 담당, 백골부대 행정 보급관 등을 맡아 전후방 부대에서 근무했으며 1991년, 여군 부사관으로는 처음으로 원사에 진급했다. 또 기본 업무 이외에도 부대의 어머니로서 고민을 상담해 주는 등 병사관리에도 힘을 쏟아 그의 전역을 아쉬워하는 부대원이 많다. 전역식에서 보국훈장 광복장을 받았다.

리더십에서 가장 나쁜 리더의 특성은 공감 능력이 결여되어 있는 리더이다.(Lack of empathy) 어떤 사안을 다른 사람의 관점에서 보고 느끼지 못하는 사람은 결코 훌륭한 리더가 될 수 없다. 리더십과 헤드십은 구분되어야 한다. 군대는 절대 명령과 복종의 명령 체계이다. 그러나 리더십에 대한 연구도 중요하다. 잘못하면 헤드십(Headship)에만 의존하는 무모한 면을 보일 수도 있기 때문이다. 헤드십의 역기능은 폭언, 폭행, 구타나, 가혹 행위로 나타날 수 있다.

리더십은 영향력을 말한다. 리더십은 리더(leader)와 추종자(follower), 상황적 요인(situational variables) 등 복합적 요인이 교호작용하는 과정이다. 조직 목표의 추구를 위해서 구성원이 목표와 수단, 프로세스를 인지하고 공감, 자발적, 창의적, 적극적으로 움직이게 동기부여, 배려하는 힘이다. 심리적 유대감, 공감, 일체감을 유지한다. 그리고 개인과 집단의 조정, 통합을 통하여 협동적 행동을 촉진 유도한다. 또한 조직 외부로부터의 지원과 협력을 획득하는 혁신적 창의적인 핵심 능력과 스킬을 의미한다. 조직의 성과물, 가치와 결과를 공유, 확대 재생산한다. '헤드십(headship)'은 장, 대표, 직위의 권위를 근거로 강제적, 통제나 강요, 위계적 질서, 직권만으로 조직을 움직이려는 행위를 말한다. 행정 리더십에는 순기능적 요소도 있지만 정치 리더십이나 공동체에서는 치명적인 독소가 된다. 리더십이 자발적 지지나 협력을 상실한 채, '헤드십' 형태로 전락하면 직위를 이용한 전횡이나 일방적 독선으로 흐른다. 조직 문화는 경직, 의사소통은 막히게 되어서 결과적으로 조직의 리스크가 발생, 공동체의 소모적 갈등 촉발과 확산, 심리적 피로감을 느끼게 되어 조직 충성도는 저하되거나 와해된다. 결국 리더만 남고 조직은 목표, 고유 기능과 추동력, 역동성을 상실한다. 리더는 물론이고 공동체도 혼돈과 마비, 어려움에 처하는 헤드십의 역기능 요소에 주의해야 한다.

국가관
국가 정체성,
한반도 통일 지향의 법칙

Winner-ship

백골부대는 조국과 함께 운명을 같이한 부대이다. 조국이 위기에 처했을 때, 최선봉에서 임무를 완수했다. 전장에서, 그리고 625전쟁 이후에는 철원 주둔지에서 조국을 위해서 이 땅을 사수했다. 백전백승의 승리를 거두었다. 대한민국의 수많은 전투 부대가 있다. 조국의 국토, 국민을 지킨 부대는 조국 수호의 첨병이자. 최정예 부대들이다. 그 중에서도 백골부대는 혁혁한 전투로 국민의 생명은 물론이고 조국의 자존심을 지켰다. 나라의 명예와 국격을 지켰다. 그리고 백골부대에는 이름도 빛도 없이 조국을 위해서 장렬히 산화해간 선배 전우들이 있었다. 과거에도, 현재도, 미래도 백골부대의 승리의 역사는 결단코 중단되지 않고, 면면히 이어질 것이다. 그리고 나아가서 평화통일의 초석이 될 것이다. 만약 불행하게도 북한의 정치적 변동이 발생하거나 붕괴 시, 외침 시 조국을 지키는 백골부대가 될 것이며, 조국이 명령한다면 38선을 돌파하여 중국과 러시아의 국경선까지 진군해서 조국 통일의 대업을 완수할 것이다.

한국전쟁 이전부터 활약한 백골부대는, 1948년 4월~7월, 제주도 무장공비 폭동 진압을 시작으로 1948년 10월, 여수, 순천 반란군 토벌작전과 1949년 8월, 여수·웅진지구 반란군 토벌작전에 성공하였고, 1950년 2월~3월, 영남지구 공비 토벌작전까지 승리로 이끌었다. 이러한 진압 작전에 대해서 비판의 여지도 있다. 작전 중에 핵심 공산주의자 외에 무고한 양민들까지 사살했다는 점이다. 분명한 과오이다. 그러나 당시의 시대적 상황, 긴급성이나 급박성이 공산주의자만을 구분해서 제거하기에는 쉽지 않은 현실이었다는 점을 감안해야 한다. 군대는 명령에 순종해야 한다. 자유민주주의를 수호하는 것이 국가의 명령이었다. 이 또한 민족사의 비극이다. 무고한 죽음 앞에서는 고개를 숙이고 애통해해야 하지만, 공산주의자들, 불순 세력의 준동은 단호하게 대처해야 한다. 군대에게 일방적으로 책임을 전가할 수도 없다. 군대도 불행한 시대의 가해자임과 동시에 피해자들이기 때문이다. 다만 시대의 아픔과 사상자, 무고한 피해자들의 영령을 기리고, 희생자들, 가족과 후손의 명예 회복과 아픔을 치유하고 위로하는 것이 현재를 사는 사람들의 숙제라 생각한다. 그리고 역사의 교훈을 삼고 승화해서 통일과 평화의 시대를 여는 것이 가장 숭고한 대안인지도 모른다. 수많은 역사의 비극은 존재했다.

산이 높으면 계곡도 깊다고 했다. 백골부대의 드높은 기개만큼, 부정적인 시각도 존재할 것이다. 그러나 백골부대가 추구하는 가치는 시대적으로, 역사의 고비마다 항상 옳은 선택을 했고, 그 결정은 큰 방향에서는 올바른 역사였다고 평가를 받았다.

세계 3대 상륙작전

　세계 3대 상륙작전이 있다. 제1차 세계대전 때 터키의 갈리폴리 상륙작전, 제2차 세계대전 때 프랑스의 노르망디 상륙작전과 더불어 세계 3대 상륙작전의 하나로 꼽는 데 주저하지 않는다. 성공 가능성이 500대 1의 확률이라는 전문가들도 있다.

　1915년, 지중해와 흑해를 연결하는 다다넬스 해협의 영국과 호주 뉴질랜드 군이 대규모 상륙작전이다. 하지만 상륙군은 해안에 단단한 방어선을 구축한 터키군의 완강한 저항에 부딪혀 엄청난 피해를 입었다. 또 하나는 바로 노르망디 상륙작전이다. 1944년 6월 6일, 당시 독일 나치군이 전 유럽을 손아귀에 넣었을 때, 연합군의 대대적인 상륙작전으로 2차 대전의 결정적 승기를 잡는 중요한 상륙작전이다. 노르망디 상륙은 '넵튠 작전'이란 암호명을 지닌 작전으로 오버로드 작전 중 1944년 6월 6일, D-Day라 불리는 날에 연합군이 노르망디를 침공한 상륙작전이다. 이 작전은 상륙작전 역사상 가장 큰 작전이었다. 마지막은 인천상륙작전이다. 1950년 9월 15일, 국제연합(UN)군이 맥아더의 지휘 아래 인천에 상륙하여 625전쟁의 전세를 뒤바꾼 군사작전이다. 북한의 기습 남침으로 낙동강까지 전선이 내려 후퇴했는데 맥아더 장군의 인천상륙작전으로 전선이 역전되었다.

낙동강 방어선은 마산-왜관-영덕을 잇는 총 연장 길이 240km의 방어선으로 부산 점령을 코앞에 둔 북한군의 대대적인 공세에 국군과 유엔군이 총력을 다해 치열히 싸운 곳이다. 이러한 전장의 상황에서 인천상륙작전은 3개월에 걸쳐 낙동강까지 진격했던 북한군의 공세를 보름 만에 역전시키며 서울 수복과 함께 625전쟁 중, 가장 성공적인 작전으로 유명하다.

인천상륙작전의 진정한 의의는 유엔군이 우회 기동을 통해 북한군의 병참선을 일거에 차단하였으며, 이로 인해 낙동강 방어선에서 반격의 계기를 조성해 주었다는 점이다. 또한 인천상륙작전의 성공으로 인해 인천의 항만 시설과 서울에 이르는 제반 병참 시설을 북진을 위해 사용할 수 있었다는 점이다. 무엇보다도 인천상륙작전에 이은 서울 수도 탈환의 성공은 심리적으로 국군 및 유엔군의 사기를 크게 제고하고 북한군의 사기를 결정적으로 떨어뜨리게 하였다는 점이다.

1950년 6월 29일, 서울이 함락되고 북한군의 진격이 가속화되자 한강 방어선을 시찰한 맥아더(Douglas MacArthur) 원수는 북한군이 남진을 계속할 경우 장차 인천으로의 상륙작전이 불가피할 것으로 전망하였다.

인천상륙작전은 맥아더 장군이 한강 전선을 시찰하고 복귀한 직후인 1950년 7월 첫 주에 그의 참모장 알몬드(Edward M. Almond) 소장에게 하달한 지시와 더불어 조기에 계획이 진척되었다. 이 계획은 작전참모부장 라이트(Edwin K. Wright) 준장이 이끄는 합동전략기획단(JSPOG: Joint Strategic Planning and Operations Group)에 의해 연구되었으며 '블루 하츠(Blue Hearts)'라는 작전명이 부여되었다.

이에 따라 그는 미 지상군의 참전이 결정된 나흘 뒤에 이미 일본에 주둔한 미 제1기병사단으로 7월 하순에 인천상륙작전을 단행할 수 있도록 상륙 훈련을 지시하였다. 7월 4일에는 미 극동군사령부에서 상륙작전을 위한 최초의 공식회의가 소집되었다. 그러나 블루 하츠 계획은 북한군을 38선 너머로 격퇴시키려 기도하고 작전일자를 7월 22일로 하였으나 북한군의 남진을 저지할 유엔군의 병력 부족으로 7월 10일경에 무산되었다.

이후 상륙작전 구상은 비밀리에 계속 추진되었다. 합동전략기획단은 인천, 군산, 해주, 진남포, 원산, 주문진 등 가능한 모든 해안 지역을 대상으로 검토하고 있었다. 결국 이들이 마련한 크로마이트(CHROMITE) 작전계획 초안이 7월 23일, 완성되어 극동군사령부 관계자들에게 회람되었다.

인천상륙 작전과 맥아더 장군

　맥아더 사령관이 인천상륙작전을 계획하자 극동군사령부는 작전 100-B, 작전 100-C, 작전 100-D의 세 가지 안을 제출하였다. 작전 100-B는 서해안 중 인천에 상륙하는 것이고, 작전 100-C는 군산에, 그리고 작전 100-D는 동해안 주문진 근처에 상륙하는 것이었다. 결국 이 세 가지 작전에서 최종적으로 작전 100-B가 채택되었고, 잠정적인 D-Day는 9월 15일이었다.

　1950년 가을 인천 해안에서 상륙작전이 가능한 만조일은 9월 15일, 10월 11일, 11월 3일과 이 날짜를 포함한 전후 2~3일뿐이었다. 10월은 기후 관계상 상륙하기에 늦은 시기로서 가장 적절한 시기인 9월 15일로 결정되었다

　625전쟁 당시 인천은 서해 바다의 조수간만의 차가 7미터 이상에

이르고, 접안 지역이 좁아 상륙작전의 최악의 지형으로 많은 반대에 부딪혔다. 극심한 조수간만의 차로 상륙정들이 인천한 진흙에 빠져 북한군의 공격으로부터 무방비상태에 빠질 위험과 상륙하는 데에 시간적 여유가 없을 것이라는 우려 때문이었다. 하지만 맥아더 장군은 어려운 만큼 적에게 더욱 치명적인 기습이 될 수 있다며 인천상륙작전을 강력하게 주장하였다. 상륙한 유엔군과 국군은 시가지에서 적을 소탕하고 수원 오산으로 진출, 낙동강 방어선에 투입된 주력 부대의 병참선을 끊고 보름 만에 서울 중앙청에 태극기를 다시 게양하였다.

인천에서 UN군이 입은 손실은 전사 21명에 실종 1명, 부상 174명에 불과했다. 연이어 인천을 통하여 추가 부대가 상륙하고 내륙으로 진격을 개시, 9월 28일에는 서울을 수복한다.

맥아더는 전장의 최전선에서 전투를 치르면서도 매일 성경을 한 장씩 읽었다고 전해진다. 인천상륙작전을 준비하면서도 그는 매일 저녁 함상에서 기도를 했다고 한다. 그리고 인천상륙작전에서 성공을 한 것이다. 1950년 9월 29일, 서울을 수복한 기념 연설에서도 그의 신앙이 드러난다.

"하나님의 은총을 입어 우리 부대는 한국의 옛 서울을 해방했습니다. 이 거리는 잔학무도한 공산주의 압제에서 해방되었으며 시민들은 다시 자유와 인간의 존엄을 누리게 되었습니다. 이 결정적인 승리를 우리에게 되찾게 해 주신 전능하신 하나님께 감사를 드립니다. 우리 다 같이 이런 하나님을 위해 나와 함께 주기도문을 외우도록 합시다." 〈맥아더 회고록〉

사람들은 일제히 일어섰고 장병들은 흙으로 얼룩진 전투모를 벗고 함께 주기도문을 외웠다. "나라와 권세와 영광이 하나님께 영원히 있사옵니다. 아멘." 이 구절이 끝나자 이승만 대통령은 맥아더의 두 손을 꼭 잡고 감격의 눈물을 흘리며 "하나님이 이 민족을 구하기 위해 보내주신 당신을 사랑합니다."라고 말했다.

국군과 UN군에 의하여 인천상륙작전은 성공적으로 끝나고 이를 계기로 전세는 뒤바뀐다. 낙동강 전선의 북한군은 보급로가 차단됨과 함께 후방에서 위협을 느끼면서 크게 동요하였고, 국군과 UN군은 이를 놓치지 않고 반격을 개시한다. 낙동강 전선 일대의 북한군 병력은 2만이 넘는 정도의 병력만이 제대로 후퇴할 수 있었고, 북한군 점령지에서 강제 징집당한 남한 출신들은 고향으로 돌아가고, 12,000명 정도가 포로가 되었으며, 살아남긴 했지만 퇴로가 끊긴 북한군은 빨치산 활동을 한다.

한국에서 맥아더에 대한 평가는 다양하다. 우리나라에서만 그런 게 아니다. 미국에서도 그는 논란 그 자체이다. 더글러스 맥아더(1880~1964) 장군은 신처럼 부르는 인물이다. 맥아더는 신적인 존재다. 그를 섬기는 무당도 있다. 반면에 혐오의 대상이기도 하다. 국내에는 맥아더 동상을 철거해야 한다고 주장하는 이들도 있다.

〈맥아더〉를 보면 '아메리칸 시저'라며 그를 성웅 대접하는 사람들이 있는가 하면, 고개를 설레설레 흔드는 사람들도 있다고 한다. '중간이 없다'는 말이 나올 정도다. '위대한 인물에게만 위대한 흠이 있다.'는 말도 있지만 그에겐 인간적인 흠도 많았다. 자기 홍보에 열중했다. 자신의 잘못을 부하에게 뒤집어씌우는가 하면 부하의 공을 가로채기도 했다. 1930년, 50세였을 때에는 이사벨이라는 필리핀 소녀를 미국으로 데려와 숨겨 놨다가 발각되기도 했다. '과대망상증 환자'에 '마마보이'에 '오만한 사기꾼'에 '지독한 거짓말로 중대한 실패를 감춘 거짓말쟁이'라는 혹평도 있다. 호주 육군 원수였던 토머스 블레이미(1884~1951)는 맥아더를 이렇게 평했다. "그에 대해 당신이 들은 최악의 말과 최고의 말은 모두 사실이다."

〈맥아더〉, 리처드 B 프랭크는 "맥아더는 지장·용장·덕장의 모습을 골고루 갖췄다. 우선 그는 지장이다. 웨스트포인트 육군사관학교를 수석으로 졸업한 '천재 전략가'였다. "용감한 자들 중에서 가장 용감한 자"라는 찬양도 받았다. "복종할 수 없는 명령은 절대 내리지 말라"며 부하들의 충성심을 확보한 덕장이기도 했다고 평한다. 이런 맥아더를 트루먼 대통령은 1951년 4월 11일, 새벽 1시에 전격적으로 해고한다. 맥아더는 후일 회고록에 이렇게 썼다. "어떤 사환도, 어떤 파출부도, 어떤 하인도 이처럼 무례한 방식으로 해고당하지 않을 것이다."

맥아더 장군은 "노병은 죽지 않는다. 다만 사라질 뿐이다"라는 말을 남겼다.

맥아더는 전선에서 어려운 고비가 있을 때마다 "그때 예수께서는 나는 부활이요 생명이니 나를 믿는 자는 죽어도 살 것이며 살아서 나를 믿는 자들은 영원히 죽지 아니하리라"는 요한복음의 성경 구절을 암송하며 죽음의 위기에서 벗어났다고 나중에 밝히고 있다. 맥아더는 52년간의 군 생활을 마감하며 신앙고백을 남긴다. "하나님의 계시에 따라 자기의 임무를 완수하기 위해 노력했던 한 노병은 이제 물러갑니다." 〈맥아더 회고록〉

맥아더는 일본의 국가개조론을 생각했다. 현대국가의 기조인 평화와 민주주의가 기독교 정신이라는 정신적 핵으로 이루어지는 것이므로 민주화와 평화 국가를 지향하는 일본의 국가 개조 작업은 그 정신을 체제의 기조로 가설하는 작업이어야 한다는 것이 맥아더 사령관의 생각이었다.

맥아더의 이러한 신앙과 소신은 스코틀랜드의 독립과 신앙의 자유를 위해 투쟁한 경건한 퓨리턴의 후손이라는 데에 뿌리를 두고 있다. 그의 조부는 스코틀랜드에서 이민하여 미국 매사추세츠 주에 정착하며 민병군(民兵軍)에 참가한 용맹을 떨친 군인 출신으로 위스콘신 주지사를 역임한 정치인이었다. 남북전쟁에서 적의 총탄에 쓰러졌으나 포켓에 넣어둔 작은 성경책에 총탄이 꽂혀 목숨을 건지는 기적을 체험했다고 한다.

맥아더 회고록의 말 한 마디 한 마디는 주목할 가치가 있다.

"전쟁으로 완전히 파괴된 하나의 국가를 재건하는 일에는 나의 직업 군인으로서의 지식이 무능하게 되었다. 나는 경제학자와 정치학자가 되어야 하고, 기사와 산업경영자와 교사가 되어야 하지만 그보다 촉박한 것은 일종의 신학자가 되는 일"

"일본을 찾아오는 선교사들에게 선교사 활동이 얼마나 일본에게 필요한지 강조했다. 일본으로 오는 선교사가 되도록 늘어나고 점령군들은 될 수 있으면 감축되는 것이 바람직하다는 말을 자주 했다. 포켓판 성서연맹은 나의 요청을 받아 1천만 권의 성서를 일본에 배포했다."

한국전쟁 3대 상륙작전

한국전쟁의 3대 상륙작전으로는 인천·원산·흥남작전을 꼽는다. 인천상륙작전(仁川上陸作戰, Battle of Incheon)은 세계 상륙 전사에 길이 남을 명작으로 너무 유명하지만, 원산·흥남작전도 큰 의미가 있는 작전이었다. 특히 원산작전은 아군과 해군의 피해가 컸고 소해전(掃海戰)의 의미를 부각해 준 작전이다. 원산작전은 맥아더 장군의 지휘로 이루어진 작전이었다. 함경남도 원산시를 목표로 한 상륙작전이었다. 미국 측은 이 작전을 원산 봉쇄(Blackade of Wonsan) 또는 원산 공방전(Siege of Wonsan)으로 부른다.

원산상륙작전의 개념은 패주하는 인민군의 퇴로를 차단하고 평양을 협공한다는 것이다. 개성~사리원~평양 라인은 워커 장군의 8군에게 맡기고 알몬드 장군의 10군단을 원산에 상륙시켜 원산~평양 간도로를 장악하고 워커 장군과 합류해 정주~군우리~영원~함흥~흥남 선까지 전진시킨다는 계획이었다. 1950년 10월 2일, 원산 상륙 작전이 개시되었다. 미군과 한국군은 포항 전선을 출발하여 하루 평균 15마일의 속도로 원산을 향해 돌격했다. 해군의 전폭적인 함포 사격과 측방 보급은 원산으로의 진격을 한결 더 수월하게 해 주었다. 10월 9일, 국군과 미 해병대는 원산만 입구에서 접전을 벌였고, 10월 10일에 원산 전체를 점령하였다.

포항 전선에서 하루 15마일 속도로 북진을 계속한 한국군 제3사단은 10월 2일에는 양양 읍내에 사단 사령부를 설치할 수 있었다. 한국군의 진격 속도가 그렇게 빨랐던 것은 북진 통일에 대한 염원을 말해 주는 것이었다. 부대별로 북진 속도 경쟁이 벌어져 갖가지 에피소드가 피어나기도 했다. 육군 22연대장 김응조 중령은 휘하 장병들에게 목표물을 첫발에 명중시키면 1계급 특진 약속을 내걸어 많은 성과를 거뒀다고 한다. 그런 혜택 때문에 북진 중 이등병에서 상사가 된 사병이 있었다 한다.

이후 국군은 고성, 통천 등에서 거센 저항을 받았으나 진격 8일 만에 원산 남부에 도착했다. 중공군은 고립된 지형에도 불구하고 주변의 험준한 산지를 이용해 저항을 계속했다. 10월 10일, 원산 시가지에는 아침부터 접전이 시작되었다. 10월 13일, 원산 비행장을 점령하고 다음날 10월 14일에 원산 점령을 선포하는 것으로 작전을 마무리하였다. 이러한 시점에 국군은 총반격을 가했다. 북진한 것이다. 임진강을 건넌 국군1사단과 7사단, 그리고 미 기병1사단 사이에는 먼저 평양을 점령하려는 로드 레이스가 벌어졌다. 서울 탈환전 당시 서로 먼저 서울에 입성하기 위해 경쟁했던 것과 같은 현상이었다. 평양 레이스의 승자는 백선엽 사단장이 이끄는 1사단이었다. 고랑포를 떠난 1사단은 하루 20km씩 진격해 10월 19일, 170km 떨어진 평양에 입성했다.

30일에는 김일성 광장에서 평양 시민 환영대회가 열렸다. 손에 손에 태극기를 든 평양 시민이 광장을 가득 메운 이 행사에서 이승만 대통령에게 유명한 '압록강 수통물'이 배달됐다. 평양 점령 닷새가 지난 10월 23일, 한만 국경까지 진격하라는 맥아더 장군의 명령이 떨어지자 이번에는 한국군 부대 사이에 압록강 레이스가 벌어졌다. 제일 먼저 압록강 물을 대통령에게 보내려는 이 경쟁에서는 6사단 7연대 1중대가 선착했다.

해군 동해 전대의 적극적인 함포 사격 지원과 측방 보급도 북진을 촉진시킨 요인이었다고 생각한다. 아무리 쫓기는 인민군이지만 그들과 수시로 교전이 벌어지는 상황에서 하루에 15마일씩 진격한다는 것은 쉬운 일이 아니었다. 38선 이북 지역에서는 적의 저항이 심했다. 10월 2일, 양양에 입성한 3사단이 원산 점령에 8일이나 소요된 것을 보면 적이 일방적으로 패주만 한 것이 아니었음을 알 수 있다. 특히 원산 남쪽 50km 지점인 통천 지역에서 거센 저항을 받았다. 10월 10일, 국군 3사단과 수도 사단의 원산 점령은 맥아더 장군의 원산 상륙작전 계획의 수정을 초래한 쾌거가 됐다. 맥아더 장군은 이미 한국군에게 점령된 지역에 상륙작전을 감행할 이유가 없어졌으니 원산보다 더 북쪽인 흥남 상륙작전을 계획하도록 명령을 내렸다.

한국군의 원산 점령으로 원산상륙작전은 육군의 무혈 입성에 비유되는 행정 상륙작전이 됐다. 그러나 원산이 그렇게 쉽게 점령된 것은 아니었다. 적은 동해안에서 가장 중요한 항만을 지키기 위해 필사적으로 저항했다. 북한 공식 전사에는 병력이 모자라 원산 지역 당 조직과 당원, 그리고 근로자들까지 동원해 14일까지 방어전을 계속했다고 기록돼 있다. 산과 건물 등을 이용해 강인하게 싸웠다는 표현에서 원산을 내주고 싶지 않았던 의지가 묻어난다. 통천에서 적을 격멸한 3사단이 10월 9일, 동해안을 따라 원산 동쪽에 진출했을 때 양구~관양~신고산~원산 가도로 진격해 온 수도 사단이 원산 남쪽에 당도했다. 동남쪽에서 원산을 협공하는 형국이 됐다. 원산은 해안 지역에 솟은 1,500m 높이의 산자락에 불규칙하게 형성된 도시여서 인민군은 험준한 지세를 이용해 완강히 저항했다. 제24기계화 보병연대, 945해병연대, 원산경비대가 적의 주력이었다. 공식적으로는 10월 10일이 원산 점령일로 되어 있지만 실제로는 11일 저녁 무렵에야 점령이 끝났다. 10일 이른 아침부터 이틀 동안 치열한 시가전이 벌어졌다. 원산비행장이 확보된 것도 13일의 일이다.

맥아더 장군의 인천 상륙작전으로 시작된 UN연합군의 반격은 북쪽으로 압록강 까지 몰아붙여 승리를 눈앞에 두고 있었다. 하지만 북쪽의 지원 요청을 받은 중공군의 개입으로 위기를 맞는다. 인해전술로 불리는 중공군의 공격은 쉬지 않고 병력을 투입하는 전술이었다. 결국 한국군과 미군과 연합군은 흥남철수작전을 시작한다.

링컨과 미국의 남북전쟁

미국의 내전을 통해서 동족간의 평화가 중요하다는 사실을 알 수가 있다. 한반도의 통일은 비극적인 전쟁보다는 적극적으로 평화적 통일을 위해 실천에 옮기자는 것이다. 먼저 미국의 남북전쟁 발발 요인과 시대적인 배경을 살펴보자.

남부는 면화를 중심으로 한 농업이 발전해 노예 노동에 대한 의존도가 점차 높아가고 있었다. 노예 노동은 남부의 대농장제에 필요불가결한 현상이었다. 반면 북부의 경우에는 공업이 발전해 노예제에 대한 필요가 점차 격감해가고 있었다. 이런 배경에서 비롯된 남북의 대립은 1861년 4월, 남부연합군이 사우스캐롤라이나 찰스턴항의 포트섬터에 주둔하던 북군을 공격하면서 남북전쟁으로 발전한다.

남북전쟁의 정치적 원인으로는 연방주의와 남북 분리주의의 갈등을 들 수 있다. 노예제에 대한 사상의 통합이 이루어지지 않은 상태에서 미국의 팽창주의 외교정책은 결국 국론의 분열을 야기 시켰다. 그 결과 북부 정치가들에 의해 새로 얻은 영토에는 노예제를 금지한다는 월코트 조항이 논의되면서 남과 북에 첨예한 의견 대립이 일어났다. 이러한 헌법 해석의 문제 등 다양한 요인이 복합적으로 전쟁을 일으키게 만들었다.

북측의 그랜트(U.S. Grant, 1822~1885)와 남측의 리(Robert Lee, 1807~1870)가 군대를 이끌었다. 남,북전쟁의 참상은 처참했다. 전투기도 없는 등 전쟁무기 수준이 현재에 비해 낙후해 있던 점까지 감안하면 피해는 대단히 컸다. 남북전쟁으로 북군 사망자는 36만 명, 부상자는 200만 명, 그리고 남측은 최고수준의 병력이 100만명에 달했는데, 남군의 사망자는 25만 명, 부상자는 70만 명이라는 엄청난 인명의 희생을 초래했다. 그리고 도시와 국가, 국토도 황폐화됐다. 당시 북부의 인구가 2,300만 명, 남부의 인구가 900만 명(400만 정도는 흑인노예) 정도였다. 남부의 흑인노예 중 대다수가 기회 닿으면 북군에 가담하여 싸웠고, 20만명의 흑인이 가담하여 3만 8천명이 사망했다. 미국의 남북전쟁을 연구하는 학자들을 국민주의학파, 진보주의학파, 수정주의학파로 구분한다. 국민주의(1890년~20세기 초)는 남북전쟁의 결과는 외형상으로 국가적 불행이지만 실제로는 축복이라는 낙관적인 견해를 편다. 이들은 주로 미국 국가주의 시대 속에서 성장한 사람들이다. 내전이 불행하지만 실제로는 근대적인 미합중국의 통일을 가져와 축복이라는 낙관적인 관점이다. 진보주의학파는 남북전쟁의 요인을 사회경제적인 관점에서 접근하고 미국사를 국민주의와 귀족주의, 가진 자와 가

지지 못한 자의 투쟁으로 해석한다. 본질적으로 북쪽의 상공업 경영자와 남쪽의 농장 경영자라는 두 개의 경제집단 간 자기중심적 이해충돌과 헤게모니 전쟁으로 본다. 경제적 민주주의가 실현되는 사회적 전쟁'이라고 평했다. 마르크스시즘에서 영향을 받은 이들은, 남북전쟁을 부르주아혁명이라고 본다. 수정주의 학파(1930년대와 40년대)는 기본적으로 전쟁은 악이라는 전제에서 시작한다. 이들은 1차대전 후의 후유증과 전쟁 혐오의 기류의 영향을 받았다. 전쟁은 피할 수 있고, 다른 대안도 가능하다고 본다. 따라서 남북전쟁은 전쟁(war)이 아니라 조직된 살인행위(organized murder)라는 것이다. 남과 북의 이념적·경제적 격차는 적었으며 남북전쟁은 불필요하였으나, 무능력한 정치가와 무책임한 선동가에 의해 발발했다고 본다. 결론적으로 여러 가지 학설 가운데 가장 핵심적 이슈는 흑인노예 문제였음은 분명한 사실이다. 그리고 이러한 전쟁을 치루고 나서 미국은 산업자본, 경제대국의 나라로 성장했다. 이 시대 한국의 링컨이라면, 북한과의 내전인 피를 흘리는 무력 전쟁을 통해서라도 한민족 공동체를 추구해야 한다는 비극적인 결론에 이르게 된다. 이러한 화석과 같은 과거회귀적 리더십 논리로는 미래지향적인 국가의 방향을 제시할 수 없다는 한계가 있다. 그러므로 단순한 정보나 지식의 습득보다 진리의 적용이 중요한 것이다. 한국을 둘러싼 동북아의 전쟁론에 대한 맹목적인 비관론도, 낙관론도 지양해야 하고 냉철하게 대처해야 한다.

세계사의 근, 현대의 통일 방식에는 크게 네 가지 유형이 있다. 그 중에서 민족 내의 합의에 의한 통일을 이룩한 선례로는 세 케이스로 나누어 볼 수 있다. 바로 예멘방식, 독일방식, 예멘과 독일의 절충 방식들이다. 한국의 통일은 상호 의존성이 점차 증대되어 가는 국제 사회에서 민족 정체성을 유지하면서, 동시에 지구촌의 모든 민족과도 화합할 수 있는 열린 민족주의를 구현해야 할 것이다. 먼저 자유선택 통일 유형이다. 베트남과 독일은 이데올로기로 상호 분단되어 있었다는 점에서는 공통점을 지닌다. 그리고 비례 대표 통일 유형이다. 남북 예멘의 통일은 내전을 거쳐서 통일과 내전으로 다시 갈등과 분열, 그리고 통일로 진행된 특이한 경우이다. 자본주의와 공산주의라는 경제 체제, 두 상극적인 체제가, 두 정부 간의 타협을 통해 하나로 합쳐졌다. 인구와 경제 수준에서 우위를 점유하고 있던 북예멘이 통일 정부의 주도권을 장악하면서도 적지 않은 요직을 남측에 배분한 것이 그것이다. 중립화 통일 유형이다. 세계사의 분단국인 오스트리아, 베트남, 예멘, 독일 등 4개국은 모두 분단을 극복하고 통일에 성공한 국가이다. 이러한 4개국의 통일은 정치, 경제, 군사, 환경, 외교적 차원이 다르나 다양한 연구 자료를 제공해 준다. 공산화 통일 유형이다. 베트남은 월맹의 호치민에 의한 일방적인 공산화 통일을 이룬 국가이다. 베트남의 통일은 1975년 4월에 이루어졌고, 베트남도 오스트리아와 같이 외압에 의해 분단된 것에는 유사성이 있다. 남쪽의 베트남과 북쪽의 월맹은 치열한 내전을 겪었다. 결국 공산주의 폭력 혁명 노선에 의해 흡수 통합되었다. 공산주의자들은 부패, 독재, 비능률 속에 빠져 든 후진국 자유 민주 체제의 약점을 파고들었고, 피식민지의 반외세 민족주의 감정을 내세워 월남 정부의 정통성을 허물어 내는 데에 성공하였다. 공산 베트남의 적화 통일은 결국, 공산 체제로 갔다가 다시 자유 시장경제 체제로 되돌아가는 고통스런 과정을 밟는 데에 불과한 것이다

'정DMZ트레인'과 백골부대 관광

    백골부대 내에는 역사적 가치가 높은 장소들이 있다. 역사의 숨결을 느낄 수 있다. DMZ트레인, 멸공OP 관광을 하면 중요한 장소들을 볼 수 있는 기회가 된다. 멸공 OP는 서울에서 100여km, 평양에서 158km 이격된 곳이다.

철의 삼각지 정중앙에 위치하고 있으며 남방한계선을 코앞에 두고 있어 멀리 평강공주가 온달을 장군으로 키우느라 훈련시켰다는 서방산(평강공주가 온달의 산이라는 서방님산에서 유래)이 맑은 하늘 아래 위용을 드러내고 있다. 궁예가 철원을 도읍으로 정한 뒤 만든 태봉국도성(궁예 도성)의 흔적을 볼 수 있다. 태봉국도성은 DMZ 안에 있었던 왕궁성으로, 외성 둘레가 12.5㎞에 이르는 거대한 도성이었다. 일제가 경원선 철도를 만들면서 우리 문화를 말살하기 위해 철로가 태봉국도성 안을 관통하도록 했다고 한다.

남방한계선과 맞닿은 곳에 복원돼 있는 경원선 간이역인 월정리역은 원래 DMZ 안에 있었는데 1988년, 철원 안보관광개발 사업의 일환으로 이곳으로 이전해 복원했다. 월정리역에는 '철마는 달리고 싶다'는 문구 아래 누워 있는 녹슨 객차의 잔해도 볼 수 있다. 이 객차는 625전쟁 당시 월정리역에 있다가 공중 폭격으로 파괴된 북한군 객차다.

DMZ트레인은 끊어진 철길 운정역과 2땅굴, 지금의 명동과 같은 번화가 중심에 있었다는 노동당사, 곳곳에 625전쟁전쟁의 흔적이 보이는 철원은 전쟁과 분단의 아픔을 제대로 보여주고 있다. 노동당사 3층 건물은 철원의 흥망성쇠를 보여주는 대표적인 건물. 원래 그 주변에 철원역과 은행, 곡물검사소, 상가 등이 즐비했지만 지금은 곳곳에 흔적만이 남아 있다. 1946년 지어진 노동당사는 공산정권에 협조하지 않은 많은 사람들이 이곳에서 체포, 구금, 고문, 학살된 분단의 아픔을 간직하고 있다. 노동당사 건물은 예전 '서태지와 아이들'의 뮤직비디오에 등장하기도 했었다. 임꺽정의 은신처였다는 고석정을 둘러보며 반세기 전 치열한 격전이 치러졌던 철원-평강-김화의 철의 삼각지를 둘러볼 수 있다.

세계에 존재하는 단 하나의 땅, 비무장지대(DMZ)

DMZ는 Demilitarized Zone, 즉 비무장 지대라고 한다. DMZ는 원래 국제법상 국가가 군사병력을 주둔시키거나 군사시설을 유지하지 않을 의무를 지닌 특정지역을 뜻한다. 한국 DMZ의 경우 1953년 7월, 625전쟁전쟁이 멈추면서 남북 간의 무력 충돌을 막기 위해 완충지대의 성격으로 만들어 졌다. 본래 DMZ는 사실상 군인도, 무기도 없는 비무장지대 이어야 하지만 현실은 남북한의 최첨단 무기와 최신예 장비가 동원된 중무장지대로 된지 오래이다.

남과 북은 군사분계선(MDL: Military Demarcation Line)을 중심으로 분단돼 있다. 실질적인 휴전선이다. MDL은 정전협정에 의해 설정됐는데 표지판으로 구분된다. 서해의 임진강변에 0001호를 시작으로 강원도 동해안 동호리에 마지막 1,292호가 세워져 있다. 그러나 세월과 함께 많은 표지판들이 유실돼 실제 남아 있는 것은 많지 않다. 한반도의 서쪽 끝에서 동쪽 끝까지 248km에 이르는 총 1,292개의 표지판을 세워 남북을 가르는 군사분계선을 표시했고, 이 38선에서 남쪽으로 2km 떨어진 곳을 남방 한계선으로, 북쪽으로 2km 떨어진 곳을 북방한계선으로 정했다. 남방한계선과 북방한계선 사이에 있는 지역이 바로 한반도 DMZ이다.

비무장지대(DMZ: Demilitarized Zone)는 MDL을 중심으로 남북 2km, 총 4km 거리를 설정한 지역으로 일종의 군사적 완충지대이다. 비록 남북한이 공동으로 영유하지만 UN군사정전위원회가 관장하는 국제법상의 공간이다. 이곳에선 원론적으로 무장이 제한된다. 동서

거리를 통상 155마일로 표현하는데 약 248km에 이르고 면적은 992 ㎢에 달한다. 흔히 말한 38선, 휴전선이라 부르는 곳은 DMZ 안에 있다. 유엔사의 허가를 받은 출입자만이 들어갈 수 있는 매우 위험한 지역이다.

남한과 북한은 시간이 경과하면서 남방한계선과 북방한계선을 각 각 DMZ안쪽으로 전진시켜 현재 DMZ실제 폭은 4km가 되지 않는 지역도 있다고 한다. DMZ내부에는 무장병력과 중화기가 배치된 남북의 GP(감시초소)들이 있고, 상시적으로 남측 수색대와 북측 민경대의 매복, 수색활동이 이루어지며, 간첩침투와 많은 교전이 있어 온 위험지역이다.

판문점 공동경비구역이나 휴전선 GP근무자 비무장지대 내 모든 근무자는 정전협정에 의거 MP마크를 부착하게 되어 있다. 따라서 남한의 경우 군인이 비무장지대를 출입하기 위해서는 민사행정 및 구제사업의 집행을 위한 인원으로서 국제연합군 총사령관(유엔군사령부, 흔히 '유엔사'라고 불림)의 허가를 받아야만 한다. 바로 이 같은 허가를 받은 군인을 '민정경찰'이라고 칭하는 것이다. 그러나 '종전'이 아닌 '정전'협정이라는 군사적 남북한의 첨예한 무력대치 상황으로 인해 민정경찰은 개인화기로 중무장하여 비무장지대를 수색정찰하거나 매복하여 경계하는 임무를 수행해 왔다.

군부대의 최전방에 위치한 수색대(reconnaissance)가 이러한 임무를 매일 수행하고 있으며, 비무장지대에서 벌어지는 각종 사업(농업, 생태조사, 남북한 도로 연결 등)을 위해 출입하는 군인과 민간인들의 경호 임무를 수행하기도 한다. 민정경찰(DMZ police)은 본래 정전협정

(Armistice Agreement, 1953년 7월 27일)으로 설치된 비무장지대(DMZ)의 출입을 허가받고, 비무장지대 내의 민사행정 및 구제사업의 집행을 위해 예정된 인원을 지칭한다. 북한에서는 '민경대'라는 표현을 쓰고 있다.

정전협정에 의해 다음의 규정을 지켜야 한다. ① 어떤 군인이나 민간인도 비무장지대로 들어가기 위해서는 남북 각 지역 사령관의 특정한 허가가 있어야 하며(정전협정 제1조 제8항), ② 민사행정 및 구제사업의 집행에 관계되는 인원과 군사정전위원회의 특정한 허가를 얻은 인원이 아니면 비무장지대 출입을 허가하지 않는다(정전협정 제1조 제9항). 또한 ③ 군사분계선 이남 비무장지대의 민사행정 및 구제사업은 국제연합군 총사령관이 책임진다(정전협정 제10항).

DMZ 인접지역에는 민간인통제선이 있다. 통상 '민통선'으로 불리는 곳이다. 이곳은 DMZ 일대가 군사적 완충지대이긴 하나, 군사적 충돌 위험이 상존하기 때문에 민간인들의 출입을 통제하기 위해 설정한 구역이다. 민간인 출입통제선 부터 접근이 제한된다. 고위 장성들이나 장교들도 사전 출입허가가 없으면 통제를 받는 지역이다. 민통선은 1954년 2월, 미8군단 사령관이 직권으로 '군 작전과 군사시설 보호 및 보안유지'를 목적으로 설정했다. 원래 명칭은 민간인의 귀농을 규제한다는 의미에서 '귀농선'이었다. 1958년 6월부터 귀농선 이북지역에 출입 영농과 입주 영농이 허가됨에 따라 그 이름이 지금의 '민간인통제선'으로 바뀌었다. 초기엔 DMZ 남방한계선으로부터 남쪽으로 약 5~20km에 이르는 구간이었지만, 1997년에 15km로 조정됐고, 이 면적은 2007년 12월 21일에 제정된 '군사기지 및 군사시설 보호법'에 따라 다시 완화해 10km로 줄어들었다. 민통선 근처에는 '접경지역지원법'에 의해 규정된 접경지역이란 곳도 있다. 이 지역은 민통선으로부터 거리 및 지리적 여건, 개발 정도 등을 기준으로 대통령령으로 정하는데 통상 민통선이남 25km 이내 지역이 해당된다.

DMZ 트레인 중에 멸공OP에서는 '백골부대' 영상을 잠깐 본다. 그리고 부대 정훈장교의 설명과 함께 DMZ 안에 있는 한탄강과 민들레 들판을 비롯해 서방산, 오성산 등을 한눈에 내려다볼 수 있다. 날씨가 좋은 날에는 북한의 선전마을도 볼 수 있다. 사진촬영은 금지된다. 분단 이전에 열차길, 경원선이 복원되어서 원산을 넘어 중국과 유럽으로 넘어가는 그날이 오길 기대해 본다.

철원 8경과 관광코스

철원의 비경, 고속정

고속정, 바로 이곳은 SBS드라마 "그 겨울, 바람이 분다"의 촬영지
이다. 시청자들의 눈길을 사로잡은 것은 탤런트 송혜교와 조인성만이

아니라 아름다운 배경이었다. 철원8경중 하나인 고석정은 사계절이 아름다운 곳이다. 현무암으로 이뤄진 고석정 주변의 기암괴석들이다. 예로부터 '철원 8경'은 송강 정철이 노래할 정도로 절경을 자랑하고 있다.

그 지명을 알아보면 용이 승천하며 생겼다는 삼부연 폭포, 궁예가 피신한 명성산, 임꺽정이 무예를 닦은 고석정, 경덕왕 5년(746년) 창건된 것으로 보이는 도피안사, 궁예가 궁전을 짓고 성을 쌓은 풍천원(楓川原)의 궁예도성, 김응하가 수련한 칠만암, 신라 진덕여왕 때 영원조사가 4대사찰(영원사,법화사,흥림사,초이사)을 창건하고 1,602위의 불상을 봉안했던 보개산, 마산치(馬山峙)이며 보개산과 마산치가 북한지역에 속하므로 순담계곡과 직탕폭포 등이다.

철원 8경을 고석정, 삼부연폭포, 직탕폭포, 도피안사, 매월대폭포, 토교저수지, 순담, 제2땅굴로 꼽기도 한다.

철원에는 위에서 언급한 8경이 있고 이중에서 백골부대 주위에는 빼어난 비경의 한탄강과 고석정이 유명하다. 철원 고석정, 한탄강은 최고 절경을 자랑한다. 고석정 한탄강은 은하수 한(漢)자에 여울 탄(灘)자를 써서 우리말로 '큰 여울'이라는 뜻이다. 한탄강은 맑은 물과 풍부한 수량으로 각종 민물고기의 서식처이며 철원평야 농업용수를 공급하는데 중요한 역할을 하고 있다. 고석정은 임꺽정이 머물렀다고 하여 더욱더 유명해 졌으며 현무암 계곡으로 이루어져 있어 절경을 이룬다. 소재지는 강원도 철원군 동송읍 장흥리 20-1이다.

한탄강은 여름이면 수려한 자연경관과 함께 물결을 헤쳐 가는 래프팅이 유명하다. 여름의 풍부한 강우량으로 굽이쳐 흐르던 한탄강은 겨울이 오면 강추위에 얼어붙어 강물 트레킹을 가능케 한다. 눈 오는 풍경은 가히 감탄을 자아내게 되는 아름다운 풍경이 전개된다. 한탄강 위를 걸으며 절경을 볼 수 있기에 더욱 특별한 체험이 된다.

고석정은 한탄강 중류에 위치한 철원팔경의 하나로 유서가 깊은 지역이다. 굽이치는 물결과 옥수 같은 맑은 물이 흐르고 있는 명승고적지이다. 강을 사이에 두고 강변 양쪽은 기암절벽으로 신비를 이루고 있는 한탄강 중에서도 첫 손에 꼽히는 절경이다. 의적 임꺽정의 전설이 있는 곳이다. 조선 명종 때는 임꺽정이 이곳의 험한 지형을 이용해, 이 정자의 건너편에 석성을 쌓고 은거하면서 의적활동을 한 것으로 전해 내려온다. 그리고 고속정 입구에는 임꺽정 동상을 건립하여 이곳을 방문하는 여행객을 맞이하여 준다.

철원평야 한 가운데를 지나는 한탄강 중간에 있으며 주변에 직탕폭포와 온천이 있다. 이 직탕폭포는 한탄강 상류에 기암절벽과 자연적인 '한일(一)자형' 기암으로 이루어진 폭포로서 그 웅장함과 기묘함은 보는 이들의 탄성을 자아내게 한다.

한탄강의 맑은 물과 풍부한 수량 등으로 자연미가 넘치는 직탕폭포는 고석정과 불과 2km 정도 떨어져 있다. 폭포의 규모는 폭 80m, 높이3m로 여름철 피서지로 최적지라는 평가를 받고 있다. 이곳을 배경으로 〈선덕여왕〉을 비롯해 드라마와 영화가 촬영되기도 했다.

'금강산 90km',
DMZ 세계 평화 공원

백골부대 섹터 내에 금강산 전기 철도 교량이 있다. 과거에는 삼엄
한 작전 지역이라 통제했으나 지금은 관광객들이 정해진 구간 안에서

구경할 수 있다. 녹슨 철도 교량이다. 그리고 교량에 관한 글이 적혀져 있다. 이 다리는 철원에서 내금강까지 운행했던 금강산 전기 철도의 교량이다. 1926년에 세워졌고, 전쟁 중에 끊어졌다고 한다. 현재는 대한민국 근대 문화 유산으로 지정되어 있다. 철원 역을 시발로 종착역인 내금강까지 총연장 116,6km, 1일 8회 운행하였다. 내금강까지는 4시간 반이 걸렸으며, 요금은 당시 쌀 한 가마 값인 7원56전으로, 1936년 당시 이용객은 연간 15만 4천여 명이었다. 남북 분단의 현실을 상징적으로 보여주고, 금강산 전기 철도의 흔적을 그대로 간직한 이 교량은 2004년 9월4일, 등록 문화재 112호로 지정되었다.

폭 2,5m, 길이 100여 미터로 걸어서 건너볼 수 있도록 난간이 설치되어 있다. 분단이 아니었다면 평안북도의 중강진까지 달릴 수 있었을, 5번 국도가 군사분계선을 넘고 비무장지대를 거쳐 멀리 북한 땅으로 이어져 있다. '철마는 달리고 싶다'의, 월정리역에서 잘려 버린 경원선의 철로 흔적이 군데군데 남아 역시 북한 땅으로까지 이어지고 있다. 이 철길이 복원되고, 철도로 금강산을 가 보길 소원한다. 경원선은 1914년 9월 16일, 전 구간이 개통된 이래 DMZ에 가로막혀 운행이 중단될 때까지 분주히 서울과 원산을 오갔다. 일제가 북부 지방 물자를 일본으로 반출하기 위해 만든 철도로, 용산~의정부~철원~평강~삼방관~원산까지 223km를 운행했다.

한국에는 지구촌에서 유일무이한 게 많다. 외국인 관광객이 가장 방문하고 싶어하는 비무장지대(DMZ, Demilitarized Zone)도 그중 하나다. '평화열차'인 DMZ 트레인(train) 개통으로 도라산, 연천, 철원 등 비무장지대 접경 지역이 활기를 띠고 있다고 한다. 코레일 발표에 의하면

'경의선(도라산행) DMZ train'이 2014년 5월 4일, 개통한 이후 4개월 만에 약 3만7천여 명, '경원선(백마고지행) DMZ train'이 8월 1일 개통 이후 1개월 만에 7,000여 명 등 총 4만 5,000명이 이용했다.

DMZ 열차는 연천 시티투어(신탄리역·태풍전망대·옥계마을·숭의전·전곡리 선사유적지·한탄강 관광지 등), 철원 안보관광(두루미마을 시골밥상 및 반공호 체험, 노동당사, 백골부대 멸공OP, 금강산철교, 월정리역, 백마고지전적지), 철원 시티투어(고속정·승일교·송대소·백마고지전적지 등)을 즐길 수 있는 관광열차다. 현재 남측 구간은 백마고지역에서 DMZ까지 16.2km, 북측 구간은 DMZ에서 평강까지 14.8km가 끊어진 상태다. 이 구간이 연결되면 기차를 타고 금강산은 물론 서울에서 최단거리로 시베리아 횡단 철도와 이어져 유럽까지 갈 수 있는 길이 열리게 된다.

백골부대의 전투력과 핵심 가치가 통일과 평화를 가져오는 역할을 하길 염원한다. 평화를 지키는 파수꾼이 되길 기대한다. DMZ는 수십 년간 사람들의 발길이 닿지 않은 곳이다. 그래서 희귀한 식물, 동물들이 존재한다. 생태계의 보고이다. 천혜의 아름다운 자연환경이 펼쳐져 있는 곳이다.

사향노루, 삵, 산양과 같은 멸종 위기 동식물 2,710여 종의 다양한 동식물이 서식하는 생태계의 보고(寶庫), 한반도 동식물종 50%가 서식, 우포늪·순천만과 함께 대한민국 3대 생태 관광지, 미국 타임지가 선정한 아시아 25대 명소, 습지와 식생이 그대로 보존돼 매년 60만 명의 외국인이 찾는 곳이다.

'한반도의 화약고', '냉전의 상징'으로 불리는 세계 유일의 분단 현장이다. DMZ 세계 평화 공원은 당초 김대중 정부에서부터 시작됐다. 노무현·이명박 정권에서도 구체적으로 검토됐지만 더 이상의 진전은 없었다. 그러다 박근혜 대통령이 미국과 중국을 방문했을 때 협조를 구하는 등 실질적으로 추진하고 있다.

〈DMZ 세계 평화공원〉은 백골부대의 피아간 전투 지역인 GP가 중심이 되면 전 세계의 상징적 평화의 땅이 될 것이라 예상한다.

"거리엔 팔다리를 잃은 거지들이 가득했다. 굶주린 여인들은 어두운 얼굴로 젖먹이를 안은 채 어디론가 사라졌다. 눈 뜨곤 볼 수 없는 참혹한 광경이었다." 한국 현대사 연구가인 브루스 커밍스 시카고 대 석좌교수가 저서 '한국현대사'에 묘사한 625전쟁 직후 한국의 모습이다. 그로부터 60년이 지난 지금. 기아와 궁핍의 땅엔 최첨단 산업 시설과 고층 빌딩이 들어섰다. 한국을 두고 세계는 '한강의 기적' 혹은 '코리안 미러클(Korean miracle)'이라고 했다. 현대 경영학의 아버지로 불리는 피터 드러커는 "한국의 놀라운 경제 성장을 제외하곤 20세기 역사를 논할 수 없다."고 평가했다. 원조 받던 나라에서 지금은 과거 참전국을 지원하는 나라로 바뀐 것이다. 〈한국경제 2013.7.21.〉

평화의 나비효과를 기대할 수 있는 곳이다. 북한도 환영하고 협력할 명분이 있는 지역이다. 전 세계인이 환영할 것이다. 남한과 북한의 최고의 빅딜, Win-Win은, 7천만 민족이 행복을 꿈꾸는 평화적 통일이어야 한다. 북한에도 민주적 리더십, 개혁, 개방, 사상의 자유, 신앙과 종교의 자유, 남북 간, 세계 모든 국가 간의 자유로운 왕래와 교류의 시대가 열리길 기대한다. 철의 장막이었던 러시아도, 중국도 자유롭게 여행하듯이 북한도 이렇게 활짝 개방되고, 평화가 보장된다면, 부분적인 통일이 된다면 백골부대와 북한의 군대가 함께 중국, 러시아 국경을 지킬 날도 다가 올 것이다. 철도와 고속도로를 통해서 서울에서 유럽까지 여행을 다닐 날이 반드시 오리라 기대한다.

시대의 흐름과 변화를 읽는 능력은 중요한 국가 리더들의 탁월성이다. 미국의 저명한 미래학자인 '존 나이스비트'(John Naisbitt)는 글로벌 패러독스(global paradox)를 "거대 경제와 세계 경제의 규모가 커질수록 가장 작은 구성원들(또는 최소 경제 단위)의 힘은 그만큼 강력해진다."고 한다. 패러독스는 말 그대로 모순 또는 역설을 뜻한다.

세계화(Globalization)를 통해 세계 경제가 확대되면 될수록 작지만 강력한 조직의 역할과 힘이 강력해지는 모순 현상이 나타난다. 그뿐만 아니라 세계화가 진행되면 될수록 사람들의 행동은 각자가 속해 있는 사회, 문화에 더욱 집착할 것이라는 사실도 서로 모순이다. 결국 세계화는 더 강한 소속의식으로 민족의식이나 지역에 집중하는 현상이 나타난다는 것이다.

glocalization(글로컬리제이션)은 세계적인 것과 지역적인 것을 혼합하는 기업 원리로 global localization을 줄여서 만든 신조어다. 사고와 전략은 글로벌하게, 행동과 운영은 로컬하게 해야 한다는 것이다. 우리나라에는 삼성과 LG, 현대 등 로컬라이징 기업이 있다. 글로벌 경영과 로컬 경영의 조화를 꾀해야 한다는 '글로컬 경영' 원리이다. 이렇게 현실적으로 급변하는 세계 경제 흐름 속에서 정치나, 외교, 문화, 기업경영에서도 '로컬 넘버원(local number1)'이 아니라 '글로벌 넘버원(global number1)'이 되어야 살아남는다. 기존의 방식과 다른 새로운 '무엇'을 찾아야 하고 만들어 내야 생존한다.

국익 우선에 대한 명언을 참고해야 한다. "대영제국은 영원한 적도 영원한 친구도 없다. 단지 영원한 국가 이익만 가지고 있을 뿐이다."
〈19세기 영국의 수상, 팔머스톤 Viscount Palmerston〉

가곡 '비목' (碑木)과 DMZ

초연(焦烟)이 쓸고 간 깊은 계곡
깊은 계곡 양지녘에
비바람 긴 세월로 이름 모를
이름 모를 비목(碑木)이여
먼 고향 초동친구 두고 온 하늘가
그리워 마디마디 이끼 되어 맺혔네.

궁노루 산울림 달빛타고
달빛타고 흐르는 밤
홀로 선 적막감에 울어 지친
울어 지친 비목(碑木)이여
그 옛날 천진스런 추억은 애달퍼
서러움 알알이 돌이 되어 쌓였네.

우리나라의 대표적인 가곡 중에 하나인 '비목' 노래의 유래는 다음과 같
다. 평화의 댐이 건설되기 전인 1960년대 중반, 현재의 '평화의 댐'에서
북쪽으로 12km 떨어진 백암산(해발 1,179m) 계곡 비무장 지대에 배속

된 "한명희"(당시 25세 소위, 전 서울시립대 교수)라는 청년 장교가 비무장지대 안에서 작전을 한다. 그는 잡초 우거진 비무장지대를 순찰하던 중, 양지 바른 산모퉁이에서 이끼가 낀 채 허물어져 있는 돌무덤 하나를 발견하게 되었다. 어느 이름 없는 무명용사의 무덤인 듯, 그 옆에는 녹슨 철모가 뒹굴고 있었고 돌무덤 머리에 꽂힌 십자가 모양의 비목은 금세라도 무너질 듯 해보였다. 한 소위는 그 병사의 나이가 자신과 비슷한 것을 알고 차마 그 돌무덤 앞을 떠날 수 없었다고 한다. 깊은 기억 속에 자리 잡는다.

그 후 4년 뒤 당시 동양방송(TBC)에서 일하던 한명희 PD에게 평소 알고 지내던 장일남 작곡가(한양대 음대 명예교수, 2006년 9월 별세)는 가곡에 쓸 가사 하나를 지어 달라고 부탁 했다. 군에 있을 때 보아둔 돌무덤과 비목의 잔상이 가슴 속에 맺혀 있던 한명희 PD는 즉시 펜을 들고 가사를 써 내려간다. 그리고 돌무덤 주인이 전쟁 당시의 자기 또래의 젊은이였을 것이라는 생각에 '비목'의 노래 말을 지었으며, 그 후 '장일남'이 곡을 붙여 '비목'이라는 훌륭한 가곡이 탄생하게 되었다. 碑木(비목)의 노래 말 속에 '초연(硝煙)'은 화약 초, 연기 연으로 '화약 연기'라는 뜻이다. 樵童(초동)친구란, 바로 땔나무하면서 고향 산천에서 어렵게 생활하던 아이들이었다. 조국을 위해 산화한 젊은 넋을 기리는 '비목'의 가사는 이렇게 탄생이 되었다. 이 노래는 70년대 중반부터 '가고파', '그리운 금강산'과 더불어 한국인의 3대 애창곡으로 널리 불렸다. 강원도 화천군 화천읍 동촌리 평화의 댐에 위치한, 비목공원은 우리나라의 대표적 가곡인 '비목(碑木)'을 기념하기 위하여 1995년에 조성하였다. 화천군에서는 이 공원에서 1996년부터 매년 호국 보훈의 달, 6월에 625전쟁 당시 나라를 위해 순국하신 선열들을 추모하기 위해 '비목 문화제'를 개최한다.

군견 '헌터'와 DMZ 땅굴

강원도 양구의 '을지전망대', 제4 땅굴 입구에 충견 헌터(헌터) 조형물이 있다. 군 작전에서 수색을 하던 중에 희생 된 군견인 충견의 비이다. 헌터의 행적과 공적을 새긴 동판과 '충견'이라 쓰여 있다. 직급은 소위, 이름은 헌터다.

개는 사람에 비해 후각은 1만 배, 청각은 40배, 시각은 10배 우수하다고 한다. 그래서 군과 경찰에서 요긴하게 이를 활용한다. 군부대에서 땅굴을 발견하여 수색 시 앞장서서 가다가 지뢰를 밟아 산화 덕분에 군인들이 사고를 당하지 않았다고. 군에서는 셰퍼드 헌트에게 소위 계급과 무공 훈장을 추서하였다

문화일보 2015년 5월 28일, 기사에 의하면 헌터와 군견들에 대해서 설명하고 있다. 1954년 공군이 미군으로부터 군견 10마리를 인수하면서 시작된 한국 군견은 현재 1,300여 마리에 이른다. 군견 후보생은 일반적으로 생후 3개월짜리 셰퍼드, 말리노이즈, 레트리버(retriever) 종 가운데 엄격한 심사를 거쳐 선발된다. 이들은 약 4개월의 적응 훈련과 8개월의 작전 훈련을 거쳐 실전에 배치된다. 20% 정도가 훈련 과정을 통과한다. 앉아! 서!, 물어! 놓아! 뛰어! 돌아와! 같은 명령어를 알아듣는 기초 훈련을 마치고, 작전 훈련에 돌입한다.

군견에는 셰퍼드가 80%이고, 말리노이즈가 20%, 리트리버가 2% 정도 있는데, 군견에겐 계급이 없다. 단지 식별을 위해 견번(犬番)이 있을

뿐이다. 그러나 예외도 있다. 1990년 강원도 양구 제4 땅굴 소탕 작전에서 지뢰에 몸을 던져 분대원을 구하고 순직한 '헌터'는 소위로 추서됐다. 헌터 소위는 제4 땅굴 앞에 동상이 되어 지금도 휴전선을 지키고 있다. 헌터는 군견으로선 두 번째로 인헌무공훈장을 받았다. 첫 번째는 1968년 1·21 사태 당시 맹활약한 견번 41번 '린틴'이다. 그 밖에도 2007년 이라크 자이툰 부대에서 전사한 폭발물 탐지견 '모나드' 등 수많은 '네 발의 전우'가 국군과 생사고락을 함께했다.

용맹한 진돗개는 실격이다. 충성심이 너무 강해서 고락을 함께했던 군견병이 제대를 하면 따라가겠다고 떼를 쓰고, 오래 그를 잊지 않고 있다가 기회를 봐서 탈영하기 때문이다. 그러나 셰퍼드는 친화력과 넉살이 좋아서 짝꿍이 바뀌어도 일주일만 같이 있으면 그 군견병과 친해진다. 셰퍼드가 가장 많은 이유다.

최근에는 진돗개도 시범적으로 훈련 과정에 있다고 한다. 그 결과가 주목된다.

새는 좌우의 날개로 난다.

진보도 보수도 헌법과 국민이 정한 경계선 안에서 그 존재 가치가 있다. 분단국가에서의 이데올로기, 정파, 좌우 이념 대립보다 조국이 최우선 가치이다.

'위너십'은 개인, 사회, 공동체, 기업, 국가 공동체에 모두 적용되는 원리이다. 백골부대의 핵심 가치, 백전백승의 법칙, 조국을 대적하는 적들을 압도하는 막강한 패기, 엄한 군기와 막강 전투력은 절대적으로 국가와 국민들을 보호하고 지키기에 필요한 원리들이다.

"전쟁에 대비하는 것이 평화를 유지하는 가장 효과적인 방법이다." 〈조지 워싱턴〉

최고의 리더십은 자기희생과 헌신, 섬기는 리더십이다. 오케스트라의 지휘와 같은 아트-리더십이 리더십의 극치이다. 승리 의식은 개인과 사회, 기업 경영에 중요한 영향력을 끼친다. 승리 의식의 소유자는 자신의 일과 공동체를 위해서 몸과 영혼을 다 바친 사람이다. 이 책에 언급된 백골부대를 거쳐 가신 신화적 지휘관들은 한결같이 백골부대를 상징하는 구호인 '골육지정'의 전우애를 언급한다. 이 점은 가족 관계에서도 모든 공동체에도 적용되는 합심 단결의 원리이다.

백골부대 사람들에게는 '백골혼'이 흐른다. 이것은 승리 의식, 위너십이다.

2차 세계대전 후에 코카콜라 사장 '로버트 우드러프'는 말했다. "나의 꿈은 내 세대에 전 세계 모든 사람에게 코카콜라를 한 잔이라도 맛보게 하는 것이다." 그는 기자들에게 "내 혈관 속에는 피가 아니라 코카콜라가 흐른다."고 할 정도로 꿈과 열정의 사람이었다. 노만 빈센트 필 박사는 "열정이 차이를 만들어 낸다."고 했다.

중국의 만리장성이 돌 하나하나가 모여서 거대한 성이 만들어졌듯 이 백골부대의 전통과 전투 역량도 전우 한분 한분의 희생과 헌신에 의해서 신화처럼 만들어진 것이다.

"지도자가 되기 전에는, 당신에게 성공이란 오로지 당신 '자신의 성장'을 의미했습니다. 그러나 지도자가 된 당신에게 성공이란 '다른 사람을 성장시키는 것'을 의미합니다." 〈잭 웰치〉

이 책의 주요 전투나 국군 관련 내용들은 3사단 정훈 자료와 〈국방일보〉나 〈한국전쟁사(국방부)〉, 〈한국전쟁사(전쟁기념사업회)〉, 〈625전쟁사〉, 〈현리 전투〉, 〈청성부대사〉, 〈베트남 전쟁과 나(채명신 회고록)〉, 〈사선을 넘고 넘어: 채명신 회고록〉, 〈경제풍월〉, 〈풍운의 별〉, 〈금성천의 한국전쟁사〉, 〈송풍수월〉을 참고로 했다. 이러한 국군의 역사는 조국을 위해 이름도 빛도 없이 산화해 간 무명의 용사들, 학도병들의 조국을 위한 희생정신, 전쟁영웅들을 기리고 후세에 귀감이 될 것이다. 자라나는 청소년, 청년대학생에게도 평화의 소중함과 안보, 역사의식과 조국애를 일깨워 주고 심어 주는 좋은 자료가 될 것이다.

진정한 위너들, 위너십이 우리 사회에 전파되어서 미시적으로는 자기긍정, 자신의 성장과 성취는 물론이고 거시적으로는 대한민국이 새롭게 재도약하길 바란다. 이 땅의 동, 서, 남, 북이 화합하고 함께 발전하고 승리의 길로 가는 데에 이 책이 초석이 되길 바란다. 어린이에게는 밝고 희망찬 꿈이, 청소년에게는 도전과 비전이, 청년과 대학생에게는 자아실현과 행복이, 대한민국 국민에게는 문화가 꽃 피고 정치·경제적 번영과 품격과 국격을 갖춘 축복받은 대한민국이 세계에 펼쳐지길 기원한다.

백골부대, 조국을 수호하고 영원하라!!!

응답하라, 백골부대!